国家林业和草原局普通高等教育"十四五"规划教材

高等院校古树保护专业方向系列教材

古树养护与复壮

北京农学院　组织编写

丛日晨　张克中　主编

中国林业出版社
China Forestry Publishing House

内 容 简 介

本教材介绍了古树养护和复壮工作应遵循的技术和方法,包括古树健康诊断、古树养护、古树土壤改良与根系复壮、古树树体修复与树体加固,同时对我国东北、华北、西北、华东、华中、华南、西南7类地区古树衰弱的原因和养护重点进行了分析,最后引用了我国不同地域19个古树养护复壮案例,对古树复壮工程中应遵循的技术要点进行了详尽阐述。另外,本教材特别推介了重点阅读书籍和技术标准,并在每章末提出了应重点学习的知识要点。附录列举了古树健康诊断调查表以及国标、行标、地标中有关古树养护和复壮的名词和术语。

本教材可作为林学古树保护专业方向、园林等专业的本科生教材,也可供相关专业职业院校师生使用,以及相关工作人员参考。

图书在版编目（CIP）数据

古树养护与复壮/北京农学院组织编写；丛日晨,张克中主编. —北京：中国林业出版社,2023.10
国家林业和草原局普通高等教育"十四五"规划教材　高等院校古树保护专业方向系列教材
ISBN 978-7-5219-2139-7

Ⅰ.①古…　Ⅱ.①北…②丛…③张…　Ⅲ.①树木-植物保护-高等学校-教材　Ⅳ.①S76

中国国家版本馆CIP数据核字（2023）第028644号

策划编辑：康红梅
责任编辑：康红梅
责任校对：苏　梅
封面设计：北京点击世代文化传媒有限公司
封面摄影：袁　方

出版发行：中国林业出版社
　　　　　（100009,北京市西城区刘海胡同7号,电话83223120）
电子邮箱：cfphzbs@163.com
网　　址：www.forestry.gov.cn/lycb.html
印　　刷：北京中科印刷有限公司
版　　次：2023年10月第1版
印　　次：2023年10月第1次印刷
开　　本：787mm×1092mm　1/16
印　　张：13.75
彩　　插：0.5印张
字　　数：356千字
定　　价：57.00元

高等院校古树保护专业方向系列教材编写指导委员会

主　任　尹伟伦(北京林业大学)

副主任　段留生(北京农学院)
　　　　　刘丽莉(国家林业和草原局)
　　　　　廉国钊(北京市园林绿化局)
　　　　　张德强(北京农学院)
　　　　　邵权熙(中国林业出版社)

委　员　(按姓氏拼音排序)
　　　　　包志毅(浙江农林大学)
　　　　　常二梅(中国林业科学研究院林业研究所)
　　　　　丛日晨(北京市园林绿化科学研究院)
　　　　　方炎明(南京林业大学)
　　　　　高红岩(中国林业出版社)
　　　　　高建伟(北京农学院)
　　　　　何忠伟(北京农学院)
　　　　　江泽平(中国林业科学研究院森林生态环境与
　　　　　　　　自然保护研究所)
　　　　　康红梅(中国林业出版社)
　　　　　康永祥(西北农林科技大学)
　　　　　李　莹(北京古建园林设计研究院)
　　　　　刘合胜(中国林学会)
　　　　　刘晶岚(北京林业大学)
　　　　　马兰青(北京农学院)
　　　　　马晓燕(北京农学院)
　　　　　曲　宏(北京市园林绿化局)
　　　　　沈应柏(北京林业大学)

施　海（北京市园林绿化局）
孙振元（中国林业科学研究院林业研究所）
王小艺（中国林业科学研究院森林生态环境与
　　　　自然保护研究所）
杨传平（东北林业大学）
杨光耀（江西农业大学）
杨志华（北京市园林绿化局）
张齐兵（中国科学院植物研究所）
赵良平（国家林业和草原局）

《古树养护与复壮》编写人员

主　　编　丛日晨　张克中
副 主 编　王茂良　王小艺
编写人员　(按姓氏拼音排序)
　　　　　白家云(北京城市排水集团有限责任公司)
　　　　　白雪婧(沈阳市园林科学研究院)
　　　　　暴可心(中国林业科学研究院森林生态环
　　　　　　　　境与自然保护研究所)
　　　　　毕可可(广州市林业和园林科学研究院)
　　　　　丛日晨(北京市园林绿化科学研究院)
　　　　　崔金腾(北京农学院)
　　　　　代保清(沈阳市园林科学研究院)
　　　　　丁昭全(武汉市园林科学研究院)
　　　　　黄　璞(杨凌职业技术学院)
　　　　　刘　刚(四川国光作物调控技术研究院)
　　　　　刘婷婷(北京市园林绿化科学研究院)
　　　　　史红文(武汉市园林科学研究院)
　　　　　孙宏彦(北京市园林绿化科学研究院)
　　　　　孙立民(山东农业大学)
　　　　　孙正海(西南林业大学)
　　　　　王茂良(北京市园林绿化科学研究院)
　　　　　王小艺(中国林业科学研究院森林生态环
　　　　　　　　境与自然保护研究所)
　　　　　王英博(北京市园林绿化科学研究院)
　　　　　杨秀云(山西农业大学)
　　　　　张克中(北京农学院)

		张劲蕑(广州市林业和园林科学研究院)
		章银柯[杭州植物园(杭州西湖园林科学研究院)]
		郑　波(北京市园林绿化资源保护中心)

主　　审　沈应柏(北京林业大学)
　　　　　　康永祥(西北农林科技大学)

出版说明

　　党的二十大报告明确提出了从二〇三五年到本世纪中叶把我国建成富强民主文明和谐美丽的社会主义现代化强国。报告指出，我国的现代化是人与自然和谐共生的现代化，大自然是人类赖以生存发展的基本条件。尊重自然、顺应自然、保护自然是全面建设社会主义现代化国家的内在要求。报告强调"提升生态系统多样性、稳定性、持续性，加快实施重要生态系统保护和修复重大工程，实施生物多样性 保护重大工程"。古树名木是有生命的文物，是生物多样性的重要组成，具有重要的生态、历史、文化、科学、景观和经济价值。加强古树名木保护，对于保护自然和社会发展、弘扬生态文化，推进生态文明和美丽中国建设具有十分重要意义。

　　目前，全国范围内关于古树的研究还处于一个探索阶段，还有很多难题需要破解。第一，在古树资源方面，全国城市和村镇附近的古树名录基本建立但古树的生境、生存状态等数据缺乏，特别是野外偏远的古树还尚未登记在册。第二，在古树基础科学研究方面，整体研究水平比较薄弱，对古树的生物学与生态学特性与形成机制不够了解，这制约了古树保护以及复壮修复技术的创新发展。第三，在古树保护技术方面，对新技术、新材料的开发和应用不够，甚至出现"保护性破坏"的现象。第四，在古树文化景观价值研究与应用方面，对古树文化的发掘和利用不够，不合理利用或过度旅游开发对古树资源造成了破坏。第五，在古树专业人才培养方面，缺乏专门古树方面的人才培养，导致古树从业人员鱼目混珠，技术人员缺乏。基于此，2020年北京农学院在国内率先设立了林学专业（古树保护方向），以及在林学一级学科下设立了古树专业硕士方向，并于2021年正式招生。我国部分高等学校和职业学校林业与园林相关院系正在推动古树保护专业建设和人才培养。因此，统筹全国各地的专业力量、系统构建古树保护的专业知识、编写出版古树保护专业教材势在必行。

　　由北京农学院牵头组织编写的高等院校古树保护专业方向系列教材列入了"国家林业和草原局普通高等教育'十四五'规划教材"，并成立了高等院校古树保护专业方向系列教材编写指导委员会，第一批将出版《古树导论》《古树生理生态》《古树养护与复壮》《古树历史文化》和《古树保护法规与管理》五部教材，教材内容涵盖古树资源与生物学基础、古树健康诊断与环境监测、古树养护与复壮技术、古树历史文化以及古树保护法规与管理等。教材编写执行主编负责制，邀请高校、科研院所、行业部门专家、企业一线技术人员组成编写组，经过各编写组两年多的努力，高等院校古树保护专业方向系列教材编写指导委员会的多次审定，该系列教材即将付梓。该系列教材的出版是古树保护专业方向建设和行业发展的里程碑，对推动我国古树学科与专业发展、推动我国古树保护事业必将发挥重要作用。该系列教材具有以下特点：

（1）突出科学性：系统介绍相关的知识原理与技术，内容与结构布局合理，著述严谨规范，逻辑性强，图文并茂。

（2）突出实用性：古树保护为应用学科，教材内容紧贴古树保护实践，突出技术与方法，既有理论层面知识，更有应用层面实践。

（3）突出时代性：梳理当前古树保护中的问题与需求，反映国内外古树研究与技术最新进展。

（4）适用面宽：既可作为本科与研究生教材，又可作为从业人员的培训教材与工具书。

作为全国古树保护专业方向第一套教材，我们竭尽所能追求完美。但由于时间仓促和能力所限，恐难以完美呈现，真诚希望各位读者提出宝贵意见，以便今后不断完善提高。

北京农学院

2023 年 7 月

总 序

　　古树名木是自然界和前人留下来的珍贵遗产，是森林资源中研究树木衰老生理科学的宝贵资源，也是探究老树复壮科学技术的重要材料；当然，古树也是有生命的"文物"，具有重要的生态、历史、文化、科学、景观和经济价值。构建古树的研究与保护教材体系，是树木生物学的重要学术方向和尚需发展的科学学术领域，其囊括古树生物学、古树生态学、树木衰老生理学、古树养护与复壮应用技术、古树保护法规及古树历史文化等。这一学术领域的开拓与建设对于加强古树名木保护、生态环境建设，弘扬生态文化，推进生态文明和美丽中国建设具有重要意义。

　　中华民族自古就有爱树护树的传统。党的十八大以来在习近平生态文明思想指引下，我国的生态保护与生态建设取得了举世瞩目的成就，古树名木保护工作也得到了前所未有的重视。2021年4月，习近平总书记在广西桂林全州县才湾镇毛竹山村考察时，看到一株800多年的酸枣树郁郁葱葱，他说："我是对这些树龄很长的树，都有敬畏之心。人才活几十年？它已经几百年了。""环境破坏了，人就失去了赖以生存发展的基础。谈生态，最根本的就是要追求人与自然和谐。要牢固树立这样的发展观、生态观，这不仅符合当今世界潮流，更源于我们中华民族几千年的文化传承。"古树作为大自然对人类慷慨的恩赐，也是中华民族文明史的最真实的见证，在将生态文明建设作为中华民族永续发展的新时代，其生命会由于我们的保护得以延续，其价值会由于我们的重视得以发挥。因此，古树科学的探索和教材的编写及其相关人才的培养皆是生态文明时代的需求。

　　我国是世界古树名木资源最为丰富的国家之一，2022年第二次全国古树名木资源普查结果显示，全国普查范围内的古树名木共计508.19万株，其中散生122.13万株，群状386.06万株。这些植物跨越人类文明的梯度、经历严寒酷暑的考验、目睹历史朝代的更替、接受自然灾害和人类干预的洗礼，不畏千磨万击、不畏风吹雨打，体现了树木生命力的顽强，也体现了树木衰老生理科学的维护能力。因此，编写古树保护专业方向系列教材，汇集古树生命科学研究成果和开创古树复壮科技人才培养，填补了我国林学和生态学古树领域的学术空白，完善了林业教学和林学学科的内涵。

　　随着科技进步和研究手段的创新，古树保护理论与应用技术必将不断地开拓，从关注古树形态表现向关注古树生理转变；从注重古树简单修补向关注植物衰老与复壮的基础生物学理论转变；从关注地上树体功能衰退向关注地上地下整体衰老与复壮联动机制转变；

从关注古树自身的复壮向探索古树与其周边生境的相互影响转变。总而言之，古树的保护和研究还是一个全新的领域，还有很多需要破解的科学问题。因此，即将出版的"高等院校古树保护专业方向系列教材"作为我国古树保护专业方面的首套专业教材，难免有不足之处，望予指正。

中国工程院 院士　尹伟伦
2023 年 8 月 于北京林业大学

前言

　　古树养护与复壮是古树保护领域的最重要工作内容之一，我国各省（自治区、直辖市）都把提高古树树势、降低古树死亡率作为古树管理的核心目标。但是，受多种因素的影响，我国目前还没有适用于大学本科教育的古树养护和复壮教材。2020年7月，北京农学院率先在全国林学专业中开设了林学专业（古树保护方向），开启了我国本科教育中设立古树保护专业方向的先河，这不仅是我国农林高等教育的大事，也是我国古树保护领域中的大事，必会对我国的古树保护事业产生重大的影响。《古树养护与复壮》就是为古树保护专业方向的本科教育而专门编写。

　　本教材特色如下：一是重点突出，紧扣古树养护和复壮这两个核心词，系统梳理了古树衰弱的原因及诊断、养护、复壮常用的方法；二是涵盖面广，对我国东北、华北、西北、华东、华中、华南、西南地区古树养护和复壮工作中的重要问题——进行了阐述；三是用事实说话，通过大量的案例诠释了主要古树养护和复壮工作中应遵循的技术要点；四是注重实战，不但有理论基础知识，更注重实际操作技能。本教材可用作高等院校林学古树保护专业方向及园林专业教材，也可作为从事古树保护的一线技术人员的参考书。

　　本教材由北京农学院组织编写，丛日晨、张克中任主编，编写团队是活跃在我国古树保护领域的一批学者及技术人员，他们均来自古树保护领域的最前沿，有的甚至是动手操作的一线师傅。全书共分7章，另有2个附录。编写分工如下：第1章由丛日晨和孙正海编写；第2章由杨秀云和丛日晨编写；第3章由崔金腾、张克中编写，其中3.3节由暴可心和王小艺编写；第4章由丛日晨和白家云编写；第5章由丛日晨编写；第6章6.1节由代保清、白雪婧编写，6.2节由丛日晨编写，6.3节由黄璞编写，6.4节由章银柯编写，6.5节由丁昭全和史红文编写，6.6节由毕可可、张劲蔼编写，6.7节由刘刚编写；第7章7.1节由代保清、白雪婧、王茂良编写，7.2节由孙立民编写，7.3节由刘婷婷、丛日晨编写，7.4节由郑波和黄璞编写，7.5节由丁昭全、章银柯、史红文编写，7.6节由章银柯、刘刚编写，7.7节由刘刚编写，7.8节由毕可可、张劲蔼编写，7.9节由刘刚编写，7.10节由章银柯编写，7.11、7.12节由丁昭全、史红文编写，7.13、7.14节由毕可可、张劲蔼编写，7.15节由章银柯编写，7.16节由毕可可、张劲蔼编写，7.17节由刘刚编写，7.18节由毕可可、张劲蔼编写，7.19节由丁昭全、史红文编写；附录1由王茂良编写；附录2由孙宏彦和王英博编写。全书植物拉丁学名由时慧欣校对。

　　由于编写时间短，不足之处在所难免，敬请广大读者批评指正。

编　者
2023年2月

目 录

出版说明
总　序
前　言

第1章　绪　论 …………………………………………………………………… 1

1.1　古树养护与复壮概念、作用和意义 …………………………………… 1
　1.1.1　古树养护与复壮概念 ……………………………………………… 1
　1.1.2　古树养护与复壮作用和意义 ……………………………………… 2
1.2　国内外古树养护与复壮概况 …………………………………………… 2
　1.2.1　国内古树养护与复壮概况 ………………………………………… 2
　1.2.2　国外古树养护与复壮概况 ………………………………………… 3
1.3　学习本教材的方法 ……………………………………………………… 4
思考题 …………………………………………………………………………… 4
推荐阅读书目 …………………………………………………………………… 4

第2章　古树健康诊断 …………………………………………………………… 5

2.1　古树衰弱原因与健康诊断 ……………………………………………… 5
　2.1.1　古树衰弱原因 ……………………………………………………… 5
　2.1.2　古树健康诊断 ……………………………………………………… 6
　2.1.3　古树健康诊断流程 ………………………………………………… 6
2.2　地上部异常诊断 ………………………………………………………… 6
　2.2.1　叶片异常诊断 ……………………………………………………… 6
　2.2.2　枝条异常诊断 ……………………………………………………… 10
　2.2.3　树干异常诊断 ……………………………………………………… 11
2.3　地下部状况检测 ………………………………………………………… 14
　2.3.1　土壤诊断 …………………………………………………………… 14
　2.3.2　根系诊断 …………………………………………………………… 19
2.4　古树生理代谢指标与古树健康的关系 ………………………………… 21

2.5 立地环境对古树生长影响 ·········· 21
2.5.1 植被结构对古树影响 ·········· 21
2.5.2 构筑物对古树影响 ·········· 22
2.5.3 硬化地面对古树影响 ·········· 22
2.5.4 地下水位过高对古树影响 ·········· 22
2.6 人为因素对古树影响 ·········· 23
2.6.1 杂物、固体污染物对古树影响 ·········· 23
2.6.2 大气污染对古树影响 ·········· 23
2.6.3 重金属污染对古树根系危害 ·········· 23
2.6.4 周边施工对古树影响 ·········· 23
2.6.5 游人践踏对古树影响 ·········· 24
2.7 古树健康程度判定方法 ·········· 24
思考题 ·········· 26
推荐阅读书目 ·········· 26

第3章 古树养护 ·········· 27
3.1 古树补水与排水 ·········· 27
3.1.1 古树补水 ·········· 27
3.1.2 古树排水 ·········· 29
3.2 古树施肥 ·········· 30
3.2.1 古树施肥原则 ·········· 30
3.2.2 肥料种类 ·········· 32
3.2.3 施肥方式和方法 ·········· 33
3.2.4 施肥量 ·········· 34
3.3 古树有害生物防治 ·········· 34
3.3.1 古树病害 ·········· 35
3.3.2 古树虫害 ·········· 36
3.3.3 主要古树干部病虫害及防治措施 ·········· 36
3.3.4 主要古树叶部病虫害及防治措施 ·········· 40
3.3.5 古树根部病虫害及防治措施 ·········· 48
3.4 古树树冠整理 ·········· 49
3.4.1 古树树冠整理原则 ·········· 49
3.4.2 古树树冠整理时间 ·········· 50
3.4.3 古树树冠整理技术 ·········· 51
3.5 古树地上环境整治 ·········· 51
3.5.1 古树周边植被结构整治 ·········· 52
3.5.2 违章和废弃建(构)筑物整治 ·········· 53
3.5.3 污染物治理 ·········· 53
3.5.4 其他整治 ·········· 54

3.6 树体预防保护 ... 54
 3.6.1 设置围栏 ... 54
 3.6.2 铺设篦子和木栈道 ... 54
 3.6.3 防止水土流失 ... 55
 3.6.4 预防冻害与雪灾 ... 55
 3.6.5 预防雷击 ... 55
思考题 ... 55
推荐阅读书目 ... 56

第4章 土壤改良与根系复壮 ... 57

4.1 土壤改良应遵循原则 ... 57
4.2 密实土壤改良 ... 59
 4.2.1 挖设复壮沟或复壮坑 ... 59
 4.2.2 曝气松土 ... 64
4.3 硬质铺装区土壤改良 ... 64
 4.3.1 铺设透气砖 ... 65
 4.3.2 设置木栈道或铁篦子 ... 65
4.4 污染土壤改良 ... 66
 4.4.1 滤液污染土壤改良 ... 66
 4.4.2 融雪剂污染土壤改良 ... 67
4.5 坡地土壤改良 ... 67
 4.5.1 施工季节 ... 67
 4.5.2 保护方式 ... 67
思考题 ... 68
推荐阅读书目 ... 68

第5章 古树树体修复与树体加固 ... 69

5.1 树体破损原因 ... 69
 5.1.1 病虫害因素 ... 69
 5.1.2 自然因素 ... 70
 5.1.3 人为因素 ... 71
5.2 破损树皮处理 ... 71
 5.2.1 病害导致的破损树皮处理 ... 71
 5.2.2 虫害所导致破损树皮处理 ... 72
 5.2.3 鸟筑洞及树干小洞处理 ... 72
 5.2.4 "转圈"死亡树皮处理 ... 72
5.3 树洞修补 ... 73
 5.3.1 树洞修补技术发展史 ... 73
 5.3.2 树洞修补原则 ... 74

  5.3.3 树洞修补技术要点 ………………………………………………………… 75
  5.3.4 树洞修补技术发展方向 ……………………………………………………… 76
 5.4 树体加固 …………………………………………………………………………… 76
  5.4.1 硬支撑 ………………………………………………………………………… 77
  5.4.2 软拉纤和硬拉纤 ……………………………………………………………… 81
  5.4.3 铁箍加固 ……………………………………………………………………… 82
  5.4.4 螺纹杆加固 …………………………………………………………………… 82
 思考题 ………………………………………………………………………………… 82
 推荐阅读书目 ………………………………………………………………………… 82

第6章 中国不同地区古树衰弱原因及养护重点 …………………………………… 83

 6.1 东北地区 …………………………………………………………………………… 83
  6.1.1 地理及气候特征 ……………………………………………………………… 83
  6.1.2 主要古树树种 ………………………………………………………………… 83
  6.1.3 古树衰弱主要原因及养护工作重点 ………………………………………… 85
 6.2 华北地区 …………………………………………………………………………… 86
  6.2.1 地理及气候特征 ……………………………………………………………… 86
  6.2.2 主要古树树种 ………………………………………………………………… 86
  6.2.3 古树衰弱主要原因及养护工作重点 ………………………………………… 89
 6.3 西北地区 …………………………………………………………………………… 90
  6.3.1 地理及气候特征 ……………………………………………………………… 90
  6.3.2 主要古树树种 ………………………………………………………………… 90
  6.3.3 古树衰弱主要原因及养护工作重点 ………………………………………… 93
 6.4 华东地区 …………………………………………………………………………… 94
  6.4.1 地理及气候特征 ……………………………………………………………… 94
  6.4.2 主要古树树种 ………………………………………………………………… 94
  6.4.3 古树衰弱主要原因及养护工作重点 ………………………………………… 95
 6.5 华中地区 …………………………………………………………………………… 96
  6.5.1 地理及气候特征 ……………………………………………………………… 96
  6.5.2 主要古树树种 ………………………………………………………………… 96
  6.5.3 古树衰弱主要原因及养护工作重点 ………………………………………… 98
 6.6 华南地区 …………………………………………………………………………… 99
  6.6.1 地理及气候特征 ……………………………………………………………… 99
  6.6.2 主要古树树种 ………………………………………………………………… 99
  6.6.3 古树衰弱主要原因及养护工作重点 ………………………………………… 99
 6.7 西南地区 …………………………………………………………………………… 101
  6.7.1 地理及气候特征 ……………………………………………………………… 101
  6.7.2 主要古树树种 ………………………………………………………………… 101
  6.7.3 古树衰弱主要原因及养护工作重点 ………………………………………… 102

思考题 103
　　推荐阅读书目 103

第7章　主要古树养护与复壮案例 104

7.1　古油松养护与复壮 104
7.1.1　形态特征 104
7.1.2　生态习性 104
7.1.3　分布范围 104
7.1.4　古油松养护 105
7.1.5　古油松复壮案例 108

7.2　古银杏养护与复壮 113
7.2.1　形态特征 113
7.2.2　生态习性 113
7.2.3　分布范围 113
7.2.4　古银杏养护 113
7.2.5　古银杏复壮案例 118

7.3　古柏树养护与复壮 120
7.3.1　形态特征 120
7.3.2　生态习性 120
7.3.3　分布范围 121
7.3.4　古柏树养护 121
7.3.5　古圆柏树复壮案例 124

7.4　古槐树养护与复壮 126
7.4.1　形态特征 126
7.4.2　生态习性 126
7.4.3　分布范围 126
7.4.4　古槐树养护 127
7.4.5　古槐树复壮案例 129

7.5　古樟树养护与复壮 131
7.5.1　形态特征 131
7.5.2　生态习性 131
7.5.3　分布范围 131
7.5.4　古樟树养护 131
7.5.5　古樟树复壮案例 133

7.6　古桂花养护与复壮 135
7.6.1　形态特征 135
7.6.2　生态习性 135
7.6.3　分布范围 136
7.6.4　古桂花养护 136

7.6.5 古桂花树复壮案例 ·········· 138
7.7 古红豆树养护与复壮 ·········· 140
 7.7.1 形态特征 ·········· 140
 7.7.2 生态习性 ·········· 140
 7.7.3 分布范围 ·········· 140
 7.7.4 古红豆树养护 ·········· 140
 7.7.5 古红豆树复壮案例 ·········· 142
7.8 古榕树养护与复壮 ·········· 144
 7.8.1 形态特征 ·········· 144
 7.8.2 生态习性 ·········· 144
 7.8.3 分布范围 ·········· 144
 7.8.4 古榕树养护 ·········· 144
 7.8.5 古榕树复壮案例 ·········· 147
7.9 古黄连木养护与复壮 ·········· 149
 7.9.1 形态特征 ·········· 149
 7.9.2 生态习性 ·········· 149
 7.9.3 分布范围 ·········· 149
 7.9.4 古黄连木养护 ·········· 149
 7.9.5 古黄连木复壮案例 ·········· 151
7.10 古榧树养护与复壮 ·········· 152
 7.10.1 形态特征 ·········· 152
 7.10.2 生态习性 ·········· 152
 7.10.3 分布范围 ·········· 152
 7.10.4 古榧树养护 ·········· 152
 7.10.5 古榧树复壮案例 ·········· 154
7.11 古枫杨养护与复壮 ·········· 154
 7.11.1 形态特征 ·········· 154
 7.11.2 生态习性 ·········· 155
 7.11.3 分布范围 ·········· 155
 7.11.4 古枫杨养护 ·········· 155
 7.11.5 古枫杨复壮案例 ·········· 156
7.12 古皂荚养护与复壮 ·········· 157
 7.12.1 形态特征 ·········· 157
 7.12.2 生态习性 ·········· 158
 7.12.3 分布范围 ·········· 158
 7.12.4 古皂荚养护 ·········· 158
 7.12.5 古皂荚复壮案例 ·········· 159
7.13 古木棉养护与复壮 ·········· 160
 7.13.1 形态特征 ·········· 160

          7.13.2 生态习性 …………………………………………………………… 160
          7.13.3 分布范围 …………………………………………………………… 161
          7.13.4 古木棉养护 ………………………………………………………… 161
          7.13.5 古木棉复壮案例 …………………………………………………… 163
    7.14 古黄葛树养护与复壮 …………………………………………………………… 167
          7.14.1 形态特征 …………………………………………………………… 167
          7.14.2 生态习性 …………………………………………………………… 167
          7.14.3 分布范围 …………………………………………………………… 168
          7.14.4 古黄葛树养护 ……………………………………………………… 168
          7.14.5 古黄葛树复壮案例 ………………………………………………… 170
    7.15 古苦楮养护与复壮 ……………………………………………………………… 171
          7.15.1 形态特征 …………………………………………………………… 171
          7.15.2 生态习性 …………………………………………………………… 171
          7.15.3 分布范围 …………………………………………………………… 171
          7.15.4 古苦楮养护 ………………………………………………………… 171
          7.15.5 古苦楮复壮案例 …………………………………………………… 172
    7.16 古秋枫养护与复壮 ……………………………………………………………… 173
          7.16.1 形态特征 …………………………………………………………… 173
          7.16.2 生态习性 …………………………………………………………… 173
          7.16.3 分布范围 …………………………………………………………… 174
          7.16.4 古秋枫养护 ………………………………………………………… 174
          7.16.5 古秋枫复壮案例 …………………………………………………… 175
    7.17 古紫薇养护与复壮 ……………………………………………………………… 176
          7.17.1 形态特征 …………………………………………………………… 176
          7.17.2 生态习性 …………………………………………………………… 176
          7.17.3 分布范围 …………………………………………………………… 177
          7.17.4 古紫薇养护 ………………………………………………………… 177
          7.17.5 古紫薇复壮案例 …………………………………………………… 179
    7.18 古菩提榕养护与复壮 …………………………………………………………… 180
          7.18.1 形态特征 …………………………………………………………… 180
          7.18.2 生态习性 …………………………………………………………… 180
          7.18.3 分布范围 …………………………………………………………… 180
          7.18.4 古菩提榕养护 ……………………………………………………… 180
          7.18.5 古菩提榕复壮案例 ………………………………………………… 182
    7.19 古槲栎养护与复壮 ……………………………………………………………… 182
          7.19.1 形态特征 …………………………………………………………… 182
          7.19.2 生态习性 …………………………………………………………… 183
          7.19.3 分布范围 …………………………………………………………… 183
          7.19.4 古槲栎养护 ………………………………………………………… 183

7.19.5　古槲栎复壮案例 …………………………………………………… 184

参考文献 …………………………………………………………………………… 186

附　录 ……………………………………………………………………………… 189
　　附录1　古树健康诊断调查表 …………………………………………………… 189
　　附录2　古树养护与复壮术语 …………………………………………………… 196

彩　图 ……………………………………………………………………………… 199

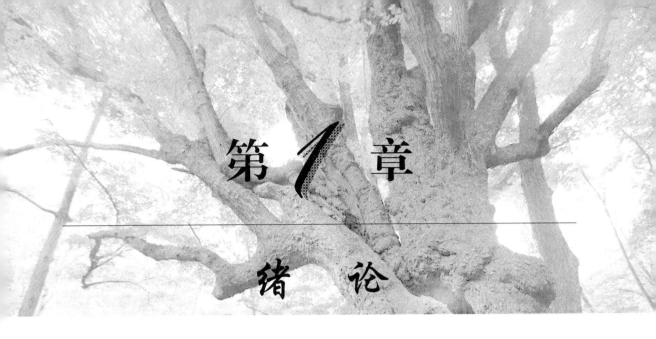

第1章 绪论

本章提要

阐述了古树养护与复壮的概念、作用及意义,并对国内外古树、大树养护与复壮概况进行了概述。

古树是指树龄在100年以上的树木。中华人民共和国国家标准《城市古树名木养护和复壮工程技术规范》(以下简称:国标GB/T 51168—2016)中,把古树分为两级:树龄300年以上的树木为一级古树,树龄100~299的树木为二级古树;中华人民共和国林业行业标准《古树名木普查技术规范》(以下简称:行标LY/T 2738—2016)规定,古树分为一、二、三级,其中一级古树树龄500年及以上,二级古树树龄300~499年,三级古树树龄100~299年。

任何生命体都要经历生长、发育、衰老、死亡等过程,这是客观规律,不可抗拒,树木也是如此。古树又因为树龄大,生长过程中更易受多种不利因素的影响,如土地瘠薄、病虫害侵害、环境污染、人为损害等,这些都可能会导致古树树势逐渐衰弱,甚至引发古树死亡。通过探讨古树衰弱原因,采取适当的养护和复壮措施,可推迟其衰老的进程,延长古树的生命,甚至可逆转衰弱的树势,促使其恢复生机。

1.1 古树养护与复壮概念、作用和意义

1.1.1 古树养护与复壮概念

国标GB/T 51168—2016中规定:古树养护,即保障古树生长发育所采取的补水与排水、施肥、有害生物防治、树冠整理、地上环境整治、树体预防保护等措施;古树复壮,即对衰弱和濒危的古树所采取的保养、维护措施,包括对古树实施的生长环境改良、有害生物治理、树洞防腐和修补、树体支撑加固等。

该标准中,对养护与复壮的概念进行了严格的区分,主要目的在于:引导行业树立重

养护的意识，克服重复壮、轻养护的错误倾向。这种引导在实践方面具有重大意义，因为古树年龄古老，就像耄耋老人，日常的细心关照也许要比为其做手术更为重要，这些细节体现在补水与排水等6个方面。对于复壮，只发生在那些处于重度衰弱的古树上。在实践中，应对养护与复壮的不同加以甄别。

1.1.2 古树养护与复壮作用和意义

古树既是珍贵的自然资源和生物遗产，又是一个地区历史的见证者，具有重要的历史文化价值。同时它们也是古老的生命体，随着年龄的增长，一般会出现生长势弱化、根系生长能力及吸收能力减弱、抗逆性差等现象，加之有时会遭受自然因素的影响或人为活动的破坏，易造成衰弱或死亡。古树是几百年乃至上千年生长的结果，一旦死亡则无法再现，其损失将是无法弥补的，因此对古树进行养护和复壮工作是非常必要的。

通过对古树科学合理的养护与复壮，可改善、改良影响古树生长的一些因素，让原本生长势一般的古树恢复树势，生长得更好、更健康，让生长势衰弱的古树尽快恢复生机，尽显古树应有的绿化、生态、人文以及经济等各种价值。古树的养护与复壮是古树管理工作中的两项最为重要的内容，通过对古树进行养护和复壮，不仅可延长古树的寿命，对古树文化的继承与发扬也具有非常重要的意义。

1.2 国内外古树养护与复壮概况

1.2.1 国内古树养护与复壮概况

我国古树养护与复壮工作开始于20世纪80年代。北京是全国古树保存量最多的城市之一，也是开展古树养护与复壮最早的城市。早在1986年，北京就出台了《北京市古树名木保护办法》，对如何开展城市中古树名木保护做出了详细界定。在古树保护与复壮技术研发方面，自1988年以来，北京市园林科学研究所先后开展了"衰弱古松柏复壮措施的研究""修补古树树洞的应用研究""双条杉天牛引诱剂的研究"等科研课题，取得了一系列研究成果。随后，全国各大城市都陆续开展了与古树养护和复壮有关的研究工作，并在实践层面进行了积极探索。经40多年的发展，全国各地在古树养护和复壮方面取得了系列成果，这些成果包括：

①界定了养护内容并就养护与复壮的关系形成了广泛共识　无论是国家标准还是行业标准或地方标准，都把浇水、施肥、病虫害防治、树冠整理、环境整治、树体预防保护作为养护的核心内容，经一线部门实践后，取得了良好效果。而且更重要的是，行业对加强古树养护进行了积极倡导，不提倡动辄挖复壮沟、堵树洞等复壮行为。

②界定了复壮内容　在各层级的古树复壮技术标准中，规定土壤改良、施肥、树体修复、树体加固4个内容是古树复壮的核心，任何一个古树复壮工作，必须对4个内容中涉及的问题制订详尽的实施方案，并在实施过程中加以落实。

③研发了系列养护技术　经多年的研发和实践，我国大多数省（自治区、直辖市）都摸索出了自己的古树系列养护技术，并形成了各自的技术标准。如北方各省（自治区、直辖市）的浇返青水、防冻水措施，南方地区的防治白蚁、防涝害措施等，都是在清晰的技术

规程的指导下进行的。

④研发了系列复壮技术　李锦龄等(1995年)开展的"北方古树复壮技术研究"中第一次提出了地上复壮和地下复壮两个概念，地上复壮主要包括靠接、疏花疏果、叶面喷施微量元素等技术，地下复壮主要包括添加复壮基质、菌根诱导、激素利用、换土等措施，这些技术是国内最早的、系统性的古树复壮技术措施。2015年以后，新材料不断出现，一些新的理念不断被验证，一些新的技术如"补干不补皮技术""深沟复壮技术"逐渐在实践中被普及，我国古树复壮工作迈入了崭新的发展阶段。

⑤制定了较为完整的标准体系　经过几十年的实践，中华人民共和国住房和城乡建设部于2016年出台了中华人民共和国国家标准《城市古树名木养护和复壮工程技术规范》(GB/T 51168—2016)，国家林业和草原局也先后在2015年和2018年出台了中华人民共和国林业行业标准《古树名木复壮技术规程》(LY/T 2494—2015)和《古树名木管护技术规程》(LY/T 3073—2018)，更为可喜的是，目前我国各省份及省会城市基本上都出台了省级、省会级城市的古树名木养护和复壮技术规程，有的省份甚至地区级城市也出台了类似标准，这些标准对指导各地区的古树养护和复壮工作提供了重要的指导。

1.2.2　国外古树养护与复壮概况

国外对于古树的定义有所不同，如美国、德国把50年以上的树木即定义为古树，而英国则是突破了以树龄来判断古树的单一标准，更看重树木具有的观赏性、文化性等价值，所以把古树、老树、名树、大树和冠军树5类树都纳入了古树保护体系。

国外关于古树、大树的保护理念与我国存在差异，英美等国进行古树复壮的对象主要是早期衰老的古树，而不是针对濒危树的抢救。在复壮理念上，与我国不能大幅度修剪古树的规定不同，他们的研究者认为树木分生组织的活力是决定树木衰弱、濒危、死亡的重要原因。例如，英美等国常采用"缩枝复壮法"来刺激树木局部区域的分生组织，而且有计划、有步骤地缩枝，考虑的不是即时效果，而是注重古树在未来30～100年的生长变化。通过缩枝修剪，增加了内膛枝光照，刺激了形成层活性，加快潜伏芽萌发形成新的枝条，从而使古树恢复生长活力。

在古树、大树管理的政策、体制方面，日本为保护古树和大树专门建立了树木医认定制度，并在1991年首次认定了76名树木医，专门从事古树、大树的治疗等工作。欧美一些国家也有专门的城市树木管理体系，古树管理被纳入城市树木管理体系中，通过法律法规对古树大树进行保护。例如，美国和加拿大政府特设树木管理养护局(树木局)，应用分层管理机制，上层是高级主管，统率全局；中间层进行现场督查以及现场指导；最后一层是实施层，指挥工作人员执行分配任务，以及向上级汇报工作进程。此外，很多大城市都设有专业的树木修护、养护、管理团队，进行统一的审批和管理工作，避免了因多机构参与而产生的责任不明情况发生，使保护树木工作高效运行。美国还成立了专门的树木委员会，以弥补政府树木管理人员的不足。树木委员会包括3个部门：一是树木咨询委员会，职能主要是负责与上级进行沟通、调查、研究树木特性等；二是树木管理委员会，由热爱树木、乐于保护树木的群体组成，一旦发现身边树木的问题，能够根据环境等提出合理的意见和建议；三是树木政策制定委员会等，职能是制订树木管理计划，开展项目规划等。

在古树、大树复壮措施方面，国外有关从业人员也进行了一些有价值的尝试。如研发了缓效肥料气钉,解决了古树持久均衡肥力的问题;研发了空气铲,可以进行几乎不伤根的疏松土壤和换土工作。还有如蛀干害虫无损检测技术、阻抗仪测龄技术、应力波树洞空腐检测技术等,为病虫害的诊断、树木树龄的测定、树干空腐检测提供了新的技术手段。其中,应力波技术是当前我国各城市引入的最成功也是最普遍的树洞检测技术之一。

1.3 学习本教材的方法

古树养护与复壮是古树保护行业中技术性最强的门类,因此,与其他教材不同,本教材更要相应突出技术性、实操性和实用性,以期受教育者将来能"来之能战,战之则胜",成为古树保护领域的实用性人才。但是,任何一个学科都不可能是孤立的,都与其他学科存在千丝万缕的联系。本教材也是如此,其中所阐述的各种技术是以植物学、树木学、植物生理学、土壤学、微生物学等学科中的若干知识为基础的,这就要求学生学习本教材之前,应具备坚实的植物学、土壤学等学科的基本知识。更重要的是,应充分认识到古树这个古老的生命体与一般植物存在很大不同,所施加的技术措施、管理措施有其独特性,研究分析这个独特性是学好本教材的关键。这些独特性也在系列教材中,如《古树历史文化》《古树导论》《古树保护法规与管理》《古树生理生态》中进行了阐述,只有对系列教材中的各种知识进行系统学习,融会贯通,才能做到学以致用。

思考题

1. 简述古树养护与复壮的概念。
2. 古树养护与复壮的作用、意义分别是什么?
3. 简述国内外古树、大树养护与复壮概况。

推荐阅读书目

1. 中国树木奇观. 国家林业局. 中国林业出版社, 2002.
2. 中华古树名木. 全国绿化委员会办公室. 中国大地出版社, 2007.
3. 北京古树名木. 北京市园林局. 北京出版社, 1992.
4. 京津冀古树寻踪. 京津冀古树名木保护研究中心. 中国建筑工业出版社, 2019.
5. 树的秘密生命. 彼得·渥雷本. 译林出版社, 2018.

第 2 章 古树健康诊断

本章提要

阐述了古树健康诊断的内容,提出了通过观察地上部干、枝、叶的状态,分析地下土壤和根系的状态,判断古树健康水平的方法。

古树健康,是指古树在特定生长环境中能够正常地展现其生长发育过程中一切物候节律性变化的生命现象。古树健康受损或树势衰退指古树的生长发育偏离正常的状态。古树健康诊断(health diagnosis)是指对古树自身健康状况及其所处环境状况进行综合性诊断或判定,通过现场对古树的树冠形态、叶片特征、树枝、树干、根系、生长环境、病虫害等进行综合评价,确定古树的健康程度,并根据健康诊断结果,提出处置、促进古树健康恢复的方案。

2.1 古树衰弱原因与健康诊断

2.1.1 古树衰弱原因

在古树健康管理过程中,需要掌握古树衰弱的原因。古树树势衰退的原因包括内因和外因两个方面,内因是与树种、树木个体发育特性有关,如有的树种遗传上就是长寿树种,如圆柏(*Sabina chinensis*)生命的旺盛状态能维持几百年或几千年,而中寿树种如油松(*Pinus tabulaeformis*)生命的旺盛状态就比柏树短得多。需要指出的是,无论是长寿古树还是中寿古树,当树体生命过了旺盛期后,生理机能就会下降,表现出衰老症状。外因是受人为干扰和环境胁迫影响,如建筑工程施工可能会导致古树根部受损或土壤板结、土壤通气性变差等,进而导致地上部干、枝、叶发生病变,嫩枝生长能力大幅度减小,树冠出现明显的枯梢现象,叶片大小和密度明显减少,出现树皮破损、树干空腐等。

古树健康诊断是一个复杂的调查、分析和判断过程,有些外观诊断指标受损明显,易于发现掌握,而有些症状必须通过生理生化分析、生境调查等进行判断。

2.1.2 古树健康诊断

2.1.2.1 外观诊断

根据古树枝条、树干、叶、根系等器官的生长发育情况或受损状况，按照古树外观诊断的各项指标进行详细检查，出具检查结论并提出管护或治疗方案。也可现场采集图像、标本、样本等，以备后续鉴定和测定分析。

2.1.2.2 测试诊断

利用现代分析测试及仪器检测等手段对立地条件及树干腐朽、空洞或根系生长等情况进行诊断的方法。如通过树木芯材检测系统、光合仪、土壤测定分析仪等获取并分析古树树干状况、叶片光合能力及土壤养分含量等，确定古树衰弱原因，提出综合复壮技术方案。

2.1.3 古树健康诊断流程

在实践中，有时通过外观诊断就能得出导致古树衰弱的原因，有时则必须结合测试诊断结果进行判定。古树健康诊断技术流程如下：

①根据古树外观形态健康指标、立地状况进行综合诊断、评判，确定导致古树衰弱的原因。调查诊断时，除详细记录、分析各种不健康状况外，还应记录古树所处的环境状况，对可能影响古树生长的环境因子进行重点记录分析，同时，还应查阅以往的诊断记录、复壮保护措施、管护情况等。

②当通过外观诊断难以确定古树衰弱的原因时，则应根据外观诊断结果确定取样内容，带回实验室进行生理健康指标分析。

③根据现场诊断和测试分析结果进行综合评定，确认衰弱原因，给出指导性处理方案。

2.2 地上部异常诊断

地上部诊断包括对叶片、树枝、树干异常的诊断，在进行古树地上部诊断时，应重点判别树干、树枝、叶片发生的异常。古树的健康状况受诸多内因和外因影响，这些因素的影响强度最终会通过树体的外在形态特征表现出来。例如，树体的形态指标不仅能直观反映古树生存环境和立地质量的优劣，其树冠、枝条、树干指标和形态特征也能表征各种干扰因素对古树的影响程度。因此，地上部外观诊断是评价树木健康状况的最直接、最有效的手段。

2.2.1 叶片异常诊断

2.2.1.1 看叶片外观

(1) 畸形

导致古树叶片畸形的原因有很多，实践中应注意以下几种情况：

①支原体导致叶片发生畸形　最典型的就是枣树（*Ziziphus jujuba*）枣疯病。枣疯病又称

丛枝病、扫帚病、火龙病等，是由枣植原体侵染所引起的发生在枣树上的一种病害。该病是中国枣树生产中发生历史久且危害最大的枣树病害之一，古枣树和幼龄枣树均可发病，严重时造成枣树大量死亡。感病枣树发育滞缓，枝叶萎缩，常导致整株或成片死亡，该病不但侵染各类枣树品种，也可侵染酸枣（*Ziziphus jujuba* var. *spinosa*），如2018年国家林草局评出的全国最美85株古树之一的北京市东城区花市小区的一株树龄逾600年的古酸枣树，就罹患了枣疯病，有关人员对其进行了10余年坚持不懈的救治，仍不能根除枣疯病。

②虫害导致叶片畸形　很多刺吸性和食叶性害虫对古树叶片刺吸或啃食后，往往会导致古树叶片畸形。例如，蓟马是一种主要危害落叶树木嫩叶和嫩芽的害虫，会导致叶片皱缩和畸形，严重时会导致嫩芽发黑后失去功能，最终枯萎。还有各类卷叶蛾，幼虫咬食新芽、嫩叶和花蕾，仅留表皮呈网孔状，并使叶片纵卷，幼虫潜藏叶内连续危害植株，严重影响古树的正常生长发育。

实践中，在古树上可发现一些簇状枝，这些簇状枝生长发育正常，只是不同于该树种正常枝形态，而且整个树体发育正常，因长相奇特，形成了该树独特景观。例如，北京香山公园眼镜湖西岸一株古油松树冠上有一大枝，其上的短枝呈簇生状、翠绿，美如华冠，据推断是由芽变而来。

(2) 穿孔

导致古树叶片穿孔的原因有很多，实践中应注意以下几种情况：

①细菌性穿孔病　受害叶片病斑初期为水渍状小点，后扩大成圆形或不规则形，呈紫褐色，周围似水渍状，并带有黄绿色晕环。空气湿润时，病斑背面有黏膜状菌脓。最后病斑干枯，病健组织交界处出现一圈裂纹，病死组织脱落形成穿孔，此病常发生在蔷薇科的一些古树上，如古樱花（*Prunus serrulata*）树易罹生此类病害。

②真菌性穿孔病　真菌引起的穿孔如樱花褐斑穿孔病，主要危害叶片，也侵染新梢，多从树冠下部开始，逐渐向上扩展。发病初期叶正面散生针尖状的紫褐色小斑点，后扩展为圆形或近圆形、直径3~5mm的病斑，褐斑边缘紫褐色，后期病斑上出现灰褐色霉点。斑缘产生分离层，病斑干枯脱落，形成穿孔。此病常发生在蔷薇科的一些古树上。

(3) 叶斑

受真菌侵染，古树叶片可发生各类叶片病斑病，如褐斑病、黑斑病、锈病等。以黑斑病为例，黑斑病是除干旱地区外全世界广泛分布的严重病害之一。感病植株的叶片上呈规则或不规则的黑斑，叶片变黄、早脱叶、树体严重衰弱，也可导致溃疡病等病害发生，古树上多以蔷薇科的古树如古海棠（*Malus spectabilis*）树发生此病。

(4) 萎蔫枯萎

萎蔫枯萎可分为以下几种情况：

①缺水导致萎蔫　以形态学顶部最为严重，严重时叶片焦边或整片叶干枯，但叶片厚度正常，叶片小于正常叶片，叶柄硬实。水分运输的路径是从毛细根开始，经过侧根、主根、根茎、干、大枝、侧枝，然后到达叶片（或针叶），顶梢距毛细根的距离最远，当土壤因干旱供水不足时，水分就不能到达顶端的枝叶部位，顶端叶片（或针叶）便因失水表现枯黄。

②水淹导致萎蔫或枯萎　起初叶片不发黄，但大量萎蔫，即"绿蔫"，随后老叶边缘或整个叶片变黄，光滑无病原物，叶柄软绵，同时发生落叶，雨季过后，萌发新叶。若长期

积水会导致顶梢枯死。

为验证栽植10年以上的海棠(地径6~8cm)、银杏(*Ginkgo biloba*)(胸径10cm)、白蜡(*Fraxinus chinensis*)(胸径8~9cm)、槐树(*Sophora japonica*)(胸径18~20cm,树冠为高接'金枝'槐)、油松(胸径10~13cm)、圆柏(高3m)的耐水性,北京市园林绿化科学研究院的科研人员于2015年在试验圃地开展了水淹试验。试验地土层深厚,为壤土,2m以下土壤呈明显砂性,地下水位-40m左右。将供试植物树冠投影外围依据地形设立围堰,灌注自来水并保持地表积水深度>10cm。试验始于2015年8月6日开始,于9月8日结束,总淹水时间为33d。试验结果表明,被淹33d后,翌年3月油松死亡,成为参与淹水试验的6种树木中唯一被淹死的种类。死亡前,油松松针呈现明显的"绿蔫"状(见彩图1),其他供试树种都出现了明显的掉叶、叶柄细软等症状。

积水对古树的伤害是致命的。古树的根系不同于幼龄树木根系,由于树龄大,一些大根可能存在破损、腐烂等现象,且根系的分生能力弱,一旦积水,会造成根系呼吸困难,对根系造成不可逆的伤害,并可造成大面积根腐病发生。我国无论南方还是北方地区,每年都有由于积水造成古树死亡的案例,应引起高度重视。

③病虫害导致叶片萎蔫或枯萎　各类真菌性病害常常导致叶片发生萎蔫和枯萎,如古海棠树叶片被苹果锈病侵染后,严重时可导致叶片发生枯萎或大量落叶;还如油松赤枯病,发病初期针叶出现褐色或淡黄色至棕色病斑,也有少数呈浅绿至浅灰绿色,后变为淡棕红色或棕褐色,最后呈浅灰色或暗灰色,被害严重者似火烧,提早落叶,影响正常生长。油松赤枯病病原菌属半知菌类、黑盘孢目多毛孢属,在我国北方,该病一般于5月开始发生,7~8月出现发病高峰,尤其当夏季降水量大、空气湿度大时病害发生会较为严重。近年来,北方地区的一些古油松包括油松大树,在夏季有赤枯病发生。

④焦边或焦针　一些非病原因素导致的古树叶片焦边是古树常见的现象。一些位于城市居民区、胡同、寺庙中的古树,由于历史原因,有的生长空间比较狭小,有的周边有大量硬化铺装地面,营养面积小,根系呼吸困难,再加上水分管理无法实施,容易造成阔叶树古树叶片产生焦边现象,而对于针叶树古树,则会导致针叶上部发生焦枯,这种现象在北方的古银杏和古油松上常有发生。

(5) 黄化

可分为以下几种情况:

①缺氮导致黄化　氮素是蛋白质、叶绿素和其他关键有机分子的基本组成元素,是保证树木健康生长的重要元素之一,因氮素与叶绿素的合成有关,缺氮往往造成叶片黄化。北京市园林绿化科学研究院的研究人员在2016年对火棘(*Pyracantha fortuneana*)进行为期100d的水培缺素试验,结果显示,培养100d后火棘叶片通体发黄,叶片薄、小,叶色变淡,从老叶开始黄化,逐渐波及嫩叶,不产生斑点或条纹。

②盐害导致黄化　近年来,北方城市的行道树,在春季萌发后至雨季来临之前叶小或嫩芽回抽,或呈不规则叶片黄化乃至全株死亡,通常行道树中靠近马路内侧树冠的某些枝条焦叶甚至枝条死亡,而外侧叶片生长正常,整个树冠叶片呈所谓的"阴阳头"现象(见彩图2)。原因是该树靠桥体或路一侧,遭受了融雪剂的伤害,导致叶片发生了严重的黄化。

上述情况是因为使用了非环保型的融雪剂所致。这类融雪剂的主要成分是氯化钠,由于受到超量盐离子的影响,使根系周围土壤盐浓度过高,产生盐胁迫,严重时引起水分沿着导管"倒流",使得叶片失水黄化。

非环保型融雪剂对北方城市的树木造成了巨大损害。尽管目前提倡使用环保型融雪剂,但是仍然无法证明其对树木是无害的,因此,《城市古树名木养护和复壮工程技术规程》(GB/T 51168—2016)规定:在古树周边严禁使用融雪剂。

2.2.1.2 测定叶密度

野外观测叶密度时,可依冠层现有叶片占现有枝条正常长满叶片的百分数来计算,分为浓密(70%~100%)、中等(40%~70%)、稀疏(≤40%),当观测对象的叶密度为中等和稀疏时,说明该古树已经发生或正在发生问题,需要根据环境因素或其他症状进行更深层的诊断,得出准确结论。

对叶密度的测量,行业上还有一些更为精准的方法。例如,叶密度(DLN)由当年生小枝上的总叶数与小枝长度的比值表示($DLN = LN/SL$),取已经结束生长的枝条,测量其长度,统计该枝条上的叶片数,然后计算出每厘米枝上着生的叶片数。

2.2.1.3 测针叶宿存量

针叶树如油松、白皮松等,松针的宿存水平是进行这些树木健康诊断的重要指标之一。健康的古油松和古白皮松,在3年生枝条上还会有松针宿存,而有些特别强壮的树木,有时会在第4年枝条上存留松针,但当树木严重衰弱时,只能在2年生或当年生枝上有松针宿存。

造成松类古树针叶宿存少的原因是多方面的,严重积水、根系腐朽、营养面积狭小以及严重光线不足,均可导致这种现象发生。在实际工作中,还会有古树叶片或针叶枯死现象发生,这也是衡量古树健康程度的重要指标,导致古树叶片死亡的原因是多方面的,导致小叶、黄化、萎蔫的任何一种原因都有可能导致叶片枯死,实践中应根据具体情况进行判断,必要时应结合实验室分析结果给出可靠的结论。

综上所述,叶片外观健康指标及测定方法见表2-1所列。

表2-1 叶片外观健康指标及测定方法

指　标	含　义	测定方法
畸　形	植物细胞或组织受病毒侵染,过度生长,害虫啃咬或发育不足引起的症状	抽样调查法
穿　孔	受真菌或细菌侵染叶片出现小斑点后变成圆形或不规则形病变,组织干枯脱落所致	抽样调查法
病　斑	受逆境胁迫或真菌、病毒等侵染,叶片产生病斑,叶片变黄、脱落	抽样调查法
萎　蔫	由干旱、积水、病虫害所致	抽样调查法
焦　边	由于逆境胁迫、真菌侵染或缺乏水分,叶片边缘出现焦枯	抽样调查法
黄　化	由干旱、积水、缺氮、盐害等所致	抽样调查法
叶密度	综合反映枝条和树冠绿叶层健康状况的指标	目测法
针叶宿存量	针叶留在当年生枝、2年生枝、3年生枝的量	抽样计数法

2.2.2 枝条异常诊断

2.2.2.1 新梢萌发量、长度

亚热带、温带的古树，全年有春季和秋季两个明显的生长高峰，春季生长高峰形成的新梢称作春梢，秋季生长高峰形成的新梢称作秋梢，春梢和秋梢合起来称作新梢或当年生枝条。新梢萌发情况及新梢长度最能代表一株古树的健康水平，是对古树进行诊断时最为重要的两个指标。在诊断时，若古树顶芽全部萌发，且生长健壮，新梢的生长长度是该树种健壮应有的水平，就可以基本肯定该株古树是健康的；如果该古树新梢部分萌发，且新梢生长长度明显小，说明该古树生长已经处于不正常的状态；如果该古树的顶芽全部未萌发，说明该古树已经处于濒危状态。

2022 年 4 月中旬，在对北京某公园一株古油松进行诊断时，发现整个树冠所有的顶芽都没有萌发，而相邻健康古油松树顶芽全部萌发，而且长度都在 10cm 左右。现场观测该树营养面积 16m² 左右，周边为石板碎拼小径。在树冠下探土发现，土壤结构为砂质壤土，含少量石砾，透水透气性较好，1m 以下含水量达 23% 左右。又见地面有绿色青苔，怀疑去年雨季此处水分过多，探土发现其粗 1~10mm 的根系离皮脱骨或糟腐，具有根腐病的特征，由此认为该古树的衰弱是在 2021 年夏季就已经开始，并推测与 2021 年夏季降雨存在较大关系。

2.2.2.2 枯枝比例

古树树冠上的枯枝分为三种情况：①是由于树冠大且枝条过密，导致内膛枝光线不足，久之这些内膛枝就会死亡，这种情况属于正常情况，在进行古树健康诊断时，不作为参考因素；②如果某古树进入程序化衰老过程，会出现明显的向心更新和离心死亡现象，若低位枝条仍然健康，也不能贸然做出衰弱或濒危的结论；③不是内膛枝死亡，同时树体也没有出现向心更新现象，但是在树冠范围出现了一些不正常死枝现象，这种情况应引起特别的注意。造成古树不正常死枝现象发生的原因有很多，有病虫害原因导致的，也有生理病害导致的，还有人为因素导致的，在实践中应结合表观诊断和实验室化验分析进行综合判断。

2.2.2.3 顶梢枯死量

有些古树，虽然新梢能正常萌发，但是在随后的生长过程中，突然出现新梢死亡现象，这对古树来说是非常严重的事件，表明某个或某几个重大因素干扰了古树的生命活动，并对古树的生命进程造成了严重的伤害。同样，这些干扰因素可能与病虫害、环境、人为因素有关，根据来自各地诊断案例表明，这种情况多与大量根系死亡有关，而且非常难以治愈。

枝条外观健康指标及测定方法见表 2-2 所列。

表 2-2　枝条外观健康指标及测定方法

指　标	含　义	测定方法
新梢萌发量	当年生枝条顶芽萌发数量	抽样计数
新梢长度	当年生枝条的长度	分别取东、南、西、北 4 个方向的树冠上层、中层、下层的当年生新梢（数量≥24 个），测量新梢长度，计算出平均值
枯枝比率	枯枝数量占总枝条数量的比率	抽样计数法
顶梢枯死率	出现死亡现象的新梢占总新梢的比率	抽样计数法

2.2.3　树干异常诊断

2.2.3.1　树干空腐及检测

对发生树干腐朽的古树进行诊断和治疗是古树保护领域中的一项重要内容。树干腐朽的原因是树干中木腐菌在水分的作用下腐蚀木纤维所致。有些古树树干极易发生树干腐朽，如古槐树，素有"十槐九空"的说法，但是古柏树的树干则不易发生腐朽，这是因为柏树的木纤维中有较高水平的杀菌素所致。

树干腐朽多是树干芯材死细胞组织发生腐烂，基本上不会影响树体水分与矿物质运输，但是由于树干腐朽，稳固性降低，当遇雷雨大风时，树体往往发生折断。实践中，树木管理中的一些错误的做法往往是造成树干腐朽的诱因，如古油松树的树干腐朽，一般是从腐烂的树橛子开始，然后波及树干，直至根颈部位。北京市园林绿化科学研究院发起的"古树去树橛子行动"就是想通过抹除古树树干上的陈年树橛，为愈合创造机会，从而防止树橛子腐烂而导致树干腐烂。

传统的树干腐朽检测方法是直接观察测定法，也就是通过内视镜或树木生长锥，直接钻取需要检测或观察的树干部位木芯。对已经出现腐朽空洞的树干，可以通过应力波等技术进行检测。实践中古树树干空腐的检测方法有以下几种方式。

(1) 利用树木生长锥检测

在需要检测的部位直接钻取木芯，把木芯带回实验室，在立体解剖镜下直接观察木芯的颜色、密度等，判断腐朽类型、程度及大小等，必要时可通过染色技术对木芯进行染色处理，然后观察、测定、记录。钻取木芯时需选用直径 5mm 的生长锥，由于钻孔可能成为病虫害侵入的入口，造成木材变色腐朽，因此取样后需对钻孔用硅胶或伤口愈合剂进行封堵和防腐处理。取出的木芯样品可用于机械强度测定或 DNA 检测，这样不仅能掌握腐朽发生的位置、程度，还可以判断腐朽类型及腐朽菌的种类。

若树干内部明显出现空洞，无法钻取木芯，可以利用工业内视镜，通过生长锥在树干检测部位钻孔，伸入到树干内部空洞部位观察腐朽类型和腐朽程度，测量空洞大小。该方法直观且能拍照记录，可以为进一步诊断和治疗提供直接证据。

(2) 敲击共振诊断技术

使用敲击共振诊断仪，可对树干内部腐朽程度实现快速诊断。

当敲击像树干一样的圆形断面时，其产生的共振频率(f)与树干直径(D)、树干木材密度(ρ)、杨氏系数(E)以及形状系数(k)存在如下关系：

$$1/f = \frac{\sqrt{\rho \cdot k/E} \cdot D}{2}$$

也就是说共振频率的倒数与树干直径呈直线关系。对健康的树木来说，其树干木材密度、形状系数以及杨氏系数保持不变，共振频率和树干直径的关系是一个稳定值。如果树干出现腐朽、空洞等，改变了木材密度等参数，振动传播的路径发生迂回，共振频率减小，空洞面积越大，共振频率越小。根据预先测定的不同树种共振频率值及其与空腐面积之间的关系，就可以进行腐朽率和空洞率诊断。

该设备小巧且携带方便，因其与 GPS 和智能手机地图共享，不仅可以详细记录古树所在位置的地理坐标，还能通过手机照相功能记录古树整体或损伤部位照片，为后期制定治疗措施提供图形数据。

(3) 应力波断层成像检测技术

树干腐朽、空洞改变了树干木质部的密度，当敲击树干时由于应力波传递路径的改变，导致应力波传递的速度降低。应力波断层成像技术是根据应力波在出现腐朽、空洞树干中的传递比在健康树干中缓慢、花费时间要长这一原理，通过测定围绕在树干的多个监测点发射的信号到达相应的信号接收点所需要的时间，计算出相对速度，通过计算机软件生成树干断面的二维或三维图像，根据图像的颜色来判断树干内部是否出现腐朽或空洞，并能测量腐朽存在的部位、面积和大小，从而获取古树或其他测量对象的健康状态(见彩图3)。

(4) 微钻阻力检测技术

微钻阻力检测技术的原理是采用直径小于 3mm 的钻针，在电机的驱动下匀速加力使小钻针穿入木材内部，阻抗仪能够记录探针钻入木材时直线方向上的微钻阻力变化，形成由木材密度分布不同而产生的阻力曲线。阻力大小不仅与钻入深度有关，而且与树干腐朽程度密切相关，一旦木材内部出现腐朽、裂纹、虫蛀等缺陷，其力学性能会有所下降，在微钻阻力曲线上相应地表现为阻力值下降。根据阻力曲线可以判断木材内部具体部位的早晚材密度、应力木、年轮密度等情况，为判断木材内部腐朽、虫蛀、白蚁危害程度提供有效可靠的依据。

上述几种树干健康度检测仪器的比较见表 2-3 所列。

表 2-3　几种常见树干健康度检测仪器比较

指标	应力波断层成像仪	敲击共振诊断技术	微钻阻力测量仪
便携性	好	好	好
测量速度	10min/断层	10min/断层	1min/测量
数据采集	笔记本电脑	笔记本电脑	存储器/打印
数据类型	二维或三维图像	曲线图	曲线图
结果解释难度	较难	较难	易
耗材	无	无	钻针、打印纸
其他功能	无	无	年轮分析
技术新颖程度	中	中	低
无损测量	需安装铁钉	是	3mm 圆孔

2.2.3.2 树皮、枝皮物理性损伤

由于大风、暴雨、暴雪等天气现象造成的大枝折断、树干扭曲等，可造成更严重的树皮、枝皮损伤，还如机械剐蹭、大枝修剪也可造成树皮、枝皮损伤。在北方的一些古树如侧柏（*Platycladus orientalis*）古树和圆柏古树的大枝，当由于天气、人为等原因造成有断面时，若断面不能在1~3年内愈合，雨水会进入树皮和木质部之间，进而造成大面积的脱皮现象，有的会从树干顶部脱到根颈位置。这种物理性脱皮，沿树干或树枝纵向，两边基本上都能长出新的组织与树干牢牢愈合，即使有大面积的树干裸露，也不会对树体生命造成致命的伤害。

2.2.3.3 病虫害导致的干、枝损伤

受枝干病害及各类蛀干害虫的侵袭，古树的树干和枝条易出现破损现象。如由真菌、细菌导致的烂皮病或腐烂病，以及由天牛、吉丁虫、木蠹蛾、各类小蠹等造成的损伤，都能造成干皮和枝皮出现伤害；与物理性损伤不同，病虫害导致的树皮、枝皮损伤非常难以治愈，而且当症状严重时，会导致整个树体死亡。因此，实践中无论是诊断还是复壮，都会把此类树皮损伤作为重要问题加以对待。

（1）虫害

①双条杉天牛　是古柏树最重要的虫害，受害树木枝叶枯黄，甚至干枯死亡。其识别特征是树干上可见扁圆形羽化孔（见彩图4），剖开受害树木的韧皮部，可见木质部的表面形成不规则弯曲向上的扁平虫道，虫道内充满虫粪和木屑，在树干木质部可发现天牛幼虫。

②柏肤小蠹　受害的柏树针叶发黄、枯死，树干上可见大小约1mm的圆形羽化孔，把受害树剖开，可发现树皮和木质部之间呈放射状的坑道，母坑道一般与被害枝干平行（见彩图5），坑道内有柏肤小蠹幼虫和成虫，由此可判断为柏肤小蠹危害。

（2）病害

①烂皮病　发病初期从外表不易识别，掀开枝干的表皮，可见到暗褐色至红褐色湿润的小斑或黄褐色的干斑，受害较重时皮层腐烂坏死，用手指按压即下陷。病皮极易剥离，烂皮层红褐色，湿腐状时有酒糟味。发病后期，病部失水干缩，变为黑褐色，下陷，产生黑褐色小点粒，即病菌的分生孢子器，是再发病的传染源。实践中，北方地区的古海棠、古杨树、古榆树（*Ulmus pumila*）易发生烂皮病，发生后很难治愈。

②破腹病　造成树木发生破腹病的原因有以下几点：一是水肥充足，导致树木的木质部生长速度过快，当树皮的生长跟不上木质部的生长速度时，木质部就会撑开树皮，造成树皮开裂；二是在冬季冷热交替中，温差较大的地方，也会造成枝干树皮开裂或造成形成层等部位的组织坏死，造成树皮开裂。破腹病发生后，随之而来的可能是被细菌或真菌感染，诱发烂皮病发生。破腹病是北方地区古柿树（*Diospyros kaki*）和大柿子树的主要病害，2009年北京初冬降温迅速，导致大量柿树因破腹病死亡。

2.2.3.4 树干倾斜

树干倾斜导致树体重心失衡，是树体发生折断的潜在因素。实践中，对古树树体倾斜

程度的诊断是古树保护领域中的一项重要工作。国标 GB/T 51168—2016 规定，树干倾斜角度大于 20°的树木就可以判断为存在安全隐患的树木，对这样的古树，应及时采取支撑加固措施。

综上所述，树干外观健康指标及测定方法见表 2-4 所列。

表 2-4 树干外观健康指标及测定方法

指 标	含 义	测定方法
古树倾斜度	倾斜角度为树木主干与竖直方向的夹角	观测树干的倾斜方向、倾斜角度
腐朽程度	因木腐菌的侵蚀造成树干芯材不可逆的腐烂	测量空洞的长度、宽度、深度；空洞不规则形状测量最长（宽、深）处
树皮健康率	未受损伤树皮百分比	用割补法等数学方法计算受损树皮的面积，也可用手机扫描软件计算受损树皮的面积

另外，在对常绿树古树如油松、白皮松等进行地上部诊断时，常把结果量过大作为一个参考性指标，因为当常绿树结果量过大时，一方面表示该古树已经从营养生长向生殖生长转变，树势可能变弱；另一方面，过多的果实，必然消耗过多的营养，往往导致古树翌年长势变弱。

2.3 地下部状况检测

古树地下部的诊断应关注两个方面，一是土壤的物理、化学性质；二是古树根系本身的健康程度。土壤的物理性质主要包括土壤质地、容重等；土壤化学性质主要包括有机质、氮、磷、钾含量、全盐量和土壤 pH 等。古树根系本身的健康程度主要诊断根系是否因生理或病理的原因罹患病害，如根腐病及根癌病等。

2.3.1 土壤诊断

2.3.1.1 土壤肥力观察

积累实践经验，通过观察土壤的一些性状，如颜色、土层深浅等就可以判断土壤的肥力状况，详见表 2-5 所列。

表 2-5 肥沃土和贫瘠土的外观特征

特 征	肥沃土	贫瘠土
土壤颜色	土色较深	土色较淡
土层深浅	土层一般都大于 20cm	较浅
土壤适耕性	土质疏松，易于耕作	土质粘犁，耕作费力
土壤淀浆性	不易淀浆	极易淀浆、板结
土壤裂纹	土壤裂纹多而小	土壤裂纹少而大
土壤保水能力	水分下渗慢，灌一次水可保持 6~7d 的为肥土	不易下渗或沿裂纹下渗快的为瘦土
组成成分	不含建筑垃圾或生活垃圾	含建筑垃圾或生活垃圾

2.3.1.2 土壤物理性状测定

(1) 土壤容重测定

土壤容重在古树土壤健康评价中有重要的作用。容重对土壤疏松度和通气性有直接影响，进而影响土壤的渗透性和保水能力，最终影响植物根系生长和生物量的积累。当土壤容重大于 1.70g/cm³ 时，大多数植物的根系穿入土壤会非常困难。紧实的土壤会减慢根系生长速度，改变根形态。研究认为发生此现象的原因是土壤的机械阻力引发根部产生生长激素进而调节根部生长的速度，并且抑制分生组织细胞分裂速度，导致细胞长度缩短。此外，紧实的土壤环境中微生物数量和种群减少，从而抑制养分分解和吸收的速率，造成土壤有效养分供应能力减弱，导致树势衰弱，甚至枯死。

但是，土壤容重过小也不利于古树生长，当小于 0.9g/cm³ 时，一般会含较高腐殖质，这种土壤具有较高的肥力水平，但因土质过于疏松，透水、透气性过大，不利于根系抵抗寒冷、干旱气候。

(2) 土壤紧实度测定

土壤紧实度又叫土壤硬度或土壤坚实度或土壤穿透阻力。一般用金属柱塞或探针压入土壤时的阻力表示（单位为 Pa）。

土壤紧实度由土壤抗剪力、压缩力和摩擦力等构成，是土壤强度的一个合成指标。金属柱塞或探针压入土壤时分为动载和静载两种方法，不同方法的测定值不同，但有联系。柱塞的形状有锥体、平头、圆球及楔子等，这些对测定值也有影响。对同一种方法的测定值，主要决定于土壤质地、容重和含水量。其中，含水量的影响最大。土壤紧实度可预测土壤承载量、耕性和根系伸展的阻力。土壤紧实度的大小可影响植物根系的穿孔和生长，是一个重要的土壤物理特性指标，用于评价土壤耕性。紧实的土壤可阻止水分的入渗，降低肥料的利用率，影响植物根系生长，导致古树衰弱。

土壤紧实度越大，土壤硬度也越大，植物根系在土壤中的穿插所受到的机械压力也就越大。土壤紧实度对植物生长和生物量积累的影响是全球关注的问题。人为因素以及土壤干旱等自然因素都会使土壤紧实度产生变化，从而影响植物赖以生存的土壤环境中水、肥、气、热的状况，进而影响植物生长。

(3) 土壤孔隙度测定

土壤孔隙度即土壤孔隙容积占土体容积的百分比。土壤中各种形状粗细土粒集合和排列成固相骨架，骨架内部有宽狭和形状不同的孔隙，构成复杂的孔隙系统，全部孔隙容积占土体容积的百分率，称为土壤孔隙度。水和空气共存，并充满土壤孔隙系统中。

总孔隙主要包括毛管和非毛管孔隙，二者所起的作用不同。土壤孔隙直接影响土壤中水、热、气、肥的分配，与土壤质地、有机质含量、结构、容重等密切相关，可以说它是土壤各因子的综合反映。影响土壤孔隙状况的因素有很多，除了自然因素外，生产过程中的人为干扰，也能显著改变土壤的孔隙状况。一般认为，土壤中大小孔隙同时存在，若总孔隙度在 50% 左右，其中非毛管孔隙占 20%~40% 时，土壤透水性、通气性和持水能力比较协调。

土壤孔隙度一般不直接测量，可根据土壤容重和比重计算得出。

$$土壤孔隙度(\%) = (1 - 土壤容重/土壤比重) \times 100\%$$

式中，土壤比重是指单位体积的固体土粒（除去孔隙的土粒实体）的重量与同体积水的重量之比，其大小决定于土粒的矿物组成和腐殖质含量，土壤比重一般取其平均值 2.65。孔隙度反映土壤孔隙状况和松紧程度，一般粗砂土孔隙度 33%~35%，大孔隙较多；黏质土孔隙度为 45%~60%，小孔隙多；壤土的孔隙度 55%~65%，大、小孔隙比例基本相当。

（4）土壤含水量测定

土壤含水量是进行古树现场诊断的一个重要指标，便携式水分速测仪可以迅速实现现场检测土壤含水量的目的，通过检测值可以做出古树水分状况是否理想的判断。以北方古油松为例，土壤含水量在 11%~18% 时，认为是较为理想的土壤水分含量；当小于 8% 时，则会造成严重的干旱；当大于 20% 时，可能会造成根系腐烂。轻微干旱对古树的损害要比水分过大对古树造成的伤害小得多，很多古树的衰弱或死亡都与水分过多有关，因此，实践中尽量避免古树积涝是十分重要的。

2.3.1.3　土壤化学成分检测

人们一直试图建立土壤养分状况与树木健康水平之间的联系，但是除了极端情况（如土壤严重贫瘠沙化或土壤高度黏重）外，这种相关关系难以确定，与以下因素有关。

①树木的根系十分庞大，不仅有纵向分布，而且有复杂的横向分布，不同根系部位周边的土壤状况可能不同，取土样时有可能取不到有代表性的土样；

②树木利用土壤养分的机理十分复杂，即使是在树木养分状况非常理想的情况下，由于某种其他的原因，如离子本身的拮抗以及干旱、积水、冷冻、病虫害等都会造成吸收养分方面的困难；

③树木对养分的需求量存在一定范围，若不超过临界最高点或最低点，一般不会出现明显外观衰弱症状。

即便如此，在进行树木衰弱诊断工作中，熟知土壤中的养分水平对准确界定古树的衰弱仍然是十分重要的。

（1）土壤氮和有机质

土壤中氮肥的水平影响着树木的生长，当土壤缺氮时，树木的生长变得滞缓。土壤速效氮是可以直接被植物根系吸收的氮。土壤溶液中的铵、交换性铵和硝态氮因能直接被植物根系所吸收，常总称为速效态氮。土壤对树木的供氮量，主要取决于该树种生长期的长短，以及生长期间的气温和降水/灌溉等状况。

土壤中有机质的含量影响着树木的生长，当有机质缺乏时，树木的生长会变慢。土壤有机质是指存在于土壤中的有机物质，包括各种动植物的残体、微生物体及其会分解和合成各种有机质。土壤有机质是土壤固相部分的重要组成成分，尽管土壤有机质的含量只占土壤总量的很小一部分，但它对土壤形成、土壤肥力、环境保护及农林业可持续发展等方面都有着极其重要的作用。

（2）土壤酸碱度（pH）

土壤酸碱性对树木生长至关重要，如一些酸土植物像杜鹃花（*Rhododendron simsii*）等很难在碱土环境里正常生长。油松、白皮松虽然不像杜鹃花对土壤酸碱性要求那样严格，但是较高的 pH 一般会导致生长受到影响。土壤 pH 是土壤化学性质的综合表现，土壤微生物的活动、有机质的合成与分解、N 和 P 等营养元素的形态转化与释放等都与土壤 pH

有关。土壤 pH 大小是由土壤盐基状况决定的，但也受到气候、水文等自然条件的影响。在城市环境中，受人为扰动作用，pH 不同于自然土壤，呈无规律分布。研究发现，中国北方城市土壤呈碱性，南方城市土壤呈酸性，土壤酸碱度呈现由北向南逐渐减小的分布特征。

《中国土壤》中 pH 的分级方法，将土壤 pH 分为 5 级，pH≤5 的土壤为强酸性土壤，$5 < pH ≤ 6.5$ 的土壤为酸性土壤，$6.5 < pH ≤ 7.5$ 的土壤是中性土壤，$7.5 < pH ≤ 8.5$ 的土壤为碱性土壤，pH>8.5 的土壤为强碱性土壤。植物正常生长的土壤 pH 范围一般是 6.5~7.5，属于中性土壤。

(3) 土壤电导率(EC 值)

土壤 EC 值是测定土壤水溶性盐含量高低的指标，也是衡量土壤盐渍化程度的重要指标。研究证实，土壤 EC 值在 1.5ms/cm 以下，且在一定范围内时，其数值大小与土壤肥力水平呈正相关，属于园林植物安全生长范围；EC 值超过 1.5ms/cm 时，表示土壤已经盐渍化，植物受盐害影响，难以生长。

近年来，城市土壤总盐量呈逐年升高趋势，产生了土壤酸化和次生盐渍化现象，这主要是由于一方面土壤常年覆盖或季节性覆盖改变了自然状态下的水热平衡，土壤得不到雨水充分淋洗，致使盐分在土壤表层上聚集；另一方面是不合理施肥所致。在土壤分析中，含盐量是一个重要的综合指标，而测定土壤中的电导率可以直接反映出混合盐的含量。土壤 EC 值包含了反映土壤质量和物理性质的丰富信息。例如，土壤中的盐分、水分、温度、有机质含量和质地结构都不同程度影响土壤 EC 值。有效获取土壤电导率值，对于确定各种土壤参数时空分布的差异有重大意义。

(4) 土壤有效磷

磷是植物必需的大量元素之一，土壤中磷供应不足，植物表现为叶片暗绿色，下部叶片后期出现紫色或红色斑点，并呈现坏疽状。有效磷是指土壤中可被植物吸收利用的磷的总称。它包括全部水溶性磷、部分吸附态磷、一部分微溶性的无机磷和易矿化的有机磷等，只是后二者需要经过一定的转化过程方能被植物直接吸收。它在化学上的定义是能与磷进行同位素交换的，或容易被某些化学试剂提取的磷及土壤溶液中的磷酸盐。

在古树管理实践中，提高土壤磷的可利用水平非常关键，人们普遍认为，提高土壤中磷的水平，能促进古树的抗逆能力，减少烂皮病等的发病概率。所以实践中常通过调节土壤酸碱度、增加土壤有机质等措施来提高古树对磷的吸收能力。

(5) 土壤速效钾

钾是植物所需的大量元素之一，土壤中钾含量供应不足，植物表现为老叶生斑点(黄色或白色)，斑点后期呈现坏疽状。速效钾指土壤中易被作物吸收利用的钾素，包括土壤溶液钾及土壤交换性钾。速效钾占土壤全钾量的 0.1%~2%。其中土壤溶液钾占速效钾的 1%~2%，由于其所占比例很低，常将其计入交换钾。速效钾含量是表征土壤钾素供应状况的重要指标之一。

除开展上述检测外，必要时还可进行微生物种类和强度的检测。土壤微生物是土壤中一切肉眼看不见或看不清楚的微小生物的总称，严格意义上应包括细菌、放线菌、真菌、病毒、原生动物和显微藻类。其个体微小，一般以微米或纳米来计算，通常 1g 土壤中有几亿到几百亿个，其种类和数量随成土环境及其土层深度的不同而变化。它们在土壤中参与氧化、硝化、氨化、固氮、硫化等过程，促进土壤有机质的分解和养分的转化。

2.3.1.4 案例(北京)

在对土壤检测结果进行分析时,应准确掌握古树所在区域的土壤养分含量标准。以北京为例,土壤养分指标评分规则见表2-6所列。

表2-6 北京市土壤养分指标评分规则

项目	单位	评分规则				
养分指标	评分(F)	极高	高	中	低	极低
有机质	g/kg	≥25	25~20	20~15	15~10	<10
	分值	100	80	60	40	20
全氮(N)	g/kg	≥1.20	1.20~1.00	1.00~0.80	0.80~0.65	<0.65
	分值	100	80	60	40	20
碱解氮(N)	mg/kg	≥120	120~90	90~60	60~45	<45
	分值	100	80	60	40	20
有效磷(P)	mg/kg	≥90	90~60	60~30	30~15	<15
	分值	100	80	60	40	20
速效钾(K)	mg/kg	≥155	155~125	125~100	100~70	<70
	分值	100	80	60	40	20

注:各指标数值分级区间的分界点包含关系均为下(限)含上(限)不含,例如有机质"高"等级中,"25~20"表示"大于等于20,且小于25的区间值",其他类同。

表2-7是对某古树进行土壤诊断时的化验结果,取样部位是古树的西北、西南、南三个方向,取样土层分别是土壤表层0~30cm和30~50cm处。由于受周边房屋与硬化地面的影响,没有取到东、北等其他方向的土壤样品。

表2-7 某古树周围土壤元素含量

采样土层深度(cm)	碱解氮(mg/kg)	速效钾(mg/kg)	有效磷(mg/kg)	土壤pH	有机质(g/kg)	全盐(mg/kg)
西北0~30	20.5	159.22	8.28	8.65	21.4	0.11
西南0~30	17.34	177.58	3.52	8.72	18.42	0.1
西南30~50	11.21	85.81	2.3	8.89	6.8	0.1
南0~30	28.73	187.67	7.5	8.6	25.83	0.12
南30~50	4.9	94.99	4.74	8.71	5.18	0.09

通过这个化验表,结合北京市土壤标准,可以获得以下信息:

①对古树土壤的化验一般要取表土,表层土壤的pH和全盐量需要特别关注,因为来自人为的污染物,如融雪、生活垃圾等,首先污染表层土壤,造成土壤酸碱性和盐含量的改变,进而对古树的生长造成影响。通过表2-7可以看出,该古树表层土壤含有较高的有机质,处于高肥力水平,但氮含量和磷含量不高,全盐量较低,土壤pH为较强的碱性。

②对古树土壤化验取30~50cm的土壤进行化验也非常重要。大多数古树在30~50cm层面集中了大量的毛细根,这个层面的土壤养分含量对维系树木的生长势十分必要。从化验结果中可以看出,30~50cm处有机质含量低,是低肥力水平,土壤中的氮含量极低,土

壤为强碱性土壤，土壤中的钾含量为中等偏上，土壤中的磷含量极低。

由上述分析，制订该古树的土壤改良策略是：①提高 30~50cm 处土壤有机质水平；②增加 0~50cm 土壤的氮肥含量；③降低土壤的 pH；④增施磷肥，提高土壤磷含量。

2.3.2 根系诊断

根系是树木的主要营养器官之一，其生物量约占树木总生物量的 30%。根系功能除了保障树木生长必需的水分和养分供给，还是固定和支撑树体的基础。处于根系末端部分的细根通常指直径小于 2mm，对树木地上部健康状况和土壤环境条件变化响应最敏感的部分。细根周转是指细根从生长到死亡脱落再到生长的过程，而细根寿命是指细根从生长到衰老死亡所经历的时间。细根寿命决定细根周转速率，并与之呈负相关关系，即寿命越短，周转越快。

细根从产生到死亡是一个程序化过程，土壤因子对细根寿命具有重要影响。据此，影响细根寿命的因素可分为内部因素和外部环境因素。首先，细根寿命由树种本身基因所决定，这使得不同树种即使在相同立地条件下细根寿命也呈现显著差异。细根直径和根序、组织养分含量（碳氮比）等生物学因素也显著影响细根寿命。其次，土壤温度、水分和养分有效性以及土壤微生物活动等环境因素也影响细根寿命。外部环境因素常常通过作用于树木内部生理过程而影响细根寿命。其中，环境与细根发生相互作用的重要界面在根际区域，这一微小区域内植物、土壤与微生物三者交互作用异常频繁，对于植物根系寿命至关重要。

2.3.2.1 根系形态

(1) 根系外观诊断

实践中，现场对根系外观诊断是古树衰弱诊断的一个重要工作。一般的流程是：首先根据古树枝叶症状判断该症状是否与根系有关，若认为可能存在关系，可在古树根系分布范围内用铁锹或洛阳铲取出 20~40cm 范围内的土，然后进行以下流程：

①检查毛细根　检查毛细根是否发生腐烂、干枯，是否有菌丝体。同时检查问题毛细根系的占比，如果所有被检查的毛细根全部死亡，问题可能非常严重。

②检查直径 5mm 左右的根系　如果毛细根系大量死亡，应继续检查 5mm 左右的根系，检查是否发生干枯、腐烂，是否有菌丝体以及问题根系的占比，同样，若问题根系占比大或全部死亡，问题就会更严重。

③检查 5mm 以上的根系　如果 5mm 左右的根系死亡，应继续检查 5mm 以上的根系，检查是否发生干枯、腐烂，是否有菌丝体以及问题根系的占比，如果 5mm 以上根系有大量死亡现象发生时，古树极可能死亡。

(2) 根系形态指标测定

形态特征包括根系体积、几何形状、长度、分布深度、根密度、分枝状况、根重、根表面积、根毛数量和根尖数量等。根系形态与养分、水分的吸收能力有密切关系。在植物营养研究中，常用的根形态参数主要有根长、根表面积、根体积、根直径等，这些指标的大小反映了树木根系的发育水平。测定时，可用带有刻度的土钻取回单位体积的土壤，带回实验室后经过冲洗、过筛等一系列步骤后，用根系分析仪进行分析（表 2-8）。

表 2-8　树木根系形态指标及含义

根系形态指标	含　义	测定方法
根　数	单位体积土壤内根的数量	根系分析仪
总根长	单位体积土壤中每条根的长度累计	根系分析仪
根直径	单位体积土壤内根系直径的平均值	根系分析仪
根体积	单位体积土壤内根系总体积	根系分析仪
根系表面积	单位体积土壤内根系总表面积	根系分析仪
比根长	根系长度和根干质量的比值	根系分析仪

2.3.2.2　根系生物量

根鲜重在植物营养研究方面有很大的应用价值，养分吸收能力用根鲜重作参数。但是由于在实际中，不可能获得大量的古树根系，一般会采用小体积的根筐进行根系取样。根鲜重容易测定，但准确程度与根外黏附水分有关，故受操作影响较大。根干重对于判定养分和水分吸收能力来说不是个理想的参数，因为老而粗的根所占的重量很大，而吸收养分和水分的能力很小。在分析植物地下部的生产力时，根干重常作为参考标准。测定根干重一般采用烘干重量法。

2.3.2.3　根系病虫害

（1）根腐病

根腐病导致树木衰弱。先是树冠部分枝条上的叶片发黄或干枯，进而其他枝条陆续死亡。探根发现与发黄或干枯枝同侧的毛细根死亡，死亡毛细根上有白色絮状物或黑色线状束覆盖，即可判定为根腐病（见彩图6）。根腐病是由几百种土携细菌或真菌引发的植物根系腐烂病，特征是植物解体腐败。腐朽可以是硬的、干的、海绵状的，也可以是多水的、粥糜状或黏性的。

（2）根癌病害

探根发现根部有大量瘤状物，即可判定为根癌病（见彩图7）。根癌病又称冠瘿病或根瘤病，其病原为薄壁菌门革兰阴性好氧菌根瘤菌科中的一种根瘤土壤杆菌。根癌病具有分布广、寄主多、危害严重的特点。根癌病为世界性病害，能侵染600余种植物，包括森林植物、经济林植物、园林植物的331个属，特别在杨柳科、蔷薇科植物上最为常见。感病植物根系出现瘤状癌变，地上部分生长缓慢，枝条干枯甚至枯死。

（3）紫纹羽病、白纹羽病

紫纹羽病，发病初期病部生有纤细的紫红色菌丝，后根部变为黄褐色至黑褐色，根表面产生紫褐色根状菌素，其上有时可见紫红色半球状菌核或在根部或茎基部产生一层紫红色茸状物，表皮变黑或腐烂。发病轻的枝叶略呈黄绿色，发病重的全株干枯死亡。白纹羽病，发病时在根尖形成白色菌丝，老根或主根上形成略带棕褐色的菌丝层或菌丝索，结构比较疏松柔软。菌丝索可以扩展到土壤中，变成较细的菌索，有时还可以填满土壤中的空隙。菌丝层上可长出黑色的菌核。菌丝穿过皮层侵入形成层、深入木质部导致全根腐烂，病树叶片发黄，早期脱落，以后渐渐枯死。

(4) 生理病害

各种胁迫环境如干旱、涝害、冻害，都可能导致根系死亡。实践中，有两种情况应特别引起注意，一种是古树下的地被若是冷季型草坪，常会发生大量毛细根和侧根死亡现象；另一种是生长在土壤黏重且经常发生积涝区域的古树，根系也会发生严重的问题。

2.4　古树生理代谢指标与古树健康的关系

一些生理指标如叶绿素含量、丙二醛含量、超氧化物歧化酶活性、可溶性蛋白质含量、可溶性糖含量与根系活力等，常用作开展植物的衰老和抗逆性研究。古树的衰老、衰弱与上述生理指标存在大量的因果关系，张国华（2007）对北京古油松、古银杏研究发现：

①健康古油松立地土壤各菌类含量均高于衰弱古油松；

②细菌和微生物总量差异性显著；

③健康古树立地土壤部分微生物作用强度均高于衰弱古油松；

④有机磷和无机磷作用差异性显著；

⑤叶绿素含量因树体健康状况不同存在差异，排序为：幼壮树>B级壮树>A级壮树>幼弱树>B级弱树>A级弱树；

⑥树体健康程度与叶绿素荧光指标显著相关，Yield、ETR、qP值均为幼壮树>古壮树>古弱树，qN值反之；

⑦丙二醛含量：幼壮树<B级壮树<A级壮树<幼弱树<B级弱树<A级弱树；

⑧ABA含量与树龄呈正相关，IAA含量反之；

⑨树龄增加，$rbcL$基因突变概率变大，编码产生差异越大，进而影响光合作用，并改变树体生理状态。

但是，上述很多生理指标更多的是研究方面的意义。在古树衰弱诊断实践中，最常用的生理指标是叶绿素含量和叶绿素荧光值，因为叶绿素含量不仅是评价树木光合能力的重要参数，也是评价环境因子胁迫程度及树木健康状况的关键指标。当树木受到某种环境因子胁迫或环境发生变化时，叶绿素含量即会出现变化，影响光合作用和光合产物的积累，进而影响林木健康状况。另一个原因是，检测叶绿素含量或叶绿素荧光值大小，可以通过便捷的手持检测仪进行，不用带回实验室进行复杂的处理和分析，有助于快速形成诊断结果。

2.5　立地环境对古树生长影响

影响古树的地上环境包括植被结构、建筑物、杂物、污染液体和气体等，它们会造成古树发生一些特定的变化，掌握这些变化特征，对古树衰弱原因的确定是非常重要的。

2.5.1　植被结构对古树影响

2.5.1.1　对古树光照的影响

当古树周边有高于古树的大树时，会造成古树树冠或某一侧枝条长期处于遮阴状态，进而导致叶片或针叶瘦、薄、稀疏，甚至还会造成大量枝条枯死。

2.5.1.2 对水、肥的影响

古树保护范围内的大树、灌木会与古树在水肥利用方面产生竞争关系,而且由于这些年轻的大树和灌木吸收、运输系统发达,在与古树的竞争中总是占据优势。当古树生长在土壤瘠薄的环境中时,这种竞争关系会表现得更加明显,即古树的生长势总是弱于其他大树和灌木。

对古树水肥状态产生严重影响的还有地被植物,尤其以冷季型草坪对古树的影响最为严重。由于冷季型草坪的根系会在20cm左右结成根网,阻止水分下渗,当干旱严重时,即使对草坪灌水也不能彻底缓解古树的干旱胁迫状态。

2.5.1.3 对古树根系发育的影响

喜水、根系结网的一类地被植物,如冷季型草坪,对古树的影响不仅是阻止水分下渗,还会因根网的封闭作用而导致土壤空气严重不足,进而使古树毛细根系因闷捂发生死亡。因此,在对生长在冷季型草坪中的古树进行诊断时,要特别取土观察草坪下的古树根系是否死亡。

2.5.2 构筑物对古树影响

在城市中的古树名木,由于历史原因,有的被房屋包围,有的紧靠围墙,有的因为城区的扩张逐步纳入市区,有的是庙、祠遗留,周边建筑几经变迁,有的位于管线、路边或被围墙包围,生长范围逐渐缩小,这些区域的土壤往往较为贫瘠且面积狭小,一般古树会有以下表现:

①生长大都不均衡,主干树冠偏冠,基部萌蘖频多。

②除了支撑树体的主根以外,根系常常偏向一侧,或者须根分布不均匀;吸收根往往生长位置较深、较远,靠近构筑物一侧根系退化严重。

③根系生长受阻导致古树生长状况不良,生长势往往较差。

④树冠和枝条生长受限,部分区域受高层建筑影响光照变差,导致古树生长势变差。

2.5.3 硬化地面对古树影响

硬化地面如大面积水泥砖或沥青路面,导致土壤理化性质、微生物环境等发生了较大变化,影响树木根系对水分和矿物质等养分的吸收,无法满足树木生长需要。这是通过影响根系呼吸和降低微生物的活性造成的,根系呼吸作用是树木根系进行正常水肥吸收的关键基础,硬化的地面阻断地下与地面之间的空气交流,树木根系因缺氧其吸收能力会降低,严重时根系会发生死亡,土壤微生物也会因氧气不足活性降低或死亡。

大面积硬化铺装区的古树,生长势多偏弱,特别是在旱季时表现更为明显,还会出现秃尖等早衰现象。

2.5.4 地下水位过高对古树影响

地下水位过高不利于古树的生长,这是我国沿海低海拔地区古树较少的原因之一。如果由于积涝或人工水系渗漏导致古树区域地下水位过高,古树一般也会生长不良,首先是

叶片先发生"绿蔫"现象，即叶片虽然是绿的，但是叶柄细软，叶片萎蔫，然后发生黄化、掉叶、顶梢枯死，地下部则会发生严重的毛细根死亡现象。

2.6 人为因素对古树影响

2.6.1 杂物、固体污染物对古树影响

古树周边堆放的杂物如建筑垃圾、生活垃圾等，在高温和雨水的作用下可能产生有毒物质，当这些有毒物质渗入古树根系区域且污染物超过树木本身的消纳能力和限度时，树木即出现树势衰败现象。

在北方地区，最重要的污染源就是融雪剂。融雪剂多由氯化钠组成，过量使用对树木的伤害是致命的。诊断时应特别询问是否使用过融雪剂，当有以下两种情况发生时，就可以判定污染源是融雪剂：

①树木有"阴阳头"现象发生，即树木的一侧被融雪剂伤害后，这侧的枝叶会发生死亡，而未被伤害的一侧枝叶正常。

②树木入冬前正常，翌年4~5月，树木叶片甚至包括新梢突然干枯，或发生"阴阳头"现象。

人为活动造成的环境污染直接或间接影响古树生长，古树由于高龄而更易受到污染环境的伤害，加速其衰老的进程。

2.6.2 大气污染对古树影响

大气中的烟尘、二氧化硫、氮氧化物、氟化物、氯化物、一氧化碳等有毒气体通过叶片进入树木体内，在树木体内积累，使生物膜的结构、功能及酶活性等受到破坏，进而影响其代谢功能，尤其影响光合作用和呼吸作用的正常进行，从而使树木的生长发育受到抑制。主要症状表现为叶片卷曲、变小、出现病斑，春季发叶迟，秋叶落叶早，节间变短，开花结实性变小等。

2.6.3 重金属污染对古树根系危害

铅（Pb）、汞（Hg）、镉（Cd）、铬（Cr）等重金属及酸、碱、盐等物质进入土壤，造成土壤污染，对树木造成直接或间接的危害。这些有毒物质对树木的危害包括：一方面表现为对根系的直接危害，如根系发黑、畸形生长、侧根萎缩稀疏、根尖坏死等；另一方面表现为对根系的间接伤害，如抑制光合作用和蒸腾作用的正常进行，树木的生长量减少，物候期异常，生长势衰弱等，易诱发病虫害，加速衰老。

2.6.4 周边施工对古树影响

尽管我国各省（自治区、直辖市）对在古树周边施工都制定了严格的管理办法，但是生长在城市街道、小区、公园、寺庙中的古树，不可避免地受到道路修建、房屋修缮、管沟开挖等施工活动的影响，这些影响包括以下几个方面：

(1) 影响地下水位

古树周边若有超深基坑开挖，降水措施势必使地下水位下降，从而引起土壤中的地下

水、重力水通过自流形式流失，将导致古树根系范围内土壤含水量大幅度下降，土壤中的大部分毛细管水将会流失。对植物来说，毛细管水是最重要的，是产生土壤溶液的重要来源。实践中，应注意若有超大基坑开挖时，观察古树是否有干旱现象发生。

（2）石灰对古树根系的影响

硬质铺装时，为增强面材的稳固性以及满足荷载的要求，往往要加入一定比例的石灰形成灰浆垫层。石灰是强碱性物质，经不断的灌水或降雨淋融后，会导致局部土壤 pH 升高或直接对根系造成伤害，这些伤害，对喜欢酸性土的古油松、古桂花（*Osmanthus fragrans*）等往往是致命的。另外，灰浆垫层异常致密，不透气、不透水，也会严重伤害根系。

2.6.5　游人践踏对古树影响

践踏过度会导致土壤密实度过高，土壤理化性质恶化。古树多数生长在宫、苑、庙或宅院内、农田旁，游人密集，地面受到过度践踏，造成土壤容重高，使土壤板结、紧实度高，进一步导致土壤中氧气含量和透气性降低，机械阻抗增加，严重影响土壤的气体交换，并严重限制根系的生长，从而影响树木对土壤养分的吸收，造成树木生长势减弱。

2.7　古树健康程度判定方法

在古树保护实践中，经常需要根据各分项诊断结果，对古树的健康程度进行界定。有学者制定了评价古树健康程度的指标体系，包括立地条件、土壤状况、气象气候、生长环境、人为影响、病虫害、生长势等方面的多项因子，然后给各因子赋权重值，通过加权法获得某一古树健康程度的综合得分，然后根据得分界定该古树是健康的还是衰弱的。但是这种方法在实践中不具有可操作性，一是古树的健康诊断具有时效性，时间不能拖得太久，若对所有的因素进行检测费时费力；二是树木生命十分复杂，如有些树木即使树干发生了严重的破损，树冠仍然保持健康的生命状态，更有甚者，某些土壤养分指标即使是在极度匮乏的状态，地上部分仍然枝繁叶茂，对于这样的古树很难用各因子加权法对其生命状态进行界定。

通过几个主要因子的外观形态，直接给出古树的健康程度，具有很强的实践意义。赵忠（2022）把树势、树冠、枝叶密度、树皮损伤程度、树干及大枝枯损程度、树梢及枝端枯损程度、枝条生长状态、叶（芽）长势、叶色、萌芽萌蘖 10 项指标作为主因子，根据这 10 项指标的状态，把古树分为 0、1、2、3、4 五个级别，详见表 2-9 所列。

表 2-9　古树健康诊断评价指标体系分级

诊断指标	指标等级标准				
	0	1	2	3	4
树　势	生长旺盛，完全没有不良状况	受到些许影响，但树势整体未受影响	树势衰弱比较明显	生长状态极差，树势衰弱非常明显	几乎枯死
冠　形	保持自然冠形	部分异常，但保持近自然冠形	出现偏冠现象，冠型略显畸形	偏冠现象严重，树冠畸形	自然冠形已不存在

(续)

诊断指标	指标等级标准				
	0	1	2	3	4
枝叶密度	枝叶繁茂	枝叶较为繁密，密度略均衡	枝叶较为稀疏	枯枝多，叶量少，枝叶密度小	几乎没有枝叶
树皮损伤程度	树皮没有损伤，颜色正常	树皮损伤不显著，仅有少量孔洞等小伤	树皮存在未愈的旧伤，整体缺乏活力	树皮伤口明显腐朽，缺乏生机	树皮出现大面积剥落、空洞和坏死
树干及大枝枯损程度	无	很少且无大碍	枯损比较明显	枯损特别明显	大枝及树干上都已缺失
树梢及枝端枯损程度	无	有一点，不明显	比较多，有较多折断	特别多，大多已折断	几乎全部折断，无健全的树梢和主枝
枝条生长状态	正常	略显异常，但不明显	枝条变短、变细	枝条极度缩短，节间膨大	仅有下端萌芽枝条生长
叶(芽)长势	叶(芽)长势良好、叶(芽)量多	部分叶(芽)变小	几乎所有叶(芽)变小	所有叶(芽)显著变小，且量少	仅有少量叶(芽)，且变小
叶 色	整体呈现正常绿色	可见少量异常色叶	有明显的黄色和红褐色叶	叶片大多呈淡绿色、黄色和红褐色	全是淡绿色、黄色和红褐色
萌芽萌蘖	枝叶量多、无萌芽萌蘖	枝叶量多，有个别萌芽萌蘖	枝叶量少，有萌芽萌蘖多	枝叶极少，萌芽萌蘖多	枝叶量极少，无萌芽萌蘖

《城市古树名木养护和复壮工程技术规范》（GB/T 51168—2016）中，只选取了叶片、枝条、干皮三个主要因素并给予测量值，实现了对古树的健康程度进行快速判定的目的。该方法的合理性在于，不管环境胁迫、有害生物如何，最终还是反映在古树的叶片、枝条、干皮的状态上。因该方法简单、易于掌握，在实践中多被我国各地的古树健康诊断实践活动所接受。详见表2-10所列。

表2-10 古树名木生长势分级标准（GB/T 51168—2016）

生长势分级	分级标准		
	叶 片	枝 条	干 皮
正 常	生长正常的叶片占叶片总量的95%以上	枝条生长正常、新梢数量多，无枯枝枯梢	干皮基本完好，无坏死
轻 弱	生长正常的叶片占叶片总量的70%~95%	新梢生长偏弱，枝条有少量枯死	干皮局部有轻伤或少量坏死
重 弱	生长正常的叶片占叶片总量的20%~70%	新梢很少，枯枝多	干皮有局部坏死、腐朽或有孔洞
濒 危	生长正常的叶片占叶片总量的20%以下	枝杈枯死较多	干皮多坏死，严重腐朽或有孔洞

思考题

1. 古树衰弱的内因和外因是什么？
2. 古树健康诊断的类型有哪些？
3. 叶片异常诊断的类型有哪些？
4. 枝条异常诊断的类型有哪些？
5. 树干异常诊断的类型有哪些？
6. 简述土壤诊断的内容。
7. 简述根系诊断的内容。
8. 古树生理代谢指标与古树健康的关系如何？
9. 植被结构对古树有什么影响？
10. 构筑物对古树有什么影响？
11. 硬化地面对古树有什么影响？
12. 地下水位过高对古树有什么影响？
13. 人为因素对古树有什么影响？
14. 古树健康程度的判定方法是什么？
15. 一株北京的古银杏，如果在8月发生了严重的焦叶，如何判定其衰弱的原因？

推荐阅读书目

1. 树木医生手册. 丛日晨等. 中国林业出版社，2017.
2. 公园古树名木. 北京市园林科学研究所. 中国建筑工业出版社，2012.
3. 古树保护理论与技术. 赵忠. 科学出版社，2021.
4. 中华人民共和国国家标准《城市古树名木养护和复壮工程技术规范》(GB/T 51168—2016).
5. 北京市地方标准《古树名木评价规范》(DB11/T 478—2022).

第3章 古树养护

本章提要

本章阐述了古树养护工作的内容以及在进行古树补水与排水、施肥、病虫害防治、树冠整理、地上环境整治、树体预防保护工作时应遵循的方法。

古树养护是古树管理工作中最为重要的内容之一。《城市古树名木养护与复壮技术规范》(GB/T 51168—2016)中的第3.0.6条第1款规定,古树名木养护复壮应符合下列规定:古树名木应以养护为主,复壮应在养护的基础上进行。古树的养护内容主要包括水分管理、施肥管理、病虫害防治、树冠整理、地上环境保护、预防保护等内容。

3.1 古树补水与排水

3.1.1 古树补水

3.1.1.1 古树补水的类型和时期

根据古树对水分的需求,一般可将古树补水时期分为干旱性补水和管理性补水两种类型。正确的补水时期对补水效果以及水资源的合理利用有很大影响。理论上讲,科学的补水是适时补水,也就是说在古树最需要水的时候及时补水。

(1) 干旱性补水

干旱性补水是指在发生严重干旱,土壤水分难以满足古树需要时进行的补水。这种灌溉大多在久旱无雨、高温的夏季和早春等缺水时节进行,此时若不及时供水就有可能导致古树发生干旱甚至死亡。早春灌水,迅速补充了土壤水分匮缺,有利于新梢和叶片的生长,是保证古树旺盛生长势的关键性措施。对于大多数古树而言,当根系土壤含水量小于12%时就要及时补水。北方地区在高温、少雨的初夏以及南方地区旱季应特别加强补水工作。

(2) 管理性补水

管理性补水是根据古树生长发育的需要，在特定生理阶段进行的补水。管理性补水的时间主要根据古树的生长发育规律而定。大体上可以分为休眠期补水和生长期补水两种。

①浇冻水和返青水　我国北方地区降水量较少，冬季严寒、春季干旱，浇冻水和返青水十分必要。秋末冬初补水(北京为11月上中旬)，一般称为补冻水。土壤浇冻水后，冬季结冰可放出潜热，能提高古树根系的越冬安全性，并可防止早春干旱。早春补水，又叫返青水，不但有利于新梢和叶片的生长，而且有利于发芽和生长，还可以防止"倒春寒"的危害。

②生长期补水　普通树木在生长期间的补水分为展叶水、抽梢水、花芽分化水、花蕾水、花前水、花后水等。花前水可在萌芽后结合花前追肥进行，具体时间则因地、因树而异。对古树来说，展叶水、抽梢水尤为重要，多数树木在花谢后半个月左右是新梢速生期，此时灌水可保持土壤的适宜湿度，促进新梢和叶片生长，扩大叶面积，增强光合作用的能力。

在北京地区，古树一般全年灌水3次，3月、5月、11月各1次，3月补水为返青水，5月补水为干旱性补水或生长期补水，11月补水为灌冻水。干旱年份或土质不好或因缺水生长不良的古树，应增加灌水次数。在西北干旱地区，灌水次数应更多一些。正确的补水时期，不是等树体在形态上已显露出缺水症状时才进行灌溉，而是要在古树尚未受到缺水影响之前开始，否则可能会对古树的生长发育带来不可弥补的损失。总之，补水的时期应根据树种以及气候、土壤等条件而定，具体补水时间则因地区、因季节而异。

3.1.1.2　补水方法

要达到补水的目的，补水时间、补水量和补水方法是3个不可分割的因素。如果仅注意补水时间和补水量，而方法不当，常不能达到预期目的，甚至带来严重危害。正确的补水方法，有利于水分在土壤中均匀分布，能充分发挥水效，节约用水量，降低补水成本，减少土壤冲刷，保持土壤的良好结构。随着科学技术的发展，古树补水方法也在不断改进，正朝着机械化、自动化的方向发展，使补水效率和效果都大幅度提高。根据供水方式的不同，可将树木的补水方法分为两种，即地上补水和地下补水。

(1) 地上补水

地上补水包括人工浇灌和移动式灌水。在山区或离水源较远地方的古树，若不能应用机械补水，就得采用人工挑水灌溉。虽然人工浇灌费工、效率低，但在某些特殊情况下仍很有必要。人工浇灌大多采用树盘补水方式，以树干为圆心，在树冠边缘投影处用土壤围成圆形树堰，水倒入树堰中缓慢渗入地下。补水前应疏松树堰内土壤，使水容易渗透，补水后耙松表土以减少水分蒸发。

移动式灌水一般由城市洒水车改建而成，在洒水车上安装贮水箱、水泵、水管及喷头组成一个完整的喷灌系统，补水的效果与机械喷灌相似。由于汽车喷灌具有移动灵活的优点，因而常用于对城市街道两侧树木(包括古树)的补水。

(2) 地下补水

地下补水可借助于古树周围的地下复壮设施(如通气管、复壮井和渗水井等系统)进行，使水向补水设施周边土壤扩散，进而浸润古树根区土壤。地下补水具有蒸发量小，节省用水，不破坏土壤结构，在雨季还可用于排水等优点。

3.1.1.3 古树补水应注意的问题

(1) 要适时、适量补水

如果该补不补，则会使古树处于干旱环境中，不利于吸收根的发育，也影响地上部分的生长，甚至造成旱害。补水一旦开始，要注意土壤水分的状态，应灌饱、浇透。由于城市化进程加快，城市普遍面临地下水位过低问题，导致不能诱导古树深层根系往下层生长，出现扎根偏浅的现象，如果灌水过少，更会加剧根系向地表方向生长。这种情况会降低古树的抗旱性和抗风性，一旦遇到大风天气，很有可能发生倒伏。当然，也不能长时间超量补水，否则会造成根系缺氧。

(2) 追肥后一定要补水

在土壤水分不足的情况下，追肥以后应立即补水，一定要灌饱浇透，否则会加重旱情。

(3) 生长季后期适时停止补水

除特殊情况外，北方地区9月中旬以后至灌冻水前应停止补水，以防树木徒长，降低树木的抗寒性。在一些寒冷地区，如果秋末降雨频繁，树木生长停止过晚，在冬季会造成抽梢和冻裂树干现象。

(4) 补水宜在早晨或傍晚进行

因为早晨或傍晚蒸发量较小，而且水温与地温差异不大，有利于根系的吸收。不要在气温最高的中午前后进行土壤补水，更不能用温度低的水源(如井水、自来水等)补水，否则因古树地上部分蒸腾强烈，土壤温度降低，影响根系的吸收能力，导致树体因水分代谢失调而受害。

3.1.2 古树排水

排水防涝是古树保护的主要措施之一，无论在南、北方都是如此。排水能减少土壤中多余的水分，以增加土壤空气的含量，促进土壤空气与大气的交流，提高土壤温度，提高微生物的活性，加快有机物质的分解，改善树木营养状况，使土壤的理化性状得到全面改善。排水不良的土壤因水分过多而缺少空气，使古树根系进行无氧呼吸，引起根系生长衰弱或死亡。土壤通气不良造成嫌气性微生物的活动，促使反硝化作用发生，从而降低土壤肥力，严重影响树木地下与地上部分的生长发育，因此排水与灌水同等重要。

在古树保护范围内应确保土壤排水透气良好。古树周边的排水设施是一项基础工程，在古树养护和复壮时应统筹安排，建好畅通的排水系统。古树排水方式通常有四种，即地面排水、明沟排水、暗沟排水和滤水层排水。

(1) 地面排水

这是目前使用最广泛、最经济的一种排水方式，通过道路、广场等汇聚雨水，通过排水设施排走，从而避免古树遭受水淹。如果古树周边没有市政排水设施，可在地面低洼处安装排水管，把水引向距古树较远区域。不过，地面排水方式需要精心设计，才能达到预期效果。

(2) 明沟排水

明沟排水是在地面上挖掘明沟，排除积水的方式。它常由小排水沟、支排水沟以及主排水沟等组成一个完整的排水系统，在地势最低处设置总排水沟。排水沟宽度、深度和密度应视排水量和根系分布情况确定，做到排得走、不伤根。排水沟宜宽 20~50cm，深 80~100cm。积水消除后应将土壤回填排水沟。

(3) 暗沟排水

暗沟排水是在地下埋设管道形成地下排水系统，将积水排走的方式。暗沟排水系统与明沟排水系统基本相同。暗沟排水的管道多由盲管、混凝土管或瓦管做成。建设时注意管道的高低走向，以确保水流畅通，防止淤塞。

(4) 滤水层排水

滤水层排水实际就是一种地下排水方式，一般是对低洼积水地、透水性较差以及一些极不耐水淹的古树所采取的排水措施。一般的做法是，在古树树冠垂直投影外土壤下层填埋一定深度的煤渣、碎石等材料，形成滤水层，并在周围设置排水孔，遇积水就能及时排除。当古树周边的渗水井做排水用时，可在井中铺设陶粒做滤水层，通过缓慢下渗把水排出。

3.2 古树施肥

古树不是以提供果实、木材等直接产品为目的，而是展示其树形、枝叶和花果等多方面的外在美，这就要求古树能在数百年，甚至上千年的生长过程中都能郁郁葱葱、花繁叶茂，即使老态龙钟，也能给人以苍劲雄伟的美感。但是在漫长的生长岁月里，由于古树栽植地的特殊性，枯枝落叶多被扫走，归还土壤的养分数量很少，营养物质的循环基本上处于失调状态；还由于古树周边受人流践踏严重，土壤密实度大，水气矛盾突出，使得土壤养分的有效性大大降低，加之地下管线、建筑地基的构建，减少了土壤的有效容量，减小了根系的吸收养分面积。此外，包括草坪、花灌木在内的多层次植物配置，更增加了养分的消耗和与古树的竞争。以上种种不利因素，都会造成古树立地土壤养分缺失或失衡，必将对古树生长造成一定的负面影响。通过合理施肥，满足古树的生长所求，增强其抗逆性，延缓衰老，对古树的健康生长至关重要。

3.2.1 古树施肥原则

古树的种类繁多，习性各异，立地环境不同，因而无论是肥料的种类、用量，还是施肥比例与方法都有很大差异。应遵循以下原则：

①古树吸收、利用肥料的能力差，不应过量、过勤施用速效化肥，施肥应以有机肥和其他缓效性肥料为主。

②为了环境美观、卫生，不能采用有恶臭、污染环境或妨碍人们正常生活的肥料或施肥方法，肥料应适当深施并及时覆盖。

③为了使古树获得丰富的矿质营养，肥料应尽可能集中分层施于古树主要吸收根的分布范围内，以有利于古树根系的吸收。

④根据土壤中矿质营养的总量及其有效性、古树的需肥量、需肥时期以及营养诊断进

行配方施肥，做到缓效与速效肥料合理搭配，有机与矿质肥料合理搭配，以保证土壤能稳定、及时地供给古树营养，提高肥料利用率。

⑤根据古树树种的生长习性施肥。树木对肥料的需求与树种及其生长习性有关，如樟树（*Cinnamomum camphora*）、桂花等树种生长迅速，需肥量稍大，而侧柏、油松、白皮松等慢生耐瘠薄树种的需肥量则小得多，施肥时应根据树种特性调整施肥方法和用量。

⑥根据古树不同的发育阶段施肥。古树不同的生长发育阶段需要的施肥量不同。古树生长旺盛期需肥量逐渐增加，之后需肥量相对较少。在抽枝展叶的营养生长阶段，古树对氮素的需求量大，而生殖生长阶段则以磷(P)、钾(K)及其他微量元素为主。古树生长后期对氮肥的需要量较少，若此时施氮肥量过多，会使枝梢徒长，不利于枝条的充分木质化，降低古树的抗寒能力。

⑦根据环境条件合理施肥。古树对肥料的吸收不仅取决于树种特性，还受古树生长环境中的光、热、水、气、土壤等条件的影响。光照充足，温度适宜，光合作用强，根系吸肥量就多；如果光合作用减弱，由叶输导到根系的合成物质减少，古树从土壤中吸收营养元素的速度也变慢。当土壤通气不良或温度不适宜时，同样也会发生类似的现象。

⑧应考虑矿物元素间的相互关系。古树生长发育需要多种营养元素，所以不能单一地施用一种肥料，而应施用含有多种营养元素的复合肥。营养元素之间存在相助和拮抗作用，即一种元素可以对另一种或几种元素的吸收和利用产生有利或不利的影响，因此，施肥时要注意营养元素间的关系。

相助作用　当一种元素的增加能引起树木对另一种或另一些元素的吸收和利用随之而增加的现象称为相助作用，又称相辅或协同作用。如当氮素增加时，叶片内的钙(Ca)和镁(Mg)的含量也随之增加；当氮(N)减少时，树木对镁(Mg)的吸收也少，即氮(N)与钙(Ca)、镁(Mg)间存在相助作用。因此，当树体表现出缺镁(Mg)症状时，有可能是土壤缺镁，也有可能是因别的原因造成树体缺镁。所以，应首先进行土壤和叶片分析，再根据分析结果判断树体缺镁(Mg)的原因。若是氮(N)、镁(Mg)都不足，则必须同时施入适量的镁(Mg)和氮(N)，才能迅速见效。

拮抗作用　当一种元素的量增多时，树木对另一种或另一些元素的吸收和利用会随之而减少，且这一元素越多，另一种或另一些元素的吸收和利用就越少，这种现象称为拮抗作用，又称对抗或相克作用。如氮(N)与钾(K)、硼(B)、铜(Cu)、锌(Zn)、磷(P)等元素间存在拮抗作用，如过量施用氮肥，而不相应地施用上述元素，树体内钾(K)、硼(B)、铜(Cu)、锌(Zn)和磷(P)等元素的含量就会相应减少。相反，如磷(P)施用过多，会使树木对氮(N)、钾(K)的吸收受到阻滞，树木生长衰弱；钾素过多，则树木对钙(Ca)与镁(Mg)的吸收减少。因此，施肥时必须考虑各元素的相互关系，不要因为某一种元素的施用不当（过剩或不足）而影响树木对其他元素的吸收和利用。

值得指出的是，实践中，人们在古树养护上一般只注意土壤内某一种元素或几种元素的缺少，而不注意元素的过剩。实际上，缺素症和多素症是一个问题的不同两面，如果只考虑一面而忽略另一面，难以取得良好的施肥效果，尤其是对已经适应了较为贫瘠土壤的古树进行施肥养护时，更应注意多素症的出现。所以施肥前不仅要掌握树木的需肥特性，还要全面调查和分析土壤中各种元素的状况和关系，在此基础上才能制订出科学合理的施肥方案。

某种营养元素缺乏到什么程度才会发生缺素症是个复杂的问题。不同树种的古树，即使同一树种的古树不同生长期或不同气候条件下对营养元素的需求都会有差异，所以不能一概而论，但从理论上说，各个树种古树都有其对某种营养元素需求的最低限值和最高限值。

3.2.2 肥料种类

根据肥料的性质及使用效果，可将树木常用的肥料分为有机肥料、化学肥料及微生物肥料三大类。

3.2.2.1 有机肥料

有机肥料是指含有丰富有机质，既能为树木提供多种无机养分和有机养分，又能培肥改土的一类肥料。有机肥料来源广泛、种类繁多，常用腐熟肥、饼肥、泥炭、绿肥、腐殖酸类肥料等。虽然不同种类有机肥的成分、性质及肥效各不相同，但有机肥大多有机质含量高，有显著的改良土壤作用，含有多种养分，有完全肥料之称，既能促进树木生长，又能保水保肥，而且其养分大多为有机态，供肥时间较长。不过，大多数有机肥肥效来得慢，施用量较大。有机肥一般以基肥形式施用，施用前必须确认是否已腐熟，只有腐熟的有机肥养分才能快速释放，肥效高，并能避免肥料在土壤中腐熟时对古树产生不利的影响。

3.2.2.2 化学肥料

化学肥料又称为化肥、无机肥料，是用化学工业方法制成的，其养分形态为无机盐或化合物。有些有机化合物及其结晶产品，如尿素，也常称为化肥。化学肥料种类很多，常用的有氮肥、磷肥、钾肥、微量元素肥料、复合肥料等。化学肥料大多属于速效性肥料，供肥快，能及时满足古树生长的需要。化学肥料有养分含量高、施用量少的优点。但化学肥料只能供给古树矿质养分，无改良土壤作用，养分种类也比较单一，肥效不够持久，而且易流失或发生强烈的固定，降低肥料的利用率。随着科技的发展，目前开发出大量的缓释化学肥料，延长了肥效性，弥补了以上不足。化学肥料一般以追肥形式使用，且不宜长期单一施用化学肥料，应将化学肥料和有机肥料配合施用，否则对古树和土壤都是不利的。

3.2.2.3 微生物肥料

微生物肥料也称生物肥、菌肥或接种菌剂等。确切地说，微生物肥料是菌而不是肥，因为它本身并不含有古树生长所需的营养元素，而是通过其含有的大量微生物的生命活动来改善古树根基微环境。根据生产菌株的种类和性能不同，可将微生物肥料大致分为根瘤菌肥料、固氮菌肥料及复合微生物肥料等几大类。根据微生物肥料具有生物活性的特点，使用菌肥需具备一定的条件，才能确保菌种的生命活力和菌肥的功效，强光照射、高温、接触农药等都有可能杀死微生物。微生物肥料一般不宜单施，要与有机肥料配合施用才能充分发挥其应有的作用，而且微生物的生长、繁殖也需要一定的营养物质。如固氮菌肥在土壤通气条件好、水分充足、有机质含量稍高的条件下才能保证微生物的生长和繁殖。

3.2.3 施肥方式和方法

3.2.3.1 施肥方式

①根据施肥周期和作用不同,可将施肥方式主要分为基肥和追肥两种类型 基肥以有机肥和无机缓释肥为主,基肥肥效发挥平稳且缓慢,是在较长时期内供给古树多种养分的基础性肥料,所以宜施迟效性肥料,如腐熟肥、饼肥、泥炭、绿肥、腐殖酸、无机缓释复合肥以及植物枯枝落叶、作物秸秆等。对古树来说,基肥分为春季基肥和秋季基肥。在此时施入基肥,不但有利于提高土壤孔隙度,疏松土壤,改善土壤的水、肥、气、热状况,促进微生物的活动,而且能在相当长的时间内源源不断地供给树木所需的大量元素和微量元素。基肥通常在春季与秋季结合土壤深翻施用,施用的次数较少,但用量较大,可以搭配微生物肥料使用。

追肥一般用速效性无机肥,并根据古树一年中各物候期的特点来施用。具体追肥时间与树种习性、气候、树龄、用途等有关。如古树有观花、观果需求,花芽分化期和花后的追肥尤为重要,而对大多数古树来说,一年中生长旺期的抽梢追肥是必不可少的。与基肥相比,追肥施用的次数较多,但一次用肥量却较少,一般每年的生长期进行2~3次追肥,且土壤追肥与根外追肥均可。

②根据施肥部位不同,可将施肥方式分为土壤施肥和根外施肥两种类型 土壤施肥是将肥料直接施入土壤中,然后通过古树根系进行吸收,它是树木的主要施肥方法。土壤施肥应根据古树根系分布特点,将肥料施在吸收根集中分布区附近,以便根系吸收利用,充分发挥肥效,并引导根系向外扩展。理论上讲,在正常情况下,树木的大多数根系垂直分布集中在地下20~100cm深度范围内,主要根系的水平分布范围多数与树木的冠幅大小相一致,即主要分布在树冠外围边缘的圆周内,故可在树冠外围与地面的水平投影处附近挖掘施肥沟或施肥坑。

常见的根外施肥方法有叶面施肥和枝干施肥。叶面施肥是用机械的方法,将按一定浓度配制好的肥料溶液,直接喷雾到树木的叶面上,通过叶面气孔和角质层的吸收,转移运输到树体的各个器官。叶面施肥具有简单易行、用肥量小、吸收见效快,可满足树木急需等优点,避免了营养元素在土壤中的化学或生物固定。因此,在早春古树根系恢复吸收功能前,在缺水季节或缺水地区以及不便土壤施肥的地方,均可采用叶面施肥。同时,该方法还特别适宜微量元素的施用以及对树体高大、根系吸收能力衰竭的古树的追肥。

叶面施肥的效果与叶龄、叶面结构、肥料性质、气温、湿度、风速等密切相关。幼叶生理机能旺盛,气孔所占比重较大,比老叶吸收速度快,效率高;叶背较叶面气孔多,且表皮层下具有较疏松的海绵组织,细胞间隙大而多,有利于渗透和吸收。因此,应对树叶正反两面进行喷雾。肥料种类不同,进入叶内的速度有差异。叶面施肥最适温度为18~25℃,空气湿度大些效果好,因而夏季最好在10:00以前和16:00以后喷雾,以免高光高温加快溶液浓缩,影响喷肥效果或导致肥害。叶面施肥多作追肥施用,可与病虫害的防治结合进行,因而药液浓度至关重要。在没有足够把握的情况下,应宁淡勿浓,宁少勿多。

枝干施肥就是通过树木枝、茎的木质部来吸收肥料营养，使用专门的仪器来注射枝干，目前国内已有专用的树干注射器。枝干施肥主要用于衰老古树、珍稀树种以及古树移栽时的营养供给。

3.2.3.2 施肥方法

常见的古树施肥方法有沟状施肥和穴状施肥。沟状施肥包括环状沟施、放射状沟施和条状沟施，其中以环状沟施较为普遍。环状沟施是在树冠外围稍远处挖环状沟施肥，一般施肥沟宽30~40cm，深30~60cm。环状沟施具有操作简便、用肥经济的优点，但易伤水平根；放射状沟施比环状沟施伤根要少，但施肥部位有一定局限性；条状沟施是在树木行间或株间开沟施肥，多适用于行道古树和群生古树。沟状施肥可结合古树复壮沟使用，效果更好。

穴状施肥与沟状施肥很相似，若将沟状施肥中的施肥沟变为施肥穴或坑就成了穴状施肥。施肥时，根据根系分布个数设置施肥穴，施肥穴可按照树冠投影圆设置2~4圈，呈同心圆环状分布。穴状施肥可机械化操作，把配制好的肥料装入特制容器内，依靠空气压缩机通过钢钻直接将肥料送入土壤中，供树木根系吸收利用。这种方法快速省工，对地面破坏小，特别适合城市铺装地面中的古树施肥。

3.2.4 施肥量

施肥量受树种习性、物候期、树体大小、树龄、土壤与气候条件、肥料种类、施肥时间与方法、管理技术等诸多因素的影响，难以制定统一的标准。科学施肥应该是针对树体的营养状态，有效地供给古树生长所需的营养元素，并且防止在土壤和地下水内积累有害的残存物质。施肥量过大或不足，对树木均有不利影响。施肥过多古树不能吸收，既造成肥料的浪费，又可能使古树遭受肥害，而肥料用量不足则达不到施肥的目的。施肥量的确定既要考虑树种特性，还要考虑土壤肥沃程度及古树对肥料的反应。如山地为了改良土壤，有机肥如绿肥、泥炭等的施用量一般均应高些，而土壤肥沃、理化性质良好的土壤可以适当少施；理化性质差的土壤施肥必须与土壤改良相结合。此外，进行土壤分析也是确定施肥量的重要依据。总之，科学的施肥量在对肥料、土壤及树体营养状况等进行综合分析后才能准确确定。

3.3　古树有害生物防治

古树由于树龄大，特别是长势衰弱的古树，容易招致病虫害。而且有些古树主干或大枝上有破损甚至断裂发生，为病虫害的侵入创造了条件。古树一旦被病虫害侵袭，容易造成进一步衰弱甚至死亡。因此，在古树养护中，准确及时地进行病虫害防治是非常必要的。

古树病害由细菌、真菌、病毒、线虫等导致，古树虫害包括蛀干类、刺吸类、食叶类等害虫，病害和虫害均可在古树的主干、侧枝、叶片、根部发生。

3.3.1 古树病害

3.3.1.1 细菌病害及其危害特征

常见的林木细菌性病害主要有假单胞杆菌属(*Pseudomonas*)、黄单胞杆菌属(*Xanthomonas*)、欧文氏杆菌属(*Erwinia*)、土壤杆菌属(*Agrobacterium*)和棒状杆菌属(*Corynebacterium*)等(李晓娜,2006)。中国古树常见的细菌性病害主要有由黄单胞杆菌侵染引起的溃疡和由欧文氏杆菌侵染后引起的腐烂型病害(何晨阳和陈功友,2010)。主要特征为细菌性病害特有的"菌脓"。发病初期为水渍状,并有"晕圈",后期病部会有细菌黏液溢出。其中,溃疡型病害发病后期病斑木栓化,边缘隆起,中心凹陷呈溃疡状,在树木枝干上侵染,使皮层局部坏死,并有大量黏液流出。腐烂型病害病部软腐、黏滑,无残留纤维,并伴有硫化氢的臭气(李晓庆,2019)。此外,由植原体引起的植物病害也归入细菌病害。

3.3.1.2 真菌病害及其危害特征

植物真菌病害的病原主要包括壶菌、接合菌、子囊菌和担子菌,真菌感染的植物,一般症状有霉状物、粉状物、锈状物、丝状物及黑色小粒点。由真菌引起的古树病害几乎包含了所有林木真菌病害。

①炭疽病 形成不规则的坏死病斑,部分病叶枯死、脱落或变形。
②白粉病 病叶表面呈现白粉状,在白粉层上通常有明显黑色小圆点。
③阔叶树叶枯病 叶部干枯变色,最后脱落。
④针叶树叶枯病 针叶变红,叶部有细长、黑色的斑点。
⑤锈病 病部大多形成斑块或肿瘤,出现锈黄色的粉状物。
⑥煤污病 病部有一层煤烟状物严密覆盖。
⑦斑点病类 前期病部通常变褐色,形状近圆形、多角形或不规则形状,后期斑上常出现绒状霉层、黑色小粒点或黏液等(曼伦,1985)。

3.3.1.3 病毒病害及其危害特征

由病毒、类病毒引起的林木病害统称为林木病毒病害。常见的有花叶病、丛枝病、萎缩病等,此类病害主要依靠刺吸式口器昆虫以及菟丝子等传播(郭美云,1984)。林木病毒病害绝大多数是系统侵染的,引起叶花果的畸形、坏死和变色等症状,在叶部和嫩枝上表现最为明显。古树的病毒病害主要表现为畸形,发病初期叶芽大量萌发成小枝,节间缩短,叶小而黄,簇生成团,似鸟巢(李晓庆,2019)。

3.3.1.4 线虫病害及其危害特征

树木病原线虫主要包括伞滑刃线虫和根结线虫,树木受害后地上部分表现为萎蔫、发黄、枯死,地下部分产生根瘤、根结、根腐等症状。有些线虫除本身危害树木外,还可能传播病毒、真菌和细菌。已知树木线虫病害种类较少,最常见的是松材线虫,可危害油松、马尾松(*Pinus massoniana*)、华山松(*Pinus armandii*)等松科古树。

3.3.2 古树虫害

3.3.2.1 蛀干类害虫及其危害特征

我国主要古树蛀干害虫包括：天牛、小蠹虫、象甲、吉丁虫、木蠹蛾、螟蛾、透翅蛾、白蚁等这几大类。常见的主要有双条杉天牛（*Semanotus bifasciatus*）、松墨天牛（*Monochamus alternatus*）、锈色粒肩天牛（*Apriona swainsoni*）；柏肤小蠹（*Phloeosinus aubei*）、纵坑切梢小蠹（*Tomicus piniperda*）、横坑切梢小蠹（*Tomicus minor*）；刺槐木蠹蛾（*Prionoxystus robiniae*）、蒙古木蠹蛾（*Cossus mongolicus*）、小线角木蠹蛾（*Holcocerus insularis*）；松阴吉丁（*Phaenops yin*）、油松果梢斑螟（*Dioryctria mendacella*）等（郜旭芳，2018）。还包括弱寄生蛀干害虫日本双棘长蠹（*Sinoxylon japonicus*）。

蛀干类害虫生活隐蔽性强，受外界环境影响小，破坏力大。幼虫钻蛀取食植物茎干，在树皮下形成不规则虫道，使寄主植物内部皮层、韧皮部、木质部和输导组织遭受破坏，防治困难（耿立君和张连翔，2008）。古树树干或较大主枝形成小的孔洞，常引起次生性病害的发生，加速了古树的衰老死亡（司勇，2021）。

3.3.2.2 刺吸类害虫及其危害特征

刺吸类害虫主要有蜡、蝉、木虱、介壳虫、叶螨和蚜虫等。常见的有柏大蚜（*Cinara tujafilina*）、松大蚜（*Cinara pinitabulaeformis*）、槐蚜（*Aphis sophoricola*）、朱砂叶螨（*Tetranychus cinnabarinus*）、桑白蚧（*Pseudaulacaspis pentagona*）、日本松干蚧（*Matsucoccus matsumurae*）、金绿宽盾蝽（*Poecilocoris lewisi*）、槐木虱（*Psylla willieti*）等（何达松等，1986）。

刺吸类害虫个体小，繁殖能力强，种群数量多。多群居于嫩枝和叶部刺吸危害，发生初期症状不明显，后期造成寄主枝叶卷曲、萎蔫和斑驳失绿，部分害虫还会诱发煤污病，传播病毒病等（高肃贵和骆传焱，1996）。

3.3.2.3 食叶类害虫及其危害特征

食叶害虫大部分为蛾蝶类、叶蜂类、叶甲类、卷叶象类等，常见的鳞翅目食叶害虫主要有毒蛾类、舟蛾类、枯叶蛾类、刺蛾类、卷蛾类、尺蛾类等，如银杏超小卷叶蛾（*Pammene ginkgoicola*）、银杏大蚕蛾（*Dictyoploca japonica*）、槐树潜叶蛾（*Phyllonorycter acucilla*）、侧柏毒蛾（*Parocneria furva*）、槐尺蠖（*Semiothisa cineraria*）、槐树叶柄小蛾（*Cydia trasas*）、榆毒蛾（*Ivela ochropoda*）等（杨有乾，1981）。

食叶害虫主要通过幼虫取食叶片进行危害，多数低龄幼虫群集生活，仅取食叶肉，残留叶柄和主脉；高龄幼虫期分散取食且食量增加，可全叶尽食，仅留叶柄。严重时造成树势衰弱，引起蛀干害虫等其他次生病虫害侵害（高肃贵和骆传焱，1996）。

3.3.3 主要古树干部病虫害及防治措施

3.3.3.1 古树干部病虫害种类

我国古树干部病害主要为真菌性病害，包括溃疡病、干枯病、腐烂病和锈病。目前文献记载的有 7 类主要病害，涉及 20 种古树（表 3-1）。虫害种类较多，主要包括蛀干类害蚁 2 种、天牛 10 种、小蠹虫 3 种、木蠹蛾 6 种、透翅蛾 1 种、吉丁虫 1 种以及小卷叶蛾 1 种，刺吸类害虫主要为介壳虫，共包括 11 种。

表 3-1　古树干部病虫害

病虫害	类别	名称	受害古树	主要病征及造成的损害
病害	真菌	溃疡病	樟树 *Cinnamomum camphora* 青杨 *Populus cathayana* 银白杨 *Populus alba* 榆树 *Ulmus pumila* 槐树 *Sophora japonica*	发病初期在干部形成水泡状溃疡小黑斑，后期形成大型泡状，汁液流出后，病部颜色加深，病斑干缩下陷。寄主植物皮层变色腐烂
		枝枯病	凤凰木 *Delonix regia* 毛叶猫尾木 *Markhamia stipulata* var. *kerrii* 朴树 *Celtis sinensis* 樟树 *C. camphora* 银杏 *Ginkgo biloba* 榆树 *U. pumila* 柽柳 *Tamarix chinensis*	病部树皮微肿胀，淡褐色，随着病情发展，病组织呈明显长凹陷斑，皮层松软腐烂，造成叶片脱落、枝枯
		干枯病	银杏 *G. biloba*	在粗糙树皮上病斑不明显，光滑的树皮上病斑明显，为圆形或不规则，后期扩展并肿大，树皮纵向开裂
		松瘤锈病	马尾松 *Pinus massoniana* 黄山松 *P. taiwanensis*	木质部增生形成木瘤，春夏季瘤的皮层破裂，溢出蜜黄色的蜜滴
		茎腐病	银杏 *G. biloba* 云南山茶 *Camellia reticulata* 川滇无患子 *Sapindus delavayi*	木质部糟朽、中空、腐烂，使受害部位材质变松软，导致心材剥离面形成空洞
		干腐病	台湾相思 *Acacia confusa* 阳桃 *A. carambola* 枫香 *Liquidambar formosana*	发病初期外表不易识别，内部暗褐色至红褐色湿润小斑。受害较重时皮层腐烂坏死，按压时下陷。病皮易剥离，烂皮层红褐色，湿腐状。发病后期，病部失水干缩，变黑褐色下陷，并在其上产生黑褐色小点粒
	植原体	丛枝病	泡桐 *Paulownia fortunei* 重阳木 *Bischofia polycarpa* 枣树 *Ziziphus jujuba*	病枝基部稍肿大，不定芽大量发生，形成多数小枝，如扫帚状，通常垂直向上生长
虫害	蛀干害虫	黑翅土白蚁	银杏 *G. biloba* 枫杨 *Pterocarya stenoptera* 朴树 *C. sinensis* 榧树 *Torreya grandis* 黄连木 *P. chinensis* 樟树 *C. camphora* 柳杉 *Cryptomeria japonica*	蛀食寄主根颈和木质部，修筑孔道，阻碍养分和水分流通而致树势衰弱或死亡

(续)

病虫害	类别	名　称	受害古树	主要病征及造成的损害
虫　害	蛀干害虫	家白蚁（台湾乳白蚁）	木棉 *B. ceiba* 朴树 *C. sinensis* 樟树 *C. camphora* 龙眼 *D. longan* 银杏 *G. biloba*	土木两栖性白蚁，在古树内筑巢，使之生长衰弱，甚至枯死
		松褐天牛	落叶松 *Larix gmelinii* 马尾松 *P. massoniana* 湿地松 *Pinus elliottii*	主要危害木质部，被害部位表皮正常，每隔一定距离有一排粪孔，有粗纤维状的虫粪排出，枝叶枯黄，树长势衰弱
		星天牛	枫香 *L. formosana* 胡颓子 *Elaeagnus pungens* 青杨 *P. cathayana* 柚 *Citrus maxima* 三球悬铃木 *Platanus orientalis* 枫杨 *P. stenoptera*	
		云斑天牛	枫香 *L. formosana* 枫杨 *P. stenoptera* 楠木 *Phoebe zhennan* 青冈 *Cyclobalanopsis glauca* 榕树 *Ficus microcarpa* 木棉 *B. ceiba* 乌桕 *Sapium sebiferum*	
		桑天牛	楠木 *P. zhennan*	
		榕八星天牛	高山榕 *Ficus altissima*	
		双条杉天牛	侧柏 *Platycladus orientalis* 圆柏 *Juniperus chinensis* 台湾杉 *T. cryptomerioides* 云南油杉 *K. evelyniana*	
		吉安樟天牛	樟树 *C. camphora*	
		锈色粒肩天牛	槐树 *S. japonica*	
		眉斑并脊天牛	台湾相思 *A. confusa*	
		刺角天牛	枫香 *L. formosana*	
		柏肤小蠹	柏木 *Cupressus funebris* 侧柏 *P. orientalis*	在树体中构筑坑道，坑很短，寄主植物外部表皮残留木屑
		红脂大小蠹、纵坑切梢小蠹	白皮松 *Pinus bungeana*	

（续）

病虫害	类别	名称	受害古树	主要病征及造成的损害
虫害	蛀干害虫	槐叶柄小蛾	槐树 *S. japonica*	主要以幼虫取食植株韧皮部，蛀道较浅，经常被虫粪和丝网覆盖，蛀孔处和蛀孔下方地面可见圆柱状虫粪散落，严重时造成树干干枯、容易造成风折
		蒙古木蠹蛾	榆树 *U. pumila* 槐树 *S. japonica*	
		小线角木蠹蛾	榕树 *F. microcarpa* 秋枫 *B. javanica* 银杏 *G. biloba* 槐树 *S. japonica* 白蜡 *F. chinensis*	
		斜纹拟木蠹蛾	榕树 *F. microcarpa*	
		相思拟木蠹蛾、咖啡木蠹蛾	重阳木 *B. polycarpa*	
		刺槐木蠹蛾	槐树 *S. japonica*	
		白杨透翅蛾	银白杨 *P. alba* 青杨 *P. cathayana*	幼虫在树木枝干内蛀食木质髓部，引起树液溢出
		吉丁虫	榆树 *U. pumila*	主要危害韧皮部和形成层，被害部位皮层开裂，虫疤外通常有红色黏液渗出，虫道螺旋上升呈椭圆形，虫道内堆满褐色虫粪
		银杏超小卷叶蛾	银杏 *G. biloba*	幼虫蛀食银杏枝条，翌年枝条不能发芽，新梢枯死
	刺吸害虫	红蜡蚧、中华松梢蚧	樟树 *C. camphora* 柿 *D. kaki*	若虫孵化后群体爬离母介壳，并在寄主上分散爬行后固着取食，常集中在植株较幼嫩叶柄、顶芽和枝条分枝处，刺吸寄主植物树皮和枝叶，导致植物组织褪色，叶片发黄，落叶，部分枝条枯死。常年危害后，可使整株寄主植物枯死
		日本壶蚧	广玉兰 *Magnolia grandiflora* 樟树 *C. camphora*	
		雅樟白轮盾蚧、樟盾蚧	樟树 *C. camphora*	
		柿棉蚧	柿 *D. kaki*	
		草履蚧	槐树 *S. japonica*	
		吹绵蚧	枫香 *L. formosana* 台湾相思 *A. confusa*	
		绿绵蜡蚧	杧果 *Mangifera indica*	
		考氏白盾蚧	杧果 *M. indica*	
		松突圆蚧	白皮松 *P. bungeana*	

3.3.3.2 古树干部病虫害防治

树势衰弱易受到病虫害的侵染危害，尤其在古树上受害的风险更高。增强树势，抵抗病虫害侵染是最根本的方法，改善古树根系生长环境的透水透气性，通过换置表层土壤，设置施肥复壮沟等方式改善土壤结构及营养状况等条件，提高树势；结合整形修剪，清除病残枝，清除根部落叶，减少病原菌的初侵染源（陈树萍，2014）。

蛀干害虫的危害前期很难发现，一般根据成虫或幼虫排粪口等判断。掏出蛀孔口粪便和木渣，用氯氰菊酯均匀涂抹后用塑料薄膜密封。树干表面有新虫孔时，采用打孔注射吡虫啉或甲维盐，也可用注射器向虫孔注药或挂吊袋输液。在成虫羽化期盛期，或用氯氰菊酯对树干、大侧枝等部位进行喷雾。虫口密度较高时，可通过根施法将代森锰锌或氯氰菊酯施入根周围。另外，利用害虫趋性，使用性诱剂或黑光灯诱杀成虫。树干涂白也可在阻碍蛀干害虫产卵方面起到一定作用（何达松等，1986）。

同时，古树因年代久远或病虫害的危害易产生树洞，轻者影响美观，重者导致树木死亡。应及时清除病部、消毒处理和表层防腐，并通过支架、填充和假树皮等措施进行修补（朱玉春等，2018）。

利用生物及其代谢物质来控制病虫害，是一种绿色安全防控新方法（党英侨等，2018）。花绒寄甲（*Dastarcus helophoroides*）是目前使用较多的天牛天敌，可根据不同天牛的幼虫期释放花绒寄甲成虫。此外，柏肤小蠹蚁形金小蜂（*Theocolax phloeosini*）可有效寄生柏肤小蠹的幼虫及蛹，红点唇瓢虫（*Chilocorus kuwanae*）可以捕食多种介壳虫。微生物杀虫剂，如苏云金杆菌、白僵菌等，在蛀干害虫和白蚁的防治中也有广泛的使用（沙环环，2020）。

腐烂病、溃疡病、干腐病是枝干的主要病害。结合冬剪，剪除病枝，用刀将病部斜划成网状，深达木质部，感病较轻的用二甲基二硫代氨基甲酸锌或石硫合剂涂抹病部，发病比较严重的可用腐辛菌胺醋酸盐防治。

3.3.4 主要古树叶部病虫害及防治措施

3.3.4.1 古树叶部病虫害种类

叶部病虫害的种类最多，侵染的古树种类也最广。细菌引起的病害主要是穿孔病，真菌引起的病害主要为炭疽病、煤污病、叶枯病、白粉病、霜霉病等，几乎所有的古树都受到此类病害的侵染（康振生，2010）。食叶类害虫主要为鳞翅目的蛾类和蝶类幼虫，此外还有少数叶甲和叶蜂；刺吸类害虫主要有蜡类、木虱、蚜虫、蓟马等，但大部分刺吸类害虫不仅危害叶部，还取食寄主嫩枝部位的汁液（陈彦霖，2012）。具体害虫种类和危害病征见表3-2所列。

表3-2 古树叶部病虫害

病虫害	类别	名称	受害古树寄主	主要病征及造成的损害
病害	细菌	穿孔病	朴树 *Celtis sinensis*	发病初期病部为半透明水渍状淡褐色小点，后期变成紫褐色至黑褐色。病斑为圆形或不规则形，周围有水渍状淡黄绿色晕圈，边缘有裂纹，最后脱落或穿孔，孔缘不整齐

(续)

病虫害	类别	名称	受害古树寄主	主要病征及造成的损害
病害	真菌	炭疽病	樟树 *Cinnamomum camphora* 槐树 *Sophora japonica* 银杏 *Ginkgo biloba* 榕树 *Ficus microcarpa* 台湾相思 *Acacia confusa* 杧果 *Mangifera indica* 秋枫 *Bischofia javanica* 阳桃 *Averrhoa carambola* 木棉 *Bombax ceiba* 人面子 *Dracontomelon duperreanum* 洋蒲桃 *Syzygium samarangense* 吊瓜树 *Kigelia africana* 黄连木 *Pistacia chinensis* 柿 *Diospyros kaki* 牡丹 *Paeonia suffruticosa* 铁坚油杉 *Keteleeria davidiana* 台湾杉 *Taiwania cryptomerioides* 龙眼 *Dimocarpus longan* 竹柏 *Nageia nagi* 荔枝 *Litchi chinensis* 云南油杉 *Keteleeria evelyniana*	初生水渍状,很快变黑褐色,继而枯死,幼叶随之凋萎脱落
		煤污病	枫香 *Liquidambar formosana* 吊瓜树 *Kigelia africana* 苦槠 *Castanopsis sclerophylla* 榕树 *F. microcarpa* 樟树 *C. camphora* 竹柏 *Nageia nagi* 桂花 *Osmanthus fragrans*	病斑初为黄褐色,被害部产生黑、辐射状小霉斑,后逐渐蔓延至全叶,使叶片及叶柄表面覆盖上一层煤烟状物,影响植物光合作用
		叶枯病	银杏 *G. biloba* 竹柏 *N. nagi* 台湾杉 *T. cryptomerioides* 楠木 *Phoebe zhennan*	病叶初期先变黄,逐渐变褐色坏死,有褐色至红褐色的叶缘病斑,边缘波状,颜色较深。后期整个叶片变为褐色至灰褐色。叶背面或正面出现黑色绒毛状物或黑色小点。严重时叶片全部枯死脱落
		白粉病	柽柳 *T. chinensis* 枫香 *L. formosana* 高山榕 *F. altissima* 槐树 *S. japonica* 罗汉松 *Podocarpus macrophyllus* 牡丹 *P. suffruticosa* 朴树 *C. sinensis* 柿树 *D. kaki* 夏栎 *Quercus robur* 紫薇 *Lagerstroemia indica* 滇朴 *Celtis kunmingensis*	初期呈现黄色透明小点,后期叶表形成白色粉状物。严重时病株叶片扭曲变形,顶端干枯,凋萎脱落

（续）

病虫害	类别	名称	受害古树寄主	主要病征及造成的损害
病害	真菌	霜霉病	朴树 C. sinensis 荔枝 L. chinensis 龙眼 D. longan 楠木 P. zhennan 楸树 Catalpa bungei	发病初期叶面形成浅黄色近圆形至多角形病斑，空气潮湿时叶背产生霜状霉层。后期病斑枯死连片，呈黄褐色，严重时全部外叶枯黄死亡
		绿藻	榧树 Torreya grandis	绿藻覆盖榧树表面
		角斑病	柿树 D. kaki	初期叶片正面出现不规则形黄绿色病斑，后期颜色加深，为褐色或黑褐色，病斑上密生黑色绒状小粒点
		赤斑病	樟树 C. camphora	发病初期叶缘、叶脉部近圆形或不规则的橘红色病斑，边缘褐色，中央散生黑色小粒。后期病斑扩大，叶面病斑相连，导致叶片提前大量脱落
		灰斑病	榕树 F. microcarpa	发病初期出现圆形或近圆形的黄色斑点，直径5~12mm，病部与健部交界处明显，边缘棕褐色，病斑相互连接为不规则形或长条斑，黄褐至灰白色
		叶斑病	菩提榕 Ficus religiosa 阳桃 A. carambola 洋蒲桃 S. samarangense 高山榕 F. altissima 黄葛树 Ficus virens var. sublanceolata 南酸枣 Choerospondias axillaris 紫藤 Wisteria sinensis 银杏 G. biloba 榉树 Zelkova schneideriana	叶片边缘褐色至紫褐色，病斑近圆形或不规则形，灰色至灰褐色，病斑中间有一个白色中心，外围可见一个黄色晕圈
		褐斑病	朴树 C. sinensis 枫香 L. formosana 黄葛树 F. virens var. sublancelolata 楠木 P. zhennan 青杨 P. cathayana 银白杨 P. alba 银杏 G. biloba 榆树 U. pumila	发病初期叶面病斑为圆形或椭圆形，紫褐色；后期为黑色，界限分明。严重时病斑可连成片，使叶片枯黄脱落

(续)

病虫害	类别	名称	受害古树寄主	主要病征及造成的损害
病害	真菌	松落针病	黄山松 *Pinus taiwanensis* 油松 *P. tabulaeformis* 白皮松 *P. bungeana*	发病初期产生黄色斑点或段斑，后病斑颜色加深呈淡褐色，全叶黄褐脱落
病害	真菌	松针锈病	马尾松 *P. massoniana* 华山松 *P. armandii*	染病松针初期褪绿斑，在斑段的正面现褐色小点，排列成行。发病后期转成暗褐色，病叶逐渐枯黄脱落。常年发病导致主枝变短，严重时枝干枯死或全株枯死
病害	真菌	油松针枯病	油松 *Pinus tabulaeformis*	松针有灰白、泛黄脱落，叶梢黄，枝枯死
虫害	食叶害虫	橄绿瘤丛螟	樟树 *C. camphora*	形成虫巢，幼虫躲在其中危害影响樟树景观
虫害	食叶害虫	樟叶瘤丛螟	樟树 *C. camphora* 银杏 *G. biloba*	成虫产卵于嫩叶背面，幼虫具有群集性，初孵幼虫群集吐丝缀合小枝、嫩叶形成虫包，匿居其中取食。随虫龄增加，缀合叶片逐渐增多，并将新梢、叶片充分缀合在一起，形成更大虫包
虫害	食叶害虫	缀叶丛螟	枫香 *L. formosana* 黄连木 *P. chinensis*	植株被害后枝残叶碎，冠顶光秃，形似火烧；枝条上留下雀巢般的虫窝
虫害	食叶害虫	绿刺蛾	枫香 *L. formosana* 杧果 *M. indica* 樟树 *C. camphora* 枫杨 *P. stenoptera* 牡丹 *P. suffruticosa* 楠木 *P. zhennan*	幼虫孵化后，低龄期有群集性，并只咬食叶肉，造成缺刻或孔洞，残留膜状的表皮。大龄幼虫逐渐分散危害，从叶片边缘咬食成缺刻甚至吃光全叶；老熟幼虫迁移到树干基部、树枝分杈处和地面的杂草间或土缝中作茧化蛹，多入土或在树枝干上作一石灰质的茧越冬
虫害	食叶害虫	黄刺蛾	枫香 *L. formosana* 枫杨 *P. stenoptera* 朴树 *C. sinensis*	
虫害	食叶害虫	褐边绿刺蛾	樟树 *C. camphora* 重阳木 *B. polycarpa* 枫杨 *P. stenoptera* 枫香 *L. formosana* 苦槠 *C. sclerophylla* 柿 *D. kaki* 朴树 *C. sinensis* 黄连木 *P. chinensis* 阳桃 *A. carambola*	
虫害	食叶害虫	迹斑绿刺蛾	樟树 *C. camphora*	
虫害	食叶害虫	桑褐刺蛾、扁刺蛾	枫香 *L. formosana*	

(续)

病虫害	类别	名称	受害古树寄主	主要病征及造成的损害
虫害	食叶害虫	香榧细小卷蛾	榧树 T. grandis	初孵幼虫缀结叶尖，潜居其中取食上表皮和叶肉，残留下表皮，致卷叶呈枯黄薄膜斑，大龄幼虫食叶成缺刻或孔洞
		槐叶柄小蛾	槐树 S. japonica	
		金星尺蛾、黄连木尺蛾	黄连木 P. chinensis 丝棉木 E. moackii	食量大、暴发性强。取食叶肉并在枝条间纺丝，将整株寄主叶片取食后抽丝下垂借风力转到其他树上危害
		侧柏毒蛾	侧柏 P. orientalis	卵多成堆产在树皮、树枝、树叶背面，林中地被物或雌蛾茧上。卵堆上常覆盖雌蛾的分泌物或雌蛾腹部末端的毛。幼虫具毒毛，有群集和吐丝下垂的习性
		茶黄毒蛾	柿 D. kaki 榕树 F. microcarpa	
		舞毒蛾	银杏 G. biloba 榕树 F. microcarpa	
		樗蚕蛾	樟树 C. camphora	低龄幼虫食叶成缺刻或孔洞，随着虫龄的增加，仅残留叶柄或粗脉
		樟蚕	枫香 L. formosana 樟树 C. camphora	
		绿尾大蚕蛾	枫香 L. formosana 榆树 U. pumila 重阳木 B. polycarpa 樟树 C. camphora	
		灰白蚕蛾	黄葛树 F. virens var. sublanceolata	
		银杏大蚕蛾	枫香 L. formosana	
		大蓑蛾	樟树 C. camphora	刚孵化幼虫在囊内取食卵壳，随后爬出于枝叶上吐丝下垂，随风飘扬扩散在邻近植株上以丝缀取叶子碎片或少量枝梗贴作囊护身。幼虫藏于囊内，取食迁移时负囊活动，有较强耐饥能力。雌虫无翅、无足，肥胖如蛆，终身居住在幼虫所形成的囊袋内
		茶蓑蛾	樟树 C. camphora 枫香 L. formosana	
		大袋蛾	银杏 G. biloba 榉树 Z. serrata 柏木 Cupressus funebris	

(续)

病虫害	类别	名称	受害古树寄主	主要病征及造成的损害
虫害	食叶害虫	棉褐带卷蛾	朴树 C. sinensis	初孵幼虫缀结叶尖，潜居其中取食上表皮和叶肉，残留下表皮，致卷叶呈枯黄薄膜斑，大龄幼虫食叶成缺刻或孔洞
		栎纷舟蛾	青冈 Cyclobalanopsis glauca	静止时常靠腹足固着，头尾翘起，受惊时不断摆动。幼虫孵化后先群居叶片背面，头向叶缘排列成行，由叶缘向内蚕食叶肉，仅剩叶脉和下表皮。初龄幼虫受惊后成群吐丝下垂
		重阳木锦斑蛾	重阳木 B. polycarpa	成虫白天在重阳木树冠或其他植物丛上飞舞，吸食补充营养，卵产于叶背。幼虫取食叶片，严重时将叶片吃光，仅残留叶脉。老熟幼虫吐丝坠地作茧
		油松巢蛾	油松 P. tabulaeformis	以幼虫钻蛀、黏叶蛀食针叶。远望被害针叶呈半截枯黄，近观可见针叶被虫咬食中空，充满粪便，仅残留表皮
		豆天蛾	榕树 F. microcarpa	初孵幼虫啃食叶片，稍大后，将叶片及小枝吐丝连在一起，群集在巢中危害，导致树叶枯黄，类似死树，严重时将叶片全部吃光
		樟细蛾	樟树 C. camphora	幼虫蛀入后形成蛀道，在叶片表皮下取食危害，形成透明薄膜，后期变色腐烂脱落，形成空洞
		马尾松毛虫	柳杉 C. japonica	松毛虫繁殖力强，产卵量大，卵多成块或成串产在未曾受害的幼树针叶上。1~2龄幼虫有群集和受惊吐丝下垂的习性；3龄后受惊扰有弹跳现象；幼虫一般喜食老叶
		油松毛虫	油松 P. tabulaeformis	
		天幕毛虫	枫香 L. formosana	
		茶褐樟树蛱蝶	樟树 C. camphora	低龄幼虫咬食叶表组织；长大后咬食叶片成缺刻状；老熟时可将叶片食光，仅剩中脉
		樟青凤蝶	樟树 C. camphora	
		槐尺蠖	槐树 S. japonica	幼龄幼虫食叶呈网状，3龄以后取食叶肉仅留中脉。严重时将叶片吃光，并吐丝下垂
		油桐尺蠖	银杏 G. biloba	

（续）

病虫害	类别	名称	受害古树寄主	主要病征及造成的损害
虫害	食叶害虫	核桃扁叶甲	枫杨 P. stenoptera	初孵幼虫有群集性，食量较小，仅食叶肉。幼虫进入3龄后食量大增并开始分散危害，此时不仅取食叶肉，当食料缺乏时也取食叶脉，甚至叶柄。残存的叶脉、叶柄呈黑色。连年危害时，造成部分枝条或幼树死亡
		榆蓝叶甲	榆树 U. pumila	
		柽柳条叶甲	柽柳 T. chinensis	
		榆绿毛萤叶甲	榆树 U. pumila	成虫和幼虫均取食叶肉，只残留叶脉，形似火烧，多形成枯梢。严重时，幼树被害后因生长不能恢复而枯死
		樟树萤叶甲	樟树 C. camphora	
		松黄叶蜂	油松 P. tabulaeformis	成年树木树冠上部嫩叶常被吃光
		茎蜂	牡丹 P. suffruticosa	
		榆叶蜂	榆树 U. pumila	
		樟叶蜂	樟树 C. camphora	
	刺吸害虫	麻皮蝽	樟树 C. camphora 龙眼 D. longan	成虫、若虫均刺吸嫩枝、花穗、幼果汁液，导致落花落果。其分泌的臭液触及花蕊、嫩叶及幼果等可导致接触部位枯死。初期形成近圆形，先为白色、后变黄色或红色、略凹陷，受害严重的叮吸斑表皮组织坏死，斑上有不规则形状的枯死斑块。椿类常在同一部位连续叮吸，形成多个叮吸斑，并连接成片。在炎热天气可造成被害叶芽枯死
		珀蝽	枫杨 P. stenoptera	
		樟树脊网蝽	人面子 D. duperreanum 樟树 C. camphora	
		茶脊冠网蝽、樟颈曼盲蝽、华南冠网蝽	樟树 C. camphora	
		香榧硕丽盲蝽	香榧 T. grandis 'Merrillii'	叶被危害后，叶背边缘呈黄褐色，严重受害后将造成落叶，甚至全株枯死。受害树叶色枯黄，形似火烧；在虫害发生区叶色较正常的榧树上，也发现大量的螨虫卵或若螨
		荔蝽	榕树 F. microcarpa 龙眼 D. longan 荔枝 L. chinensis	
		黑刺粉虱	榕树 F. microcarpa 龙眼 D. longan 樟树 C. camphora	以若虫寄生在树叶背刺吸汁液，并诱发严重的烟煤病。病虫交加，养分丧失，光合作用受阻，树势衰弱，芽叶稀瘦，严重发生时引起枯枝死树
		朴盾木虱	朴树 C. sinensis	叶部被害后，叶面畸形，危害处焦枯，导致早期落叶，生长衰弱
		榕木虱	榕树 F. microcarpa	
		槐木虱	槐树 S. japonica	
		华卵痣木虱	榕树 F. microcarpa	

(续)

病虫害	类别	名称	受害古树寄主	主要病征及造成的损害
虫害	刺吸害虫	草履蚧	朴树 C. sinensis 槐树 S. japonica 牡丹 P. suffruticosa	用口针刺入松针组织吸取液汁，致使针叶枯黄，严重者松针枯死，林相似火烧一般
		吹绵蚧	朴树 C. sinensis 银杏 G. biloba	
		埃及吹绵蚧、无花果蜡蚧	榕树 F. microcarpa	
		日本龟蜡蚧	榕树 F. microcarpa 牡丹 P. suffruticosa	
		柿棉蚧	柿 D. kaki	
		红蜡蚧	柿 D. kaki 樟树 C. camphora	
		樟白轮盾蚧	樟树 C. camphora	
		柽柳白眉蚧	柽柳 T. chinensis	
		南壶链蚧	枫杨 P. stenoptera	
		松针蚧	油松 P. tabulaeformis 马尾松 P. massoniana	
		碧蛾蜡蝉	枫香 L. formosana	刺吸寄主植物汁液，使枝干、叶干枯萎蔫。分泌蜜露，诱发煤污病
		针叶小爪螨	樟树 C. camphora	以成、若螨刺吸叶片汁液，被害后叶初现褪绿斑点，后变黄褐色或紫褐色，状如炭疽病斑
		'香榧'瘿螨	香榧 T. grandis 'Merrillii'	叶被危害后，叶背边缘呈黄褐色，严重受害后将造成落叶，甚至全株枯死。受害树叶色枯黄，形似火烧；在虫害发生区叶色较正常的榧树上，也发现有大量的螨虫卵或若螨
		松大蚜、柏大蚜	侧柏 P. orientalis 油松 P. tabulaeformis 马尾松 P. massoniana 赤松 P. densiflora 樟树 C. camphora 白皮松 P. bungeana	枝叶变色，叶卷曲皱缩。分泌大量的蜜露黏污叶片，诱发煤污病
		朴绵叶蚜	朴树 C. sinensis	
		枫杨刻蚜	枫杨 P. stenoptera	
		槐蚜	槐树 S. japonica	
		棉蚜	朴树 C. sinensis	
		樟修尾蚜	樟树 C. camphora	
		茶黄蓟马	银杏 G. biloba	叶片正面失绿，易萎蔫下垂，严重时叶片枯黄掉落
		榕管蓟马	榕树 F. microcarpa	

(续)

病虫害	类别	名称	受害古树寄主	主要病征及造成的损害
虫害	刺吸害虫	红蜘蛛	槐树 S. japonica 桑 Morus alba 侧柏 P. orientalis 油松 P. tabulaeformis 白皮松 P. bungeana 圆柏 S. chinensis	使叶绿素受到破坏，叶片呈现灰黄点或斑块，叶片枯黄、脱落，甚至落光

3.3.4.2 古树叶部病虫害的防治

监测、检测和预测是病虫害防治工作的基础，做到早发现早预防早控制，使古树病虫害的防治工作达到事半功倍之效（郑俊仙等，2012）。

在低龄幼虫期，可利用吡虫啉、印楝素、鱼藤酮、阿维菌素、高效氯氰菊酯、苦参碱和灭幼脲等农药进行喷雾防治；或采用打孔注干的方法，在古树主干的不同方位打孔注入甲维盐、吡虫啉等，按一定比例进行混合灌注后，对树干创口用无菌土封补（顾晓峰，2020）。此外，还应该尽量保护和利用天敌，如赤眼蜂、周氏啮小蜂、黑卵蜂、寄蝇、草蛉、瓢虫和捕食螨等，但释放天敌应与使用农药防治错开时期。

在害虫越冬、越夏期间，多数以蛹、虫苞等虫态存在，可以人工挖除地下落叶层和土中的虫体并集中销毁；也可利用部分幼虫群集的习性，人工摘除并集中销毁；根据害虫的趋性，在发生期设置黑光灯、毒饵、黏虫板或黏虫带等诱杀害虫，也可在树干1m处喷阻隔毒环或绑扎塑料薄膜环隔，阻止具有上树习性的害虫上树危害（何达松等，1986；娇丽曼，2016）。

3.3.5 古树根部病虫害及防治措施

3.3.5.1 古树根部病虫害种类

目前已报道的古树根部病虫害种类较少，仅记载有真菌引起的白纹羽病和根腐病，细菌引起的根癌病等，以及5种常见地下害虫。但这并不排除由于地下病虫害调查困难而只发现少数病虫害的可能（表3-3）。

表3-3 古树根部病虫害

病虫害	类别	名称	受害古树寄主	主要病征及造成的损害
病害	真菌	白纹羽病	油松 P. tabulaeformis 马尾松 P. massoniana 赤松 P. densiflora	根尖形成白色菌丝，老根或主根上形成略带棕褐色的菌丝层或菌丝索，结构比较疏松柔软。菌丝穿过皮层侵入形成层深入木质部导致全根腐烂，病树叶片发黄，早期脱落，逐渐枯死
	细菌	根癌	毛白杨 Populus tomentosa	发病初期病部有近圆形、黄绿色的小瘤，表面光滑，质地柔嫩。后期病瘤逐渐增大成不规则块状，大瘤上又长出许多小瘤，表皮变粗糙、龟裂，质地坚硬，呈深褐色，最后外皮坏死脱落，露出许多突起状小木瘤

(续)

病虫害	类别	名称	受害古树寄主	主要病征及造成的损害
病害	真菌	根腐	樟树 C. camphora 榕树 F. microcarpa 楠木 P. zhennan 南酸枣 Choerospondias axillaris 牡丹 P. suffruticosa 赤松 P. densiflora	病菌从植株一侧根系侵入，根部腐烂，吸收水分和养分功能逐渐减弱。外围老叶先行变黄凋萎、脱落，严重时全部主侧枝干枯，最后整株枯死，第二年夏初在干基处长出大量灵芝子实体
虫害	地下虫害	黄翅大白蚁	枫香 L. formosana 樟树 C. camphora	树木若生长健壮，白蚁极少危害。但当管理不良，或因气候干旱引起生理失调，体内保护物质减少或枯竭，失去保护作用，白蚁即乘虚而入引起严重危害
		东方蝼蛄、华北蝼蛄	侧柏 P. orientalis	取食寄主根或茎基，地上枝叶逐渐凋萎或长势不良，严重时枯死
		铜绿金龟子	银杏 G. biloba	
		日本弧丽金龟	苦槠 C. sclerophylla	

3.3.5.2 古树根部病虫害防治

古树根部的病虫害防治尤为重要，但因早期不易发现，防治很困难。合理增施有机肥料，或抗生菌肥，以增强树势提高树体抗病虫的能力。及时将病根切除，消毒并加以保护，同时在树干外围开环状沟或挖穴施药。优先使用五氯硝基苯在树干外围开环状沟或挖穴施药，也可直接浇灌，或使用代森锰锌、甲基托布津、氯氰菊酯喷雾可有效防治病害的发生。及时排除积水，合理灌溉，防止古树根部的土壤过干或过湿（金晓明，2015）。

3.4 古树树冠整理

对树冠枝条适当进行整理，对保证古树的健康生长十分重要。①通过枝条整理，可调节古树树体内的营养分配，协调营养生长与生殖生长，使双方达到相对均衡。对于不同类型的枝条，不仅要有一定的数量，而且要有长、中、短各类枝的比例，使多数枝条健康生长，为枝繁叶茂创造条件。②古树树冠枝条过于密集，可能出现枯枝、死枝以及病虫枝，影响古树外形美观。古树树冠外形、色彩、气质等特征，是古树景观价值的重要体现。在养护中要通过适度的枝条整理来控制和调整树体的大小，以免过于拥挤，影响正常生长和景观效果。③树冠郁闭的古树，内部相对湿度增加，为喜欢阴湿环境的病虫繁殖提供了条件，内膛枝得不到足够的光照，内膛小枝光合产物减少，去掉部分枝条，可使树冠内空气流通，光线充足，减少病虫害的发生，并创造良好的微域气候环境，使树冠扩展快，枝量多，分布合理，能更有效地利用空间。

3.4.1 古树树冠整理原则

古树树冠整理，大体遵循两个原则：①有利于古树的生长，保持古树完美健壮状态；

②有利于树体的稳固和公共安全。

(1) 有利于古树生长

及时整理枯死枝、断枝、劈裂枝、病虫枝;疏除过密萌蘖枝、丛状枝,以及活枝群中的枯枝,为正常生长的枝条腾出空间。有些枯枝在大风天气可能摩擦附近活枝,造成活枝皮层损坏,对于这些枯枝应该剪除。对于因雪压、风折等造成劈裂的残茬,应予剪除。清理古树树体与古树上争夺营养的附生植物,如凌霄(*Campsis grandiflora*)、紫藤等。剪除古树内膛的弱枝密枝,有利于主枝的生长。清除古树基部衰弱的丛状枝,以减少树体负担和养分消耗,有利于古树向高处扩展树冠。对结果较多的古树,需要疏除花蕾,摘除果实,减少古树养分消耗,促进新枝条的抽枝。

(2) 有利于树体稳固和公共安全

有些古树,如槐树、樟树、枫香、七叶树(*Aesculus chinensis*)、玉兰(*Magnolia denudata*)、五角枫(*Acer mono*),因为主枝平伸过长,导致偏冠,大枝容易折枝或树体倒伏。如果它们处于游人密集的景区或公园,或栽植在古建筑物附近,有可能对人或古建造成伤害。可对这些古树进行适当"瘦身"修剪,剪除部分负担重的活枝,以减轻枝杈处的负重,防止枝条折断,防止安全事故发生。

图 3-1 天坛"问天柏"(张卉 摄)

有些古树的枯枝,形状奇特,具有重要的景观价值,应特别予以保留。例如,天坛公园的"问天柏"(图3-1),生长于北京天坛公园皇穹宇西侧,近垣而生,兀立挺拔,因树顶两枯枝"一前一后、一垂一扬"的气势,恰似一名峨冠宽袖、衣带飘动的古人昂首挥袖,面向苍穹时抒发慷慨之音。对于"问天柏"树冠顶部的枯枝,不仅不能清除,而且要进行加固和防腐处理。

3.4.2 古树树冠整理时间

古树种类很多、习性各异,由于树冠整理目的与性质的不同,虽然各有其相适宜的季节,但从总体上看,一年中的任何时候都可对古树进行树冠整理,而具体时间的选择应从实际出发。树冠整理时期,一般分为休眠期(冬季)整理和生长季(夏季)整理。休眠期指树木落叶后至翌年早春树液开始流动前(一般在12月至翌年2月);生长期指自萌芽后至新梢或副梢生长停止前(一般在4~10月)。有安全隐患的枯死枝、断枝、劈裂枝应在发现时及时整理。

在休眠期,树体贮藏的养分充足,地上部分修剪后,枝芽减少,可集中利用贮藏的营养。对于落叶树种来说,一般在落叶后1个月左右进行树冠整理。春季萌芽后,贮藏养分已被萌动的枝芽消耗一部分,一旦已萌动的枝被剪去,下部芽重新萌动,生长推迟,长势明显减弱。冬季树冠整理,应先整理越冬能力差和干旱地块的古树。对于一些有伤流现象的古树，应在伤流开始前进行。伤流是树木体内的养分和水分在古树伤口处外流的现象，流失过多会造成树势衰弱，甚至枝条枯死，因此，最好在夏季着叶丰富、伤流少且容易停止时进行，另一些伤流严重的树种则可在休眠期无伤流时进行。在华北地区，古榆树、古槐树、古七叶树等，需在树体内液压最低的时期进行树冠整理，一般可于深秋或暮春树伤流少时进行。

生长期的树冠整理，可在春季萌芽后至秋季落叶后的整个生长季内进行，此期树冠整理的主要目的是改善树冠的通风。在夏季着叶丰富时开展树冠整理，容易调节光照和枝梢密度，易于判断病虫，也最便于把树冠整理成理想的形状。除过于寒冷和炎热的天气外，大多数常绿树种，如白皮松、罗汉松、高山柏（Sabina squamata）、铁杉（Tsuga chinensis）等，全年都可进行树冠整理，但以早春萌芽前后至初秋以前最好。因为新伤口大都可以在生长季结束之前愈合，同时可以促进芽的萌动和新梢的生长。

3.4.3 古树树冠整理技术

有些古树再生枝条较为困难，所以对古树的枝条整理要持谨慎态度。首先由技术人员制订方案，然后邀请古树专家组反复做现场论证，修改达成共识，报主管部门审批同意后方可付诸实施。包括以下技术细节：

①枝条整理时，应由技术人员在锯口处用笔做出标记，向工人交代清楚修剪技术和操作程序后，再进行施工。

②通常采用"三锯下枝法"。在被清理枝条预定切口以外30cm处，第一锯先锯"向地面"做背口；第二锯再锯"背地面"，锯掉树枝；第三锯根据枝干大小在皮脊前锯掉，不留橛。

③处理时不要伤及古树干和皮，锯口断面平滑，不劈裂，利于排水。锯口直径超过5cm时，应使锯口的上下延伸面呈椭圆形，以便伤口更好愈合。

④对断裂枝整理时，若残留的枝杈上有活枝，应在距断口2~3cm处进行；若无活枝，直径5cm以下的枝杈则尽量靠近主干或枝干，保证剪锯切口平整，直径5cm以上的枝杈则在保留树型的基础上在伤口附近适当处理。

⑤所有锯口、劈裂、撕裂的伤口应先均匀涂抹消毒剂，如5%硫酸铜、季铵铜消毒液等。消毒剂风干后再均匀涂抹伤口保护剂或愈合敷料。

⑥截除古建筑物附近的古树大枝或枝叶繁茂的古树大枝时，应先用较粗的绳子将被截枝吊在高处的支撑物上；同时在被截枝上系一根辅绳，用以控制树枝落地的方向，防止树枝掉落过程中损伤附近的古建筑和古树上的枝叶。

⑦对于开花、坐果过多已影响树势的古树，应考虑进行疏花、疏果。一般在初花期采用高压水枪喷洗等方法进行疏花，在幼果期通过人工摘除的方法进行疏果。

3.5 古树地上环境整治

地上环境的好坏对古树的健康生长具有十分重要的意义。地上环境整治主要是指对古树冠幅投影外延5m范围内的永久或临时性的建筑物、构筑物及道路、管网等市政设施废水、废气、杂物、有毒有害物品等的整治，这些内容涉及的部门多，干扰因素多，因此古树地上环境整治是一项较为烦琐的工作。

3.5.1 古树周边植被结构整治

古树与周边植物可能存在争夺地上、地下空间，争夺水分、光照、营养的竞争关系。应对古树邻近生长的阔叶树、速生树和杂灌草进行控制，以保证古树的生长。北京市园林绿化科学研究院李锦龄研究发现，核桃树（*Juglans regia*）、接骨木（*Sambucus williamsii*）、榆树对松树的生长有抑制作用，建议在古松周围5m内最好不种植这些树木。

(1) 乔灌木整治

乔灌木对古树的影响主要是降低古树对水、肥吸收的水平，导致古树生长所必需的水分与营养物质实际吸收量减少，从而造成古树的衰弱甚至死亡。与草本植物相比，乔木不仅在地下部分与古树竞争，也会与古树存在着阳光的竞争，降低古树接收到的光照强度和光照时数。对于乔灌木的整治，应确保古树的立地环境空旷，确保良好的生长环境。可遵循以下原则：

①伐除没有保留价值的乔灌木；
②移植影响古树正常生长的但有保留价值的乔灌木；
③对要保留的乔灌木向古树方向的根系采取断根措施，避免与古树争肥争水，并适当修剪影响古树采光的枝条。

(2) 草本、竹类、藤本等植物的整治

古树和草本植物对水分的需求差异较大，草本植物（如草坪草）对水分需求量较大，而古树中侧柏、油松等又怕涝，所以对古树周围草本植物的种植上要选择与古树习性较近的物种。竹类因其地下茎（竹鞭）非常发达，通常是横向生长，多节且生长密实，地下茎上布满须根与芽，并会长成新的竹，因此往往会形成竹林，若竹林生长于古树周围会严重影响古树的生长，应当予以清除。

藤本植物对古树的伤害是巨大的，藤本植物致密的叶片遮蔽了古树的叶片或针叶，使其不能进行光合作用，古树便被缓慢"饿死"。各地都有凌霄、地锦（*Parthenocissus tricuspidata*）、南蛇藤（*Celastrus orbiculatus*）等藤本植物缠死古树的案例，在养护管理中，应及时清理古树树体上的藤本植物，即使藤本植物也是古树，也应对藤本古树进行适当修剪，以其不能遮蔽乔木古树的叶片或针叶为宜。

(3) 病原菌及寄生物的整治

古树病原菌主要有假单胞杆菌属、黄单胞杆菌属、欧氏杆菌属、野杆菌属和棒杆菌属五类病原菌，会引起古树的叶、根、茎等部位的腐烂、坏死、萎蔫、黄化等症状。其传播途径多样，可通过杂草、土壤、植物残体中寄生完成越冬，在下一个生长季成为侵染源，主要会通过植物的气孔、枝干伤口，以雨水、昆虫、鸟类等媒介进入树体完成侵染。对于古树病原菌的防治措施应该定期清理古树周边的土堆，并喷保护性杀菌剂和杀虫剂。

古树的寄生生物主要是寄生植物，可分为半寄生植物和全寄生植物。寄生植物主要以活的有机体为寄主，从中获取生长发育所必要的养分和水分。古树自身树体高大，所需养分量较大，在被寄生植物寄生之后生长势会逐渐减弱甚至死亡。在清除寄生植物时，可对古树立地环境周围进行土地复垦，人工翻土，注意不能伤害裸露的古树根，并对古树施加有机肥，提高古树的竞争能力。在人工铲除寄生枝，清除匍匐茎的过程中一定要清除干净古树周围寄生植物的根系，由于一次将寄生植物完全清除较难，一般持续2~3个周期年，确保清除干净。

3.5.2 违章和废弃建(构)筑物整治

地上构筑物对古树生长发育的影响是显而易见的,古树周边的建筑物会严重影响古树枝干的延伸,阻碍树体的生长;一些较为高大的建筑物会遮挡阳光,长期贴近建筑物生长的古树会造成树木偏冠,造成古树大枝机械损伤,从而影响树形。应重点加大对违章和废弃建(构)筑物的整治。具体可遵循以下原则:

①拆除古树保护范围内废弃的建(构)筑物及影响古树生长的临时设施,尤其是导致古树生长严重衰弱的废弃建(构)筑物;

②由于历史原因无法拆除的,进行改造时应为古树留足保护范围。

3.5.3 污染物治理

各种污染物会导致古树树体受到毒害,机能受损。污染物不仅包括固相、液相、气相污染,还有光污染、热污染等。土壤中的废液、废渣、各类建筑垃圾、废弃管道等,致使土壤出现酸化、盐碱化,理化性质变差,从而导致古树的生长不良、衰弱,甚至死亡。国标(GB/T 51168—2016)规定,保护范围内堆积的渣土、物料、垃圾和有毒、有害物质等杂物应彻底清除。

(1)固态废弃物及有毒有害物质清除

建筑垃圾、朝贡香火垃圾、餐厨垃圾及其他杂物等,若长期堆放在古树周边,会对古树地下土壤产生影响。建筑垃圾里面一般会含有较多的石灰,其在雨水的淋洗作用下会逐渐渗入地下,造成古树地下土壤pH升高,进而影响古树根系对矿质营养元素的吸收。香火垃圾、餐厨垃圾往往钠离子含量较高,长期堆放会使古树土壤盐碱化。必须及时清除这些污染物。

(2)液态、气态废物整治

在古树保护范围内,可能存在城市排污管道、化粪池等;在一些公园、风景区,可能存在公厕、饭店排出的污水;在庭院、临时居住地,可能存在生活污水。对于上述情况,应提前着手治理,防患于未然。例如,对于古树保护范围内的城市排污管道,如有可能,最好进行改道。如无法改道,须定期加强排污管道的修缮,防止管道破裂导致污水外泄;对有气体废物排放的饭店、工厂等,当周边有古树时,应采取适当措施,加以规避。

(3)光污染整治

城市中环境因子与自然环境中有极大的差别,光、热紊乱会对古树造成极大的伤害。例如,城市夜间照明会破坏古树的正常生长周期,尤其是在古树上缠绕的彩灯,严重影响古树的生理规律(于晓南等,2013;陈颖等,2019),如图3-2所示。同时,城市夜间光照也影响一些不喜光的昆虫、动物的活动,对古树周边的生态造成不良影响。因此,当古树保护范围内的光照条件因特殊原因产生变化,影

图3-2 光污染对古树的影响(崔金腾 摄)

响古树正常的光合作用时,应进行遮光或补光处理,并消除光污染源。

3.5.4 其他整治

(1) 地面铺装整治

古树保护范围内不宜有过多的硬质铺装,确需铺装的或因历史原因保留铺装的,应满足以下要求:

①铺装材料具有良好的透气、透水性能;
②铺装时应留出不小于 2m×2m 的树堰;
③宜选用倒梯形透气、透水铺装材料,面砖间距不小于 10mm;
④铺装下方垫层,应具透水、透气性,不得使用石灰、水泥;
⑤生长于人流密集区域的古树保护范围内确需铺装的宜设置木栈道,保护根系土壤,增加其透气性,栈道下方应做好排水,防止积水。

(2) 古树立地环境的治理

生长于平地的古树名木,裸露地表的根应加以保护,防止践踏;生长于坡地且树根周围出现水土流失的古树,应砌石墙护坡,填土护根。护墙高度、长度及走向据地势而定;生长于河道、水系边的古树,应据周边环境用石驳、木桩等进行护岸加固,保护根系;主干被深埋的古树,应分期进行人工清除堆土,露出根颈结合部。

3.6 树体预防保护

3.6.1 设置围栏

在有根系裸露、枝干易受破坏,或者树下比较开阔、人为活动比较频繁的地方宜设置围栏。围栏距主干的距离以人摸不到树干为最低要求,一般应距树干 2m 以上,围栏高度 1.2m 左右为宜。围栏越大,对保护树下土壤的自然状态和促进根系伸展越有利(图3-3)。

构建围栏的材料可根据古树所在地方文化特色、当地经济条件等因素考虑选取,竹木类、石类、金属管材类、仿真水泥构件类等均可作为材料。围栏尺寸大小应考虑与古树高度、冠幅相协调,围栏的形状、色彩应考虑与周边环境相协调。应特别注意,在设置围栏时,应避免开槽构建基础结构,以免对根系造成伤害。

3.6.2 铺设篦子和木栈道

对位于城市人行道,或者公园、寺庙、景区等旅游区人流量大、空间狭窄、树盘地表践踏严重的古树区域,应考虑铺设篦子(材质可为金属或是工程塑料,图3-4)或木

图 3-3 古树围栏(崔金腾 摄)

栈道，以防止踩踏压实古树下面的土壤。木栈道的铺设方法：在树盘土壤中埋桩（石柱或水泥柱），深度 50cm 左右，桩上架设木质或金属龙骨，龙骨上铺设木板。龙骨宽度和厚度为 5cm 左右，木板厚度 3~5cm。固定埋桩、龙骨和木板，并做防腐处理。

3.6.3　防止水土流失

对位于河道、池塘边的古树，应设置石驳、木桩和植物砌筑生态驳岸保护。对位于坡地、石质土等易冲刷地方的古树，应设立挡土墙；设置挡土墙应考虑结构安全、协调美观、环境友好等，不应使用混凝土材料。

特别需要指出的是，挡土墙虽然阻止了水土流失，但是带来的另一个问题是，挡土墙截留了更多的水分，容易造成古树根系因水大发生腐烂，因此，在做挡土墙时，在其上预设排水孔是非常关键的。

图 3-4　树箄子（崔金腾　摄）

3.6.4　预防冻害与雪灾

在寒潮来临之前，对于易受冻害和处于抢救复壮期的古树，对根颈部盖草包或塑料膜、覆土或搭建棚架进行保护。对树冠覆盖积雪的古树，应采用风力灭火器吹雪或使用竹竿抖雪等措施，及时除去积雪。不得在古树保护范围内使用融雪剂，不得在古树保护区域内堆放被融雪剂污染的积雪。位于道路附近的古树，宜设置围障，防止污染积雪溅入古树保护范围。

3.6.5　预防雷击

对位于空旷处、水陆交界处或周边无高层建构物等存在雷击隐患的古树，应安装避雷设施，预防雷击伤害。应邀请专业人士进行避雷设施的安装。避雷杆的固定物宜采用轻质、抗老化的材料，其机械强度应考虑当地最大风力、树体摆动和疲劳程度等因素。古树防雷装置的设置不应影响行人的正常活动。在人行通道或人员聚集场所附近时，距离人行通道边缘不宜小于 3m，并设置警示标识、安全护栏等设施。设置于树体上的避雷设施，应考虑树木的生长变化且高于树冠最高点不宜小于 1m，必要时应采用多支避雷杆组合保护。接地体的位置，应选择在古树树冠稀疏的一侧，并宜设置在树冠的垂直投影 3m 之外。置于树体上的避雷杆应使用抱箍固定，抱箍宜选择抗老化的非金属柔性材料。当古树附近存在建（构）筑物时，宜利用建筑物设置的避雷杆进行保护。

思考题

1. 简述古树补水的方法。
2. 简述古树排水的方法。

3. 简述古树施肥的方法。
4. 简述古树干部病虫害及防治办法。
5. 简述古树叶部病虫害及防治办法。
6. 简述古树根部病虫害及防治办法。
7. 简述树冠整理的原则。
8. 简述古树地上环境整治的内容。
9. 简述古树树体预防保护的内容。
10. 在北京，某株古侧柏树干上发现了双条杉天牛的蛀孔，如何处理？

推荐阅读书目

1. 树木医生手册. 丛日晨等. 中国林业出版社，2017.
2. 公园古树名木. 北京市园林科学研究所. 中国建筑工业出版社，2012.
3. 古树保护理论与技术. 赵忠. 科学出版社，2021.
4. 中华人民共和国国家标准《城市古树名木养护和复壮工程技术规范》(GB/T 51168—2016).
5. 北京市地方标准《古树名木雷电防护技术规范》(DB11/T 1430—2017).

第4章 土壤改良与根系复壮

本章提要

阐述了古树土壤改良的原则、密实土壤、硬化铺装区土壤、污染土壤与改良方法以及坡地土壤保护方法。

土壤是古树赖以生存的基础，具有良好理化性质的土壤，对古树的健康生长十分重要。在城市居住区、道旁、公园以及寺庙、名胜古迹等地生长的古树，地下土壤长期受诸多人为活动因素影响，土壤理化性质会发生改变进而形成了不同于自然土壤的城市土壤类型。城市土壤多见有密实土壤、硬化铺装土壤、污染土壤等，这些土壤的土层结构已被改变，土壤水、气、温等因子失调，酸碱度等化学性质也发生了重大变化。郊区村镇土壤同样受人为因素的影响，存在不同程度的土质被污染、变差等情况；而山区的坡地土壤，多有土层薄、砾石多、保水保肥性差的特点。为改善土壤结构和提高土壤肥力，使土壤各因子达到适量、协调、平衡、增效，提高古树根系吸收土壤水、肥的能力，必须进行土壤改良。

4.1 土壤改良应遵循原则

古树土壤改良是古树复壮工程中的重要技术措施。实践中，我国南北一线单位，根据各地的实际总结了一些基本原则，这些原则已被行业接受并在实践过程中严格遵守。

(1) 根据土壤诊断制订改良方案

在进行土壤改良前，应对土壤的理化性质进行诊断，根据诊断结果制订土壤改良方案。物理性状诊断需要测定土壤质地、土壤容重等；化学性状诊断需要测定有机质、速效氮、速效钾、有效磷、全盐含量以及 pH 等。如果通过前期表观诊断，古树某一症状指向可能与某一元素过多或缺失有关，应对这一元素进行检测。

取样方法对准确界定古树所生长区域的土壤状况是十分重要的。一般情况下，在没有人为负向扰动的区域，地表 0~30cm 土层常年接受落叶或人为的耕作，土壤肥力及其他指标基本上会处于较为理想的水平，但是对有人为负向扰动的区域，如踩踏严重以及大量燃油汽车经过的区域，地表0~30cm土层的理化性质会发生很大变化。30cm以下土壤的理化性质对古树的健康生长是至关重要的，因为一般自30cm以下是大多数毛细根分布的区域。30cm以下的土壤可能含有过多的砂石或人为遗留的建筑垃圾和生活垃圾等，有时物理性状、肥力或个别营养元素都会非常不理想。因此在实践中，对古树根际土壤的分析，一般要求把0~30cm、30~60cm的土壤作为分析重点，必要时还要取60~90cm的土壤进行分析。另外，由于古树立地环境一般较为复杂，有时围绕树的不同方向，土壤情况可能千差万别，因此，在进行土壤取样时，除了要求进行不同层级取样外，还要求在树干的东、南、西、北四个方向取样。

（2）施工中采取根系保护措施

进行土壤改良时，需要对因挖沟而暴露的根系进行保护。挖复壮沟时会伤及古树的根系，尽管行业上一直提倡不能伤害古树的根系，实际上这种损伤是不可避免的。经多年实践发现，适当地对古树根系进行修剪对促进萌生新的毛细根群是十分重要的，这从理论上也能得到证明。在实践中，可按"不伤大根、不伤直径2cm以上的侧根、适当伤毛细根"的标准执行。另外，由于挖复壮沟的过程有时会持续几个小时，被挖出的根长时间暴露在空气中会因失水而死亡，因此，在挖设复壮沟过程中，需要用湿布片对暴露的根进行缠裹，防止其失水。在回填基质以前，应把湿布去除，对根系断面进行修剪，去除扯裂部分，并喷洒生根粉以促进愈合。

（3）改良区域在吸收根系分布范围内

上述提到的"不伤大根、不伤直径2cm以上的侧根、适当伤毛细根"是非常重要的。如何理解"适当伤毛细根"？杨洪强等（2007）在对苹果（*Malus pumila*）根系的研究中发现，如果人为地诱导毛细根系远离主干，会导致苹果树越来越衰弱。这不难理解，在距主干10m处的根系，吸收到的水和矿物质运输到叶片部位，肯定要比距主干3m处遇到的麻烦多，运输效率也会低得多。因此，建议把复壮沟挖设在多数吸收根分布范围内，防止人为诱导毛细根系越来越远离主干，尺度以"适当伤毛细根"为宜。

当然，如果被复壮的古树处于衰弱或濒危的状态时，应用"适当伤毛细根"的原则时应更为谨慎。因为任何一种对根的伤害，对处于生长势极度衰弱的古树来讲，可能都是重创，还可能进一步加剧根系死亡。因此，在施工过程中，应根据树势、立地条件等因素灵活掌握。

（4）改良工程应在2~3年内完成

同样，出于谨慎考虑，对古树根区域360°范围内的土壤改良不能在一年做完，一般要求在2~3年完成，即第一年呈对称状改良古树根区域1/2面积或每隔120°进行改良，再用1~2年完成其他区域的改良。因为若动土面积太大，对根系造成的伤害过大，可能立即导致古树树势衰弱，也会因土壤过于松软、更容易蓄积水分而造成积涝，更有甚者可能会造成古树在大风雷雨天气发生倒伏。

（5）改物理性状为主，化学性状为辅

古树土壤改良应加什么肥？加什么基质？改良到什么程度？这是一些很复杂的问题，也一直是古树保护行业探索的问题。国标GB/T 51168—2016中对其做出一些规定（可参见本章4.2.1.4~4.2.1.5节内容）。

尽管我国各省市都根据自己的省情和市情制定了各自的土壤改良标准，这些标准与国标的规定可能在一些指标上存在细微差别,但是至少有一点是达成共识的,就是古树老了,对速效养分的需求不会太大,土壤改良的核心是通过添加有机质,使土壤有机质保持在一个较合理的水平,同时通过疏松措施(如加入细沙、陶粒及机械松土等)使板结的土壤得到疏松,使黏重的土壤、沙性大的土壤物理性能到达一种疏松、透气、肥力高的状态。对此,一些实践中的案例值得去借鉴和思考。

4.2 密实土壤改良

密实土壤是在人为践踏、车辆碾压等外力作用下形成的,这类城市土壤的特点是土壤密实板结、阻力大、通气性差、氧气含量不足。密实土壤改良一般采用在多数吸收根外缘至树干适当位置挖设复壮沟、复壮坑的办法进行。沟的数量、位置、走向、外形和沟的长、宽、深,应有利于根系生长和分布;坑改土的方法多在树木营养面积狭小的地方进行,坑的数量、位置、长、宽、深,也应根据现地实际情况来定。沟、坑进行土壤改良时,应在沟、坑内设通气管,必要时挖设排水沟。回填基质时,按挖出的土壤总量,添加一定比例细沙、有机质,与土壤混匀,使土壤松软、透气、酸碱度适宜,有利于微生物生存和繁育。具体措施如下:

4.2.1 挖设复壮沟或复壮坑

4.2.1.1 应遵循的原则

挖设复壮沟或复壮坑前应认真分析古树立地环境,且在分析土壤理化性质之后,配好回填基质并确认已经放置在古树周边后才能进行,后者的目的是防止挖沟后,因基质不到位、晾晒时间过长而导致根系死亡。应遵循以下原则:

①应在多数吸收根分布区布置沟或坑。
②沟或坑的位置应在探根后确定。
③在树木营养面积大的地方宜挖沟,在营养面积狭小的地方宜挖坑。
④沟和坑的布局、数量、规格应依据多数吸收根分布实际情况确定。土壤改良面积应为多数吸收根系分布面积的1/2(也可以是1/3)。
⑤为防止纵容根系远离主干和伤及过多毛细根,可采用环状和放射状复壮沟结合的方式,即混合状复壮沟(图4-1)。这种混合状复壮沟包含了横沟、放射状沟、透气管、排水盲管、渗水井等分项。在实践中,受具体地形的影响,各分项的设置可能有很大的不同,形状、位置、大小会有很大的变化,但是,须特别注意的是,不

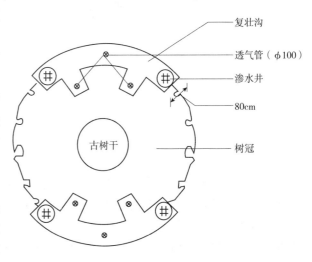

图4-1 混合状复壮沟平面图

管怎样变化,上述五个分项对古树复壮来讲是至关重要的。

4.2.1.2 安装通气管

安放通气管是在挖设沟后、回填基质前进行。放置通气管的目的是在回填基质后的相当长的时间内继续使基质保持良好的通气性。通气管宜选用直径为100~150mm带有壁孔的PVC管、盲管或竹筒,即"立柱式通气管";制作时,外罩无纺布,也可用棕榈皮进行包裹,防止泥沙进入管内,同时,管内应用陶粒填充,防止管外周边的根系因干旱、冷冻发生死亡。

北京的技术人员还发明了"U"形通气管,如图4-2所示。该产品是利用小口原理,即当空气从较粗管进入较细管时,在压强不变的情况下,细管中空气的流速会迅速加快,从而使粗管和细管之间产生压力差,使得粗管中的空气源源不断地流向细管,保证了通气管周边的土壤时刻处于流动的空气流中,由此看来,"U"形通气管较之"立柱式通气管"的通气性能又大幅增强。

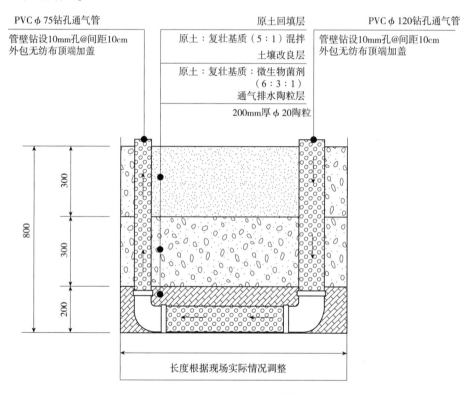

图4-2 "U"形通气管(陈雪强 绘制)

4.2.1.3 设置排水盲管

挖设复壮沟虽然能实现促进古树根系生长的目的,但是也会由于回填基质较周边未改良土壤松软而导致积水,尤其是在暴雨后。为了防止积水,应设置排水盲管,这一做法对南方多雨地区以及生长在地势低或草坪中的古树具有特别重要的意义。排水盲管是一种常见的工民建材料,类似方便面一样的PVC细丝卷成的圆形管(或方形管),放置时提前用无纺布罩好,安置在复壮沟的最底部,通过预设的5°左右的坡度,把水排到古树树冠垂直投影5m以外。受空间限制不能满足要求的，应在适当区域设置渗水井以接收盲管排出的多余水分，渗水井的深度应以不小于2.5m为宜，此深度在保证积水迅速渗入地下的同时，也可避免对0.6m深的古树的主根系群造成伤害。实践中，也会发生井中的水不下渗的情况，当这种情况发生时，应及时把水抽走。

4.2.1.4 回填改良基质

把改土物质与土壤混匀后填入沟坑内至地面，然后压实、整平、围堰并及时浇水。沟和坑内添加的基质包括细沙、粗有机质和腐殖质、有机无机复合颗粒肥、微量元素、生物活性有机肥和微生物菌肥等，并应符合下列国标GB/T 51168—2016要求：

①掺入细沙后，改良土壤容重应达到$1.1\sim1.3g/cm^3$。这个土壤容重水平是能满足大多数古树生长的理想值，无论是北方古树还是南方古树都是如此。当土壤较黏重时，可以通过增加草炭来实现。草炭是沼泽发育过程中的产物，又名泥炭、泥煤，形成于第四纪，由沼泽植物的残体，在多水的嫌气条件下，不能完全分解堆积而成，含有大量水分和未被彻底分解的植物残体、腐殖质以及一部分矿物质，有机质含量在30%以上，质地松软易于散碎，比重0.7~1.05，多呈棕色或黑色，具有可燃性和吸气性，一般pH为5.5~6.5，是一种理想的土壤改良材料。

②改良基质的有机质含量应为20.0~30.0g/kg，此项指标可以通过加入草炭实现。

③水解性氮应达到90~120mg/kg，速效磷应达到10~20mg/kg，速效钾应达到85~120mg/kg。当只加入草炭不能使氮磷钾的含量达到规定指标时，可以通过加入有机无机复合颗粒肥进行调整。

④微量元素的施用量应为氮磷钾用量的2%~5%；微量元素多指铁、铜、锰、锌、硼等，植物体对其需求量不大，但是它们在维持植物的健康生长方面又起着巨大的作用，如铁元素是合成叶绿素所必需的，与光合作用有密切的关系，植物缺铁会导致光合能力降低，对于古树来讲，由此会导致更为严重的衰弱问题。

⑤生物活性有机肥和微生物菌肥施用量应按照产品说明使用。除了施用有机、无机复合颗粒肥外，古树的复壮特别强调对生物活性有机肥和菌肥的使用。生物活性有机肥是利用植物精华物质制取的，可增加树体活性；菌肥包括土壤菌肥和菌根肥，具有提高根系吸收养分的作用。

4.2.1.5 实际案例

对于不易获得草炭的边远地区，有一些变通的方法可以应用。1980年前后，北京园林科学研究所（现为北京市园林绿化科学研究院）的专家发明了用填充杨树枝、槲树（*Quercus dentata*）叶进行古树复壮的方法，收到了很好的效果，目前我国有些省份还一直沿用这种方法。这种方法的基本流程如下：

①挖设复壮穴　挖穴应在多数吸收根分布区进行，穴的数量、位置、方向、外形和规格应根据实际情况不伤及过多根系及是否有利于根系生长来确定。

②安设通气管　通气管宜选用直径为100~150mm带有壁孔的PVC管，外罩无纺布，上端加盖，直放在坑中，底部用砖石固定。

③铺放干燥的杨树树枝　特别注意，干燥的树枝是十分重要的，不能添加新鲜树枝，因

为新鲜枝条可能在地下发生发酵过程，产生的热或衍生物对古树的根系可能是致命的。

④铺放干燥的槲树树叶　同样，干燥而不是新鲜的树叶也是十分重要的。

⑤撒施复合肥、微肥、柠檬酸　干燥的杨树枝条和槲树叶承担着提高土壤透气性和补充有机质的功能，但是不能提高土壤的肥力，因此应用复合肥和微肥提高土壤的肥力和营养水平。加入柠檬酸的目的是调节碱性土壤的pH。

⑥回填素土　素土的厚度为30cm左右。

在完成上述步骤后，如果复壮坑还没有填满，继续重复上述①~⑥的程序，直到复壮坑被填满，即复壮坑中的填充物类似多层三明治的结构(图4-3)。

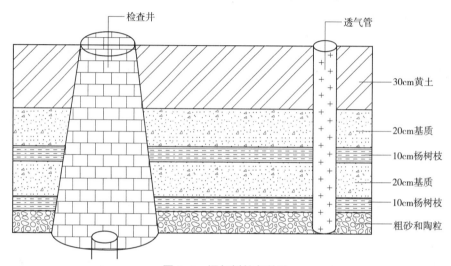

图4-3　添加树枝复壮法

对于为什么添加杨树枝、槲树叶的问题，好多学者提出了若干疑问，如为什么不用槐树枝子或其他树的树枝，为什么是槲树叶而不是其他树叶？为回答上述问题，北京园林绿化科学研究院的科研人员在对颐和园的古侧柏进行复壮时，开展了不同基质对古树根系生长影响的试验，试验处理见表4-1所列。

(1) 试验方法

选择颐和园长廊附近的古树，在每棵树的一侧或者两侧树池附近挖方坑，坑的规格为80cm×80cm×80cm，回填各种基质。1年后测量树木根系生长的相关指标，通过统计分析，筛选出古树复壮适宜的基质组合。

取根系时分别在复壮穴靠近树干的一侧取样，每隔20cm土层钻取土样一次，取到80cm，将所取土样用密封的塑料袋装好，然后在室内分离活根和死根，用根系分析系统分析根长、平均根粗、根体积等。

(2) 试验结果

①不同基质对根长的影响　从图4-4中可以看出，14种基质配方中，有草炭的组合对古树根系生长有利，草炭加有机肥的组合(组合2)，草炭加禾神元的组合(组合3)这两者都对于树木总根长的影响较大，表明它们能很好地促进根系的生长。而以原土为主的组合(组合6、组合9、组合10、组合13、组合15)总根长相对较低。因此可以看出，在古树复壮中增施提高土壤透气性的材料对促进根的生长是十分有利的。

表4-1 基质配方

基质类型	配比
组合1(CK)	原土
组合2	草炭+有机肥
组合3	草炭+禾神元(厚20cm+灌根)
组合4	原土+草炭
组合5	柏树土+氨基酸+碧护(稀释10 000倍,喷根+灌根)
组合6	原土+生根粉(50mg/L灌根)
组合7	柏树土+生根粉
组合8	柏树土+有机肥(1/4袋)
组合9	原土+氨基酸肥(300mL稀释100倍)
组合10	原土+有机肥(1/4袋)
组合11	柏树土+氨基酸
组合12	柏树土(原土与松针土1:1)+禾神元(厚20cm+灌根)
组合13	原土+杨树枝(20cm杨树枝+20cm土+20cm杨树枝+20cm土)
组合14	柏树土+杨树枝
组合15	原土+禾神元(厚20cm+灌根)

注：禾神元是一种微生物菌肥。

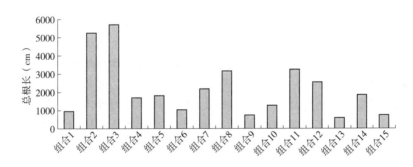

图4-4 不同基质对根长的影响

②不同基质对平均根粗的影响 组合2和组合3的平均根粗最小,但这两组的根系最长(图4-5),表明这两种基质组合加快了细根的生长,而大量的细根作为吸收根对于植物吸收水分和养分有利,而原土的组合(组合6、组合9、组合10、组合13、组合15)平均根粗较粗,但是总的根长较小,因而在复壮后吸收根的生长稍差。

③不同基质对根体积的影响 含有原土的组合(组合1、组合6、组合9、组合13、组合15)的根系体积较小,组合8(柏树土+有机肥),组合11(柏树土+氨基酸)的根系体积较大,其他基质的根系体积较小(图4-6)。

(3)结论

综合分析14种基质配比组合,认为组合2(草炭+有机肥),组合3(草炭+禾神元),组合8(柏树土+有机肥),组合11(柏树土+氨基酸)这四种基质对刺激古树根系萌发效果较好,可以在古树保护和复壮实践中进行推广。而采用原土回填或者原土添加其他成分的

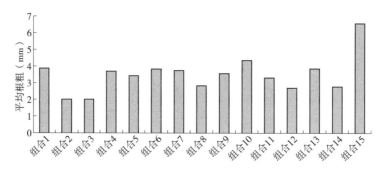

图 4-5　不同基质对平均根粗的影响

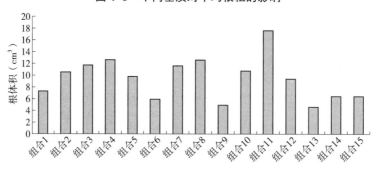

图 4-6　不同基质对根体积的影响

效果不太理想。另外，从试验的结果还可以看出，复壮中使用生根粉的组合对根系生长的促进效果也不理想，这可能是古树年龄较大，生长环境的地下生境密实度较大，单纯地促进生根措施很难奏效，而那些改善透气状况的措施更能促进根系的生长。

进一步总结发现，不管配比如何，只要是组合中有草炭、有机肥、微生物菌肥、柏树土、氨基酸肥者促根效果均较好；同时还发现，杨树枝和槲树叶不是最佳组合。一个重要的结论是，给柏树复壮，添加了柏树林下的腐殖土，对被复壮柏树的根系生长具有非常大的促进作用，这可能与柏树林下的腐殖土中的有益微生物种群有关。

4.2.2　曝气松土

对于周边没有硬质铺装的硬质土壤，还可采用曝气松土法进行土壤改良。北京市园林绿化科学研究院与合作伙伴研制了土壤曝气机，经试用后，通气效果良好，一次性通气可使直径 1.5~2m、深 1m 的土壤松动。其原理是，在树冠垂直投影下适宜位置，把带孔的钻头打入 1m 深土壤，然后接上真空泵，把 240Pa 大气瞬时通入管中，达到土壤通气的目的。

4.3　硬质铺装区土壤改良

进行硬质铺装的一般程序是：底层土壤被压实后，在其上面铺一层三七灰土作稳定层，以满足承重要求，最后铺上不透水、不透气的面材，这就导致土壤物理性状发生了很大的改变。硬质铺装阻隔了土壤与大气交换和雨水下渗，铺装下的密实土壤阻力大、氧气含量少、渗水及排水不畅、有益微生物活力差，势必影响根系生长、分布和吸收水肥的能力，因此，应对硬质铺装及下面土壤进行改良。通过去除硬质面材，改铺透气、透水铺装材料以及地下改土等措施，不仅改善土壤通气和土壤水肥状况，而且有利于浇水、施肥，为吸收根高效利用水肥创造有利条件。

硬质铺装若地面无荷载要求，应予以拆除，种植耐旱地被植物进行覆盖，也可应用有机覆盖物进行覆盖。若有荷载要求，宜铺设透气砖、木栈道和铁箅子等。

4.3.1 铺设透气砖

透水砖的形式多种多样，其透气原理就是在做砖的泥坯里加入一定量的石砾，形成孔隙从而产生透气能力。铺设透气砖的基本流程是：拆除古树改土区内地面硬质铺装，将下垫面的水泥砂浆层去除。为保证未来土壤长久通气性需要，需要预设通气管。透气管应在多数吸收根范围内布置，呈"品"字形孔位；孔距宜为1000~1500mm，直径宜为120~150mm，深宜为600~800mm。孔内放入罩有无纺布的带有壁孔的PVC或排水盲管等管材；为保证这一区域的荷载能力，管内依次放入陶粒、混匀的有机与无机复合颗粒肥、微量元素、生物活性有机肥和微生物菌肥，管口加带孔的不锈钢盖。设置完通气管后，回填细沙和腐殖质、混匀、铺平、夯实，方可铺设透水砖。

北京北海公园团城上的一株古油松，已逾800岁高龄，相传乾隆皇帝一日游北海时，在树下乘凉，见其华盖如荫，便封其为"遮荫侯"，并把旁边不远处的一株白皮松封为"白袍将军"，因有这样的传说，这两株树木成为北京最有名的古树。这两株古树除了名气大之外，还有一个特点，即长得十分健壮。2002年北京晨报曾有一篇题为"团城树木八百年之谜"的报道，编者还配了一段自问自答的打油诗，诗文如下：问：团城离水高筑，也曾少人看护，树木年高八百，缘何枝叶繁布？答：古人养水有术，多孔青砖铺路，下有导流涵渠，全年降雨满注。其实打油诗只是讲清了其中部分原因，最主要的原因是这两株树木除了被给予精心呵护外，还与地表遍铺倒梯形砖有关（图4-7）。

倒梯形砖之间产生的空隙，保证了良好的透气、透水性。通过热释光法鉴定，这些砖较早为明永乐年间，较晚为清道光年间，为什么早在明朝和清朝时期用倒梯形砖铺地面已不得而知，但是至今这种做法已被认为是调和养树与硬铺装矛盾的最佳方式之一。受北海团城的启发，北京中山公园在对公园中的树木进行保护时，把原来铺的方形砖，起出后打磨成梯形，然后回铺，收到了很好的效果。

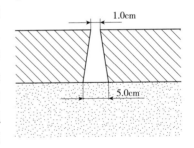

图4-7 倒梯形砖缝隙

4.3.2 设置木栈道或铁箅子

游人对树木根系范围内土壤的践踏，导致通气性降低、土壤板结是造成古树衰弱的主要原因之一，采用木栈道和铁箅子的方式对硬质铺装区或游人践踏区古树立地环境进行改良，避免游人对根的践踏，可有效提升土壤透气性，促进根系活力，从而达到增强古树树势的目的。制作木栈道或铁箅子的流程及注意事项如下：

①拆除土壤改良区内地面硬质铺装及三七灰土垫层　在拆除垫层时应尽量保护毛细根

系，应适当回填原土或混配基质。如果古树树势较弱，也可采用沟、坑的方式进行土壤改良。

②安置支撑墩　支撑墩是用来支撑龙骨架和面层的基础结构。根据荷载要求的不同，可选用不同规格的预制钢筋混凝土墩，因安置时需要在古树的树冠垂直投影下作业，实践中要求支撑墩尽量小、密度尽量稀，而且一定要躲开大根和主侧根，严禁对主要根系造成伤害。值得注意的是，有些地区为省事或减少造价，多采用木质支撑墩，因木质墩老化快，而且也不稳当，导致木栈道的使用寿命很短或维修频度过高，应予以改正。

③设置排水盲管　应在适宜位置安置排水盲管，把木栈道或铁箅子下多余的水分排走，防止因积涝对古树造成伤害。我国南北方早期安置的木栈道或铁箅子，多不设排水设施，近年来各地发生了一些由此带来的负面影响的案例，应引起广大从业人员的高度关注。

④安装龙骨架　根据荷载需要可选用不同规格的角钢、方钢做龙骨支撑架，固定在支撑墩上即可。

⑤安装面材　可根据需要选择面材。荷载较轻或栈道面积较大时，可选用木质或塑木面材，荷载较大或栈道面积较小时，可选用铁箅子作面材，若不得已栈道上有汽车通行时，也可选用打孔钢板做面材。图4-8是北京颐和园古油松一侧的铁箅子。

图4-8　古油松一侧的铁箅子(韩玲　摄)

近年来，北京对古树周边铺装的改造方面，创新了传统理念，提出了保护古树名木整体生境的工作思路，开展了古树主题公园、保护小区、古树社会、古树街巷、古树乡村、古树村镇、古树学校等古树及生境整体保护试点建设，取得了积极效果。

4.4　污染土壤改良

污染物质侵入土壤里成为污染土壤。按照污染物成分不同，主要分为滤液污染土壤、融雪剂污染土壤。

4.4.1　滤液污染土壤改良

作物残体、瓜果蔬菜和厨房垃圾等有机物堆积在古树附近，在水分、温度和缺氧的条件下，微生物分解有机物不彻底，会生成腐殖酸、氨基酸、苯、醛、酚等有机化学物质，溶水后形成滤液进入土壤，造成土壤内滤液浓度过大，毒害、腐蚀根系，降低根系吸收水肥能力，必然影响古树的正常生长，这种情况经常发生在那些疏于管理的平房院落中的古树。

对垃圾渗滤液土壤改良时，首先要查找垃圾渗滤液来源，清除古树周边各类垃圾，然后在适宜位置挖沟并敷设盲管后，用大水漫灌冲洗受污染区域，使污染物被洗淋到盲管中排走。

4.4.2　融雪剂污染土壤改良

当融雪剂被撒入树木根部区域后，其中的钠离子就会侵入土壤导致土壤盐含量超标，当土壤含盐量超过 0.2% 时，就会对根系产生一定的负面影响；当土壤含盐量在 0.5% 以上时，会导致根细胞不但不能从土壤中吸收水肥，还会出现反渗现象。非环保型的融雪剂也会导致土壤中氯离子含量严重超标，氯离子对植物的伤害更直接和迅猛。

近年来，由于融雪剂的过量使用或不正确使用，为北方城市的园林树木、绿篱等带来了巨大的伤害。尽管有些城市出台了融雪剂使用的地方标准，并颁布了一些行政指令，但是融雪剂毁树的现象仍然没有得到彻底解决。好在一些城市的标准或条例中，做出了在古树周边不准使用融雪剂的强制性要求。

行业也发明了一些保护措施，如挡盐板，在北京率先使用后，北方冬季雪大的一些城市如长春、太原等都陆续进行了推广。挡盐板也确实把融雪剂的伤害降到了最小水平，但是有些古树，特别是生长在城市道路的中间或两侧的古树，若防护措施不够细致，将不可避免地受到融雪剂的侵害。当发生融雪剂污染古树周边土壤时，应采取以下处理方法：

①春季灌返青水以前，清除被融雪剂污染的表层土壤，更换干净园土；

②当盐水已渗入土壤深层时，应立即灌大水洗盐，土壤含盐量应控制在 0.1%～0.2% 范围。

4.5　坡地土壤改良

山区坡地土壤土层薄、砾石多，保水、保肥性差，土壤养分含量少，树木因缺少水、肥影响生长发育，尤其是处在北方少雨干旱的乡村坡地的古树，如果管理跟不上，会因土壤长期缺水、缺肥，导致古树过早地进入衰弱状态。因此，对山坡地古树的土壤改良，应重点解决土壤保水、保肥的问题。坡地土壤改良流程及注意事项如下：

4.5.1　施工季节

土壤改良宜在春季植株萌动前进行。因生长在坡地上的古树，水平根往往较为发达，进行土壤改良，往往会伤及一些根系，为了保证伤害后能迅速恢复，改良季节是非常关键的。春天万物复苏时，是进行古树复壮最好的季节，根被剪断后会迅速恢复。除了春季之外，改土工作还可以在秋季或旱季进行，无论是南方还是北方，闷热、多雨的季节不适宜进行坡地土壤改良。

4.5.2　保护方式

在干旱的北方地区，应在树冠垂直投影下的下水方向，用石块砌成半圆状鱼鳞坑或挡土墙，并设置渗水孔，缺土时，可回填原土与适量有机无机复合颗粒肥、微量元素、微生物菌肥，可加入适量保水剂。在实践中发现了一些设置挡土墙后但古树却越来越弱的现象，经现场调查后发现，原来在设置挡土墙时，未在挡土墙的底部设置排水孔，导致水分含量过大，进而造成大量根系死亡。由此可看出，在挡土墙上设置排水孔很重要。在南方多雨地区，挡土墙的设置应更为谨慎，应尽可能远离树木主干。

思考题

1. 简述土壤改良应遵循的原则。
2. 简述密实土壤改良的策略。
3. 简述硬质铺装区土壤改良的策略。
4. 简述污染土壤改良的策略。
5. 简述坡地土壤改良的策略。

推荐阅读书目

1. 树木医生手册. 丛日晨等. 中国林业出版社，2017.
2. 公园古树名木. 北京市园林科学研究所. 中国建筑工业出版社，2012.
3. 古树保护理论与技术. 赵忠. 科学出版社，2021.
4. 中华人民共和国国家标准《城市古树名木养护和复壮工程技术规范》(GB/T 51168—2016).

第 5 章

古树树体修复与树体加固

本章提要

阐述了古树树体破损的原因，对破损树皮、树洞修补的方法以及树体加固技术进行了总结。

古树在其漫长的生命进程中，有很多原因会导致古树树皮、树干发生损坏，轻者树皮破损或脱落，重者树干局部坏死或出现空洞。对破损树体的修复是古树养护和复壮的重要内容。

5.1 树体破损原因

5.1.1 病虫害因素

病虫害能导致古树树皮、树干、大枝、枝丫、新梢、根茎、根等破损或死亡。有以下几种类型：

①烂皮病、干腐病致病菌导致树皮和树干发生破损 导致树木发生烂皮病或干腐病的致病菌包括真菌和细菌，该菌平常往往以弱寄生的状态与寄主共存，寄主不表现发病状态，但当树势衰弱时，树木的抵抗力下降，病害可能会迅速暴发，冻害、日灼等造成的树皮开裂或破损都可为这些致病菌的侵染创造条件。

②木腐菌导致树干芯材腐朽 树干芯材由死亡的纤维细胞组成，有些树木，如槐树、柳树（*Salix matsudana*）等，芯材中木腐菌的含量很高，这些木腐菌有可能是细菌也可能是真菌，还可能这两种菌都有，当水分、温度条件适宜时，木腐菌会很活跃，不断分解、腐蚀木纤维，久之便造成树木产生空洞。近年来用芯材探测仪探测的结果表明，在北方的几种主要古树树种中，古槐树最易发生树干中空，特别是 300 年树龄以上的槐树，很少有树干不空的，这就是所谓的"十槐九空"，而且发生严重空腐的比例很高。由表 5-1 可以看出，在五种古树树种中，古槐树的严重空腐率最高，古油松和古圆柏次之，古侧柏再次

之，而古白皮松几乎不发生严重空腐。值得注意的是，业内一直认为，侧柏、圆柏是硬木，而且干材中自带杀菌素，应不会发生树干中空，但是检测结果表明，也有一定数量的古侧柏、圆柏发生了空腐，只是空腐程度不如槐树严重。

表5-1　古树树体空腐检测表（巢阳）

树种	空腐程度	健康0%	轻微腐朽 0%~10%	中度腐朽 10%~30%	重度腐朽 30%~50%	严重腐朽 >50%	总和
白皮松	数量（株）	21	2	1	0	0	24
	占比	87.5%	8.3%	4.2%	0.0%	0.0%	
油松	数量（株）	161	26	26	55	39	307
	占比	52.4%	8.5%	8.5%	17.9%	12.7%	
侧柏	数量（株）	19	13	11	4	1	48
	占比	39.6%	27.1%	22.9%	8.3%	2.1%	
槐树	数量（株）	13	11	8	9	19	60
	占比	21.7%	18.3%	13.3%	15.0%	31.7%	
圆柏	数量（株）	32	46	91	126	43	338
	占比	9.5%	13.6%	26.9%	37.3%	12.7%	

注：表中的测定对象，是经皮锤检测后，疑似有中空后而被确定继续用仪器检测。

③虫害导致脱皮或树干坏死　蛀干害虫是导致古树树皮、树干产生破损的主要原因之一，这种情况在古侧柏和古圆柏上表现尤为突出。双条杉天牛是古侧柏、古圆柏两种古树的主要蛀干害虫，该害虫在北京地区的取食习性是：4~5月幼虫蛀入枝、干的皮层和边材部位串食危害，把木质部表面蛀成弯曲不规则坑道，6月上旬开始幼虫进入木质部危害，把木屑和虫粪留在皮内，破坏树木的输导功能，导致产生离皮，进而导致树皮死亡、脱落。双条杉天牛对古侧柏和古圆柏的危害极大，严重时会导致树体死亡。

5.1.2　自然因素

①根颈处过湿或树干自上而下渗水导致树干出现空洞　有些古树如果根颈处长期处于高湿状态，极易造成根颈内部腐烂，而且腐烂还会发展到根颈下部的大根以及根颈上部的主干芯材。还有的古树上部因雨水不断地渗透到树干中，导致下部树干芯材发生严重的腐烂。根颈腐烂和树干腐烂会对树体的安全性带来严重的威胁，这也是必须要对古树的树洞进行处理以及对古树树干进行支撑的原因。

②鸟筑洞或树干上的小洞导致脱皮或树干坏死　有些鸟有在树干上打洞筑巢的习性，如啄木鸟。鸟筑洞被废弃以后，往往会成为古树树干的漏水点，随着时间的推移，会导致洞下部的树皮脱落或树干腐朽。树干上一些因树橛腐烂产生的小洞也是古树安全的巨大隐患，有时一株古树就毁在树干上一些不起眼的小洞上，这些小洞由于长时间承担接雨水的功能，进而导致芯材发生严重的腐烂。

③雷击导致脱皮或树干坏死　雷击有时会彻底击垮整株古树，有时会造成古树局部伤害。综合各地古树发生雷击的案例，发现有很多雷击只是造成树干一侧严重脱皮，但对树干没有造成太大的伤害。但是，这种伤害有时也是巨大的，如造成树干一侧从冠到根茎的

贯通脱皮，古树一侧的根系死亡。

④大枝折断导致树干脱皮或树干坏死　强风或台风、暴雨、暴雪等自然灾害也会造成古树大枝折断，随后会出现两种情况，一种是折断的大枝形成的断面，因未及时处理或因太粗不能愈合，造成断口处的树皮开裂，随后由于雨水常年侵入，最终导致断口以下部分产生严重的脱皮；另一种是大枝断裂时因重力的原因直接把下部的枝皮或干皮扯裂。古侧柏、古圆柏是我国北方地区古树量最大的两个树种，但是树龄500年以上者，主干树皮很少有完好者，如大枝脱皮，树干脱皮，从树干顶部到根颈的贯通脱皮等，造成这种现象的原因除上述提到的虫害外，大枝折断或断口不愈合是主要原因。

⑤断口不愈合导致树干出现中空　如果断面产生的伤口愈合速度慢于腐烂速度，结果是断面烂出小洞，随着时间的推移，在雨水和木腐菌的作用下，腐烂会扩大到木质部直至芯材，最终导致断口以下的芯材直至根颈都出现腐烂，这是大多数树干中空出现的另一个主要原因，特别是古油松，因断面渗水导致的树干中空现象特别突出。

值得注意的是，有些古树的横向枝，因平行于地面，接受雨水的面积大，而且雨水在枝上的停留时间也长，经过长年累月的雨水冲刷，迎雨面的树皮往往过早发生坏死，这种现象在我国南北各地都有发生。

5.1.3　人为因素

①修剪不当导致树干脱皮　修剪季节不合适导致剪口不愈合，进而导致剪口下脱皮。我国大部地区，最适宜修剪古树的季节是春季，因为在这一时期，万物萌发，生命力旺盛，且雨水少，均有利于愈合。在我国热带地区，修剪时间一定要避开雨季，防止剪口感染，不利于愈合。当然，在《中华人民共和国城镇绿化条例》以及各省（自治区、直辖市）的有关古树的条例、管理办法以及有关古树养护的标准中，是不允许对古树进行任意修剪的，在实践中应尽量遵守。

②机械损伤导致树干脱皮　在路边的古树以及在建筑施工区域的古树，如果不提前做好防护措施，有时树干会被车辆剐蹭，造成树皮伤害，若不及时进行处理，会导致更大面积的脱皮。

5.2　破损树皮处理

5.2.1　病害导致的破损树皮的处理

对真菌病害和细菌病害导致的树皮腐烂必须处理。处理的基本流程是：首先用利刃刮除病灶部位已腐烂的树皮或瘿生物，刮除时一定注意要刮干净，并刮除少许健康组织；然后涂抹杀菌剂和促愈合的药剂。为了保证杀菌和促愈合的药剂持续发挥作用，最好涂抹膏状物进行保湿，以保证药剂持续发挥作用。刮除时间非常重要，北方一般要求在春季进行，南方在旱季进行。

传统上多采用樊氏刮刀把病灶部位的皮全部刮除，由于大面积的树皮被刮除后，极易导致形成层坏死，进而形成大面积的裸露木质部的大伤斑。实践中，有一种方式值得借鉴，其流程如下：

①用锋利的刀片在病灶部位每隔5mm刮竖向纹，深达形成层；
②然后喷施杀菌药剂，并用被药剂浸泡过的湿棉花缠裹；
③48h后，再重复上述流程；
④去掉湿棉花后，涂抹萘乙酸酯等伤口愈合剂，促进伤口愈合。

这种做法，一改传统上大面积刮除病灶树皮的做法，只刻纵纹，保证药液渗入，由于创伤面小，为后期伤口愈合创造了更多机会。

5.2.2 虫害所导致破损树皮处理

虫害不仅导致树皮坏死，而且也会导致树皮以下的部分木质部坏死，应及时进行处理。对因虫害导致的树皮破损的处理，应先对树干害虫进行毒杀，确保树干中再无蛀干害虫危害后，方可进行破损部位的处理。处理的基本程序如下：

(1) 毒杀害虫

毒杀害虫有3种形式：

①根部施用吡虫啉、噻虫嗪等内吸性的药剂，根系吸收药剂后向上运输毒杀树干中的害虫。

②采用熏蒸法闷杀害虫。基本做法是：在蛀干害虫发生严重的树干或大枝上，每隔30cm左右放置一片磷化铝片，立即用塑料薄膜缠裹，不能漏气。利用磷化铝片挥发出的毒气毒杀树干中的害虫。

③采用药泥、毒签进行毒杀。揭掉坏死树皮，清理皮下坏死组织、虫粪，用药泥或毒签填堵虫孔，毒杀孔道中的蛀干害虫幼虫。

实践中，可根据树干害虫发生程度的不同，选用上述任何一种处理方式，3种方式也可同时使用。

(2) 处理破损的树皮

对坏死部位用刮刀进行清理，重点对坏死与健康的交界部位进行处理，为了促进愈合，可刮除少许健康组织。特别指出的是，刮除时间为春季，切忌在多雨的夏季实施。

(3) 刷熟桐油进行防腐

用熟桐油刷破损部位，应在7d内刷3次，以保证防腐效果。出于景观效果的考虑，也可把原树皮重新用硅胶或聚氨酯粘回树干上。

特别指出的是，有些省(自治区、直辖市)在开展古树修复工作时，习惯对裸露干、大枝的木质部用硅胶、聚氨酯等进行涂抹，经对涂抹部分解剖发现，被涂抹干、大枝均发生了严重腐烂，严重的一年烂掉1cm的厚度，因此，这种做法必须予以杜绝。

5.2.3 鸟筑洞及树干小洞处理

处理的基本流程是：首先对树洞清腐，喷施杀菌剂和杀虫剂，晾干后用干燥楔状木条做内框并进行填充；然后外挂铁丝网，用聚氨酯填缝密封；最后用环氧树脂或硅胶仿真成树盘状(见彩图8)。

5.2.4 "转圈"死亡树皮处理

有些古树根颈以上的树皮及树皮以下的形成层有时会发生转圈坏死，对于这样的古树，必须进行救治，一方面，树干木质部承担着水分、营养物质向上运输的重要功能，没有木质部导管的向上运输，树木是不可能成活的；另一方面，因为韧皮部承担着光合产物向下运输的通道的作用，这些光合产物对根系的生长和发育是十分重要的，树皮坏死后，这个通道被阻断，光合产物运输不下去，根系会被"饿死"。为解决这一问题，进行靠接是常用的方法。基本流程及注意事项如下：

①提前在古树的适宜一侧栽植同种、高度适宜的幼龄小树，小树顶梢的高度一定要高于拟靠接处；

②在古树树干上用利刃自下向上削出"舌"状缺口，同时把幼龄同种小树的顶梢主干削成楔状，插入"舌"状缺口中；

③为克服小树树干向外的张力，可用干净铁钉对接口部位进行加固；

④对靠接部位用塑料薄膜包扎绑缚；

⑤北方地区在春季进行靠接，南方热带地区宜在旱季进行靠接；

⑥松柏类古树不宜采用此方法。

北京潭柘寺有一株古玉兰，技术人员在 20 世纪 90 年代，用 5 株小玉兰树对其进行了靠接，非常成功，是古树靠接复壮的经典案例（图 5-1）。

图 5-1　古玉兰靠接（王保国　摄）

5.3　树洞修补

5.3.1　树洞修补技术发展史

树体出现树洞，致使树体抗压、抗折能力降低，当遇有大风、撞击等外力的作用时，易发生枝干劈裂、折断或倒伏，造成古树不可弥补的损失，还可能导致人的生命和财产受到损失。从保护古树和人身安全的角度，应进行树洞修补。

古树树洞修复技术主要兴起于中国和日本。早在 20 世纪 80 年代初，北京园林工作者开始探索破损树干、树洞的处理方法，发明了用聚氨酯等修补树洞的方法，这些方法随后被国内其他城市效仿，逐渐推广。1996 年，日本建立了树木医制度，在全日本设立树木医职业，树木医的核心工作之一就是救治大树、古老树木。随后新加坡以及我国香港、台湾也建立了树木医制度，相应的工作也逐渐开展起来。由于南北方气候存在巨大的差异，热带地区的树洞处理，除了对腐烂部分的处理外，防治白蚁也是一个重要内容，而北方地区主要是集中在对树洞的修补上。总结 40 年来的发展历程，北方地区的古树洞修补技术大致经历了以下几个发展阶段：

(1) 水泥、砖头修补

水泥、砖头修补是早期修补树洞的方式。基本做法是：清除树洞内腐朽部分，然后用砖头、石块填满树洞，表面用水泥涂抹，若树洞小，也可以直接用水泥填满。这种做法有诸多弊端：①砖头、石块不但没有起到加固树体的作用，而且还加大了树干的重量，进一步加剧了树干的不稳定性，严重者可能会造成古树树干折断；②不能有效阻止雨水渗入树干中；③水泥面会随着树体的摇晃发生断裂，失去了修补的意义，非常不美观，所以这种做法出现不久便遭否定。

（2）木板修补

木板修补的基本做法是：用砖石或聚氨酯填充或不填任何材料，外侧用木板做成树干状，木板表面贴玻璃钢仿真树皮或钉上真树皮。这种做法较水泥、砖头修补的做法有了较大的提升，尤其是极大地减轻了被修补处的重量。但是随着树干的晃动，仍然会造成修补处的开裂。

（3）用发泡剂、玻璃钢修补

这项技术由北京的园林工作者进行了提升和完善，并被总结在北京地方标准《古树名木保护复壮技术规程》（DB11/T 632—2009）中。其核心技术流程如下：

①清腐　清除树干树洞中的腐朽物质，晾干后进行打磨。

②杀虫、杀菌　对打磨后的树洞内壁用杀虫剂进行细致喷洒，杀灭蛀食树干的害虫，同时喷洒杀真菌和细菌的药剂，防止这些菌继续造成树干腐烂。

③在适当位置，砸设钢钎形成稳固基底，然后绑扎钢筋，外罩纱网或铁丝网，做成树干状。

④用发泡剂填满树洞。

⑤在纱网或铁丝网上粘上玻璃钢仿真树皮或真树皮。

上述做法存在诸多优点，迅速在全国各地得到推广。这项技术的优点包括：①质轻，没为树体增加过多重量。②发泡剂具有极佳的密封性，阻止了雨水向树干中渗漏。发泡剂的密封性高的原因，可能与它以向外扩张的方式把物体粘合到一起有关，而有些胶如硅胶等，是靠粘拉把物体粘合到一起（硅胶是"拉力胶"，发泡剂是"张力胶"）。③外仿真材料如玻璃钢、硅胶等与发泡剂的粘合非常牢固。④玻璃钢仿真树皮，若做工精细，有时会以假乱真。

2010年，北京市园林绿化科学研究院的团队解剖了一株在2002年用发泡剂填补的古槐树的树洞，对填补效果进行了系统评估，其中的一个重要发现是，发泡剂虽然阻止了雨水渗漏，但是仍然会导致树干内部芯材继续发生严重的腐烂，推测是从根部向上的湿气与某些厌氧菌共同导致了木材的腐朽。为进一步证实这一现象，该研究团队进行了更大范围的调研，发现了更多的发泡剂导致树体腐烂的案例。随后经过多年的宣贯和普及，目前全国古树修复行业基本废除了用发泡剂填堵树洞的做法，进而在2016年颁布的国家标准《城市古树名木养护和复壮工程技术规程》（GB/T 51168—2016）中做了不使用发泡剂填充树洞的规定。同时，根据近年来的一些实践做法，制定了古树树洞修补应遵循的基本原则，并对相关技术进行了总结和提升。

5.3.2　树洞修补原则

①"开敞式"树洞和"水缸式"树洞的修补方法存在不同　树干上的洞各式各样，但基本可以分成两类。一类是树洞侧面敞开，通风良好，雨水能流出或稍加处理就能流出，对这样的树洞只对树洞内壁进行防雨水存滞、防树干腐烂即可，不需要封堵，当有特殊景观需要时，可做装饰性的仿真树干，提升观赏效果；另一类是树洞朝天，即"水缸式"树洞，

树干四壁及底部完好，像个天然的接水桶，对这样的树洞必须进行封堵。

②只封不填　鉴于发泡剂等材料造成树体腐烂和雨水存滞等问题，对于"水缸式"树洞的修补，不提倡用任何材料填充树洞，只对洞口表面进行密封即可，即"只封不填"。

③补干不补皮　即对"水缸式"破损树洞面层的处理，只仿真成树干模样，不仿真树皮。这样做是出于以下四点考虑：一是仿真皮虽然从视觉上给人的感觉是破损部分得到了修复，但是破坏了古树的历史感，有时会把老树修成小树；二是仿真树皮后期往往会产生严重的裂缝，尤其是仿真皮与活皮的连接处；三是"补干不补皮"位置低于活树皮，为活树皮的包合提供了机会；四是"补干不补皮"最大程度保留甚至扩展了古树的历史感、沧桑感，实现了修旧如旧的目的。

④堵不住水就引走　古树树洞修补的最大目的就是阻止雨水向树干中渗入，但是有些洞口，如两个大枝间或大枝与树干间因劈裂形成的洞，是很难堵住雨水的，修补这样的洞时，必须采取引流雨水的技术措施。

⑤保持洞内气流通畅　为防止心材继续腐烂，条件允许时，洞内设置通风装置是十分必要的。

5.3.3　树洞修补技术要点

(1)"敞开式"树洞的处理方法

①清理洞壁，去除腐朽残渣。若清理后，内壁仍不光滑并有可能导致存留雨水时，可用砂轮打磨至光滑。另外，当底部凹槽低于地平面时，应用干净黄土填满凹槽，适当高出地面，拍实并做成斜坡状，使雨水顺利排除（见彩图9）。

②对洞壁喷洒多菌灵杀菌剂，晾干。

③洞壁干燥后，在表面刷2~3遍熟桐油，表面应均匀自然。

(2)"水缸式"树洞的处理方法

①清除腐烂物，直至洞壁硬层，清理后，使洞壁达到自然干燥状态。

②用杀虫剂和杀菌剂对洞壁进行处理。

③风干后，涂抹熟桐油2~3遍。

④洞底处打通气孔洞，塞入适当尺寸的PVC管，伸入树洞的一端罩细眼铁丝网，防止害虫、老鼠等进入树洞；树体外部的PVC管做成弯头状，弯头向下安置，防止雨水流入。

⑤洞内架设龙骨（图5-2）。龙骨架应选用新鲜干燥的硬木或其他硬质材料；龙骨架应涂防腐剂；按洞内形状大小制作安装龙骨架，与洞壁用发泡剂粘牢固定，龙骨架应低于活组织；在适当部位设置通气管。

⑥树洞封口及造型。洞口上应用铁丝网、无纺布封洞，制作成原树干外形，无纺布上涂一层防水胶或发泡剂，与无纺布粘牢；粘接时为封缝和树皮仿真预留一定空间（图5-3）。

⑦封缝。洞口周边修成凹槽形，在槽内填发泡剂或硅胶。

⑧树干仿真。仿真材料最好用硅胶和颜料按一定比例混合做成与树干相近颜色，涂于表层，刻画纹理，仿真枯树橛。为了创造更为逼真的仿真效果，可提前应用硅胶在古树的疤结、树瘤上套模，形成模具，然后用硅胶或混合树脂在模具上倒出成品疤结、树瘤安装在修补处。实践当中也有用玻璃钢或水泥加108胶混合做仿真树干的，非常逼真，但是开裂问题仍然难以解决（见彩图10）。

图 5-2 架设龙骨(赵楠 摄)

图 5-3 补干不补皮
（修补材料为玻璃钢）(赵楠 摄)

5.3.4 树洞修补技术发展方向

古树树洞的处理方式应朝以下方向发展：

①不漏雨水 树洞不漏水是修补树洞的核心，而实现这一目标的决定性因素是封缝材料。前文所述，发泡剂和硅胶是当前的首选材料，但是仍然不理想。另外，修补技术也非常关键，修补时洞口清理得是否干净，是否打磨平整，都会影响粘合程度。

②气流通畅 这是防止树体腐朽的重要因素，而保证气流通畅的条件就是能在树洞底部和上部安装通气孔。因为树洞底部的腐烂状况也许会非常复杂，在实践中，应针对树木的具体情况，使用敲击或芯材检测仪进行确认。

③加固树体 树洞修补的另外一个核心是，修补后必须使树体更加牢固，抗外力能力更强。

④美观 修补后，树体应更具历史感、沧桑感，不能明显看出修补的痕迹。

⑤耐扯裂，耐风吹雨打日晒 修补后，修补处不易随着树干晃动发生破裂，也不易发生经常性破损，耐疲劳性强。

⑥所用材料质量轻 所用材料不为树干增加额外重量，不增加树干折断的风险。

5.4 树体加固

树体加固是保护古树安全的一项重要工作。树木受人为和自然因素影响，树干、根系受损或主干、主枝重心偏移，致使树体牢固性降低，一旦树木遭受大风、撞击、雪压等外力作用，易造成树体倾斜或倒伏、枝干劈裂、折断。为确保人、树安全，对树体枝干有明显倾斜、树体腐朽不坚固和处于河岸、高坡上树体不稳定的古树必须采取树体加固措施。树体加固包括硬支撑、软拉纤、硬拉纤、铁箍加固、螺纹杆加固等。

5.4.1 硬支撑

硬支撑是指用硬物如铁管、水泥柱、硬实木等对古树进行支撑，行业上常用铁管作支撑物。主要包括以下支撑类型：

(1)"人"字形支撑

用两根铁管，呈"人"字形，斜立于地面上，对不稳固的树干或大枝进行支撑。这种支撑方式的优点是比较牢固，方法简单，易施工，是最常用的古树支撑方式。缺点是"人"字形铁管分割了区域空间，降低了区域空间和古树本身的景观质量。主要技术流程如下：

①根据目标树的歪斜程度、方向或被支撑大枝的重心，确定被支撑点，同时，根据地面情况确立立点，进而确立支撑管的长度。应保证重心平衡，支撑管的重量不能压坏树体。

②根据倾斜角和被支撑点处树干的粗度，在两铁管上端焊接一个碗状树箍，加橡胶软垫，垫在铁箍里，以免损伤树皮(见彩图11)。

③制作可伸缩头。对于落叶树，冬季落叶后，树枝的重量会大幅降低，如果支撑是在夏季制作的，那么冬季树木落叶后，树枝变轻，会出现树木大枝反拉支撑杆现象，支撑杆支撑树体的作用会大大降低。为了避免这种现象发生，可采用支撑杆顶部设置可伸缩头的方式(图5-4)。这种可伸缩头，可有效应对大枝因季节转换带来的重量变化，保证了支撑杆支撑作用的正常发挥。同时，对弧形托板的底部，连同橡胶垫片设置了排水孔，防止积水导致被支撑部位的树皮腐烂。

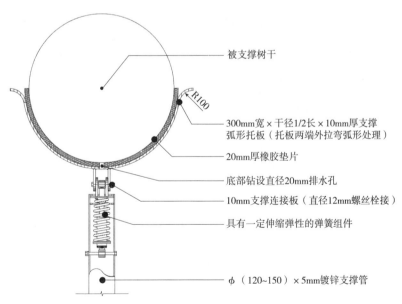

图5-4 带有伸缩头的支撑杆(陈雪强 绘制)

另外，对落叶树的支撑可在落叶后、萌叶前进行，即在树冠最轻的时候进行，可避免大枝反拉支撑杆现象的发生。

④制作支撑点基座。在树下适宜位置设置两个基点并根据铁管的高度和重量选择预制或现场制作。当被支撑的树体高度超过15m或立点处土质松软时，应提前预制支点基座

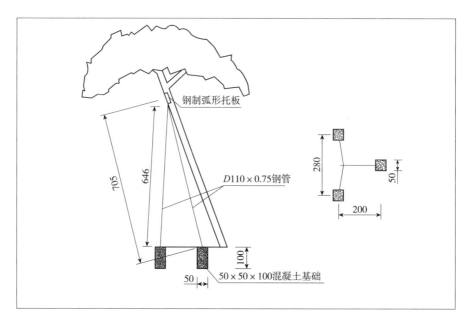

图 5-5 "人"字形支撑（赵楠　绘制）

（图 5-5）；当被支撑的树体高度小于 15m 高或立点处土质较密实时，可现场制作支撑点基座，实践中一般是在铁管的下断面焊两条"十"字形交叉的铁板，埋在地下，起到稳固作用。

⑤架设铁管。对预制支点基座，需要提前精准测量预制支点基座的位置，埋好后，安置好铁管即可；对于现场制作的"十"字形交叉铁基座，挖好坑后，安置铁管，底部用千斤顶或撬棍顶"十"字形交叉铁，使铁管牢牢顶紧树干。

当树体不高或受支撑环境限制，也可以采用单管斜式支撑，此方法用料是"人"字形支撑的 1/2，操作过程也相对简单。

另外，当被支撑的树体很高时，就需要非常长的铁管，这样就会导致过重的铁管压在树体上，可能会导致压垮树体的严重后果。为防止这种现象，在实践中，有时会安装"卸力柱"来分担支撑铁管自身的重量（图 5-6）。

（2）立柱式支撑

立柱式支撑是支撑杆垂直于地面的一种支撑方式（图 5-7），支撑技术要点与"人"字形支撑相同。其最大优点是对空间分割小，对区域空间和古树本身的景观质量影响较小；缺点是不易找到合适的支撑点，支撑牢固程度也不如斜式支撑，尤其是在抵抗风的侧应力方面存

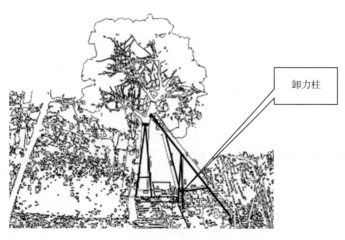

图 5-6　带有"卸力柱"的斜式支撑（陈雪强　绘制）

在很多问题。近年来，各地多有应用立柱式支撑后树却被大风吹倒的案例。

(3)门框式支撑

门框式支撑是把四根(或更多)支柱的顶部连接在一起，这个方式既解决了单一立柱式支撑不牢固的问题，同时又避免了"人"字形支撑造成的空间紊乱问题。另外，顶部的横杆不仅可以支撑大枝，还可以横杆为基础，在其上设置更多支撑杆，对更多的枝进行支撑。图5-8是某公园采用的一种门框式支撑方式，不同的是，该方式巧妙地把横杆做成匾额状，在横杆上设置支撑杆对更高处的枝条进行支撑，远远看去，就像一株树木从屋顶的亭子中钻出，是化支撑为景观的一个优秀案例。图5-9是北京某公园做的另一种门框式支撑。

图5-7　立柱式支撑(丛日晨　摄)

(4)三脚架式支撑

有些古树高大通直，但是树干糟朽或存在严重的中空，存在随时倒伏的可能。但是，由于不歪斜，无法采用"人"字形或单管斜式支撑，对这样的古树，支撑时可采取三脚架式支撑方法，即围绕树干360°，等分设置三个斜杆，顶部用套箍卡住树干，这样可把树体牢牢支撑住(图5-10、图5-11)。

(5)固干式支撑

有些古树，树干糟朽严重，简单的支撑仍然解决不了树干折断的风险，对于这样的古树，在支撑时宜采用固干式支撑法。这个做法与上述支撑方法不同的是，支撑时需要同时对树体进行加固。如图5-12所示，在对一株古楸树进行支撑时，因该古树树干发生了严重破损，综合考虑，支撑与加固树体把斜式支撑杆、上下两个抱箍、

图5-8　门框式支撑(1)(钱君　摄)

连接抱箍的钢管焊接在一起，共同实现了支撑和加固树体的双重目的。

(6)反斜拉式支撑

有些古树紧紧毗邻高大建筑物，而且树体向建筑物方向倾斜，无论是"人"字形支撑，还是门框式支撑，都找不到合适的支撑点。对于这样的古树，可采取反斜拉式支撑方式(图5-13)。

图 5-9　门框式支撑（2）（史欣欣　摄）　　图 5-10　三脚架式支撑（牟宁宁　摄）

图 5-11　三脚架式支撑顶部卡箍（牟宁宁　摄）

图 5-12　固干式支撑（钱君　摄）　　图 5-13　反斜拉式支撑（李开泰　摄）

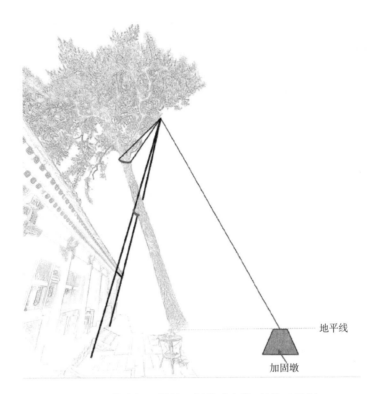

图 5-14　带有加固墩的反斜拉式支撑（赵楠　绘制）

但是，这种反斜拉式支撑方式可能存在不稳固问题，当强风吹向树冠时，这种方式仍然挡不住强风产生的强大侧应力。为解决这个问题，在适当位置设置稳固墩是十分必要的（图 5-14）。

(7) 仿真支撑

仿真支撑指对支撑杆进行艺术化处理，使支撑杆看起来更加美观的一种支撑方式。实践中，仿真枯树干是常用的一种仿真支撑方式。这种支撑方式的核心就是对支撑杆用雕塑的手法进行艺术化处理，根据不同的环境和被支撑古树的形状，把支撑杆做成仿枯树桩的样子，使其与环境和古树本身相得益彰。主要技术流程如下：

①绘制仿枯桩支撑的效果图；

②按照效果图支设铁管后，绑缚钢筋龙骨架（见彩图 12）；

③挂铁丝网；

④用胶加水泥组成的混合材料进行艺术仿真（见彩图 13、彩图 14）。

5.4.2　软拉纤和硬拉纤

对于树冠上存在折断、劈裂风险的大枝，但又不能在地下设立支撑杆时，可采用软拉纤和硬拉纤进行加固。软拉纤的方法如下：

①选择拉纤材料　软拉纤材料应包括牵拉绳、铝合金板、胶垫等。牵拉用的钢丝绳强度非常重要，应估算所被拉纤的枝干的重量，选择适宜粗度的牵拉绳。

②选择牵引点　牵引点应选在被拉纤树平衡点以上部位，而另一牵引点可设在本树或邻树以及其他物体上，两点牵引线与牵引物夹角应接近 90°。

③安装牵拉绳　在牵引点处应用铝合金板制成内加橡胶垫的托碗，系上钢丝绳固定；另一端用同样的方法固定，然后旋转牵拉绳上的紧绳器，直至拉紧。

硬拉纤与软拉纤的不同之处在于，硬拉纤是用铁管代替了牵拉绳，把被拉枝干和提供稳固作用的其他物体或枝干牢牢地固定在一起，防止因晃动导致枝干劈裂。值得注意的是，无论是软拉纤还是硬拉纤，后期的维护是十分重要的，特别是应适时调节托碗大小、钢丝绳松紧度、铁管的长度。

5.4.3　铁箍加固

对那些树干劈裂，或由于树干上大枝过多或过重，有可能导致树干劈裂时，应用铁箍进行加固（见彩图15）。基本流程及注意事项如下：

①选用扁铁制作圆形铁箍，设置螺栓孔，铁箍的宽度不宜过窄，也不宜过宽，以10~20cm为宜，内加胶垫；

②在规定位置安装胶圈后，把铁箍安装在胶圈上，用螺丝拧紧；

③在铁箍表层涂防腐漆进行防腐；

④应根据树体生长情况，适时调整铁箍的松紧。

5.4.4　螺纹杆加固

对于树干破损呈片状的古树树干，应进行螺纹杆加固。基本流程及注意事项如下：

①在片状树干对侧，根据原树干的粗度，间隔埋设两只钢管，可预设混凝土底座，高度根据树体的具体情况而定。

②根据树体劈裂程度设计好安装螺纹杆的位置和数量，并在铁管和树体的相应位置打孔。

③穿入螺纹杆，用螺母拧紧至木质部。

④用铁网围合，进行树干仿真。

思考题

1. 简述树体破损的原因。
2. 简述破损树皮处理方法。
3. 简述树洞修补的方法。
4. 简述树体加固的方法。
5. 简述"朝天洞"处理注意事项。

推荐阅读书目

1. 树木医生手册．丛日晨等．中国林业出版社，2017.
2. 公园古树名木．北京市园林科学研究所．中国建筑工业出版社，2012.
3. 古树保护理论与技术．赵忠．科学出版社，2021.
4. 中华人民共和国国家标准《城市古树名木养护和复壮工程技术规范》（GB/T 51168—2016）．

第6章 中国不同地区古树衰弱原因及养护重点

本章提要

阐述了中国东北、华北、西北、华东、华中、华南、西南地区的地理及气候特征、主要古树树种,并对不同地区造成古树衰弱的主要原因及养护重点进行了概述。

中国幅员辽阔,南北、东西气候差异显著,土壤类型千差万别,影响植物生长的几个关键因子,如降水量、1月极低温、土壤肥力、土壤 pH 都会因地域的不同而异,从而不同地区古树衰弱的原因及养护重点也具有显著的地域特征。

6.1 东北地区

6.1.1 地理及气候特征

中国东北地区广义上包括辽宁、吉林、黑龙江、内蒙古东五盟市(呼伦贝尔市、兴安盟、锡林郭勒盟、赤峰市、通辽市)以及河北承德市和秦皇岛市,地处北纬38°43′~53°30″,东经115°37′~135°05′,其东部、东北部、北部、西北部与邻国接壤,西南部与河北相邻,南部濒临渤海。从地貌及水文上来看,东北地区西、北、东三面环山——西部为大兴安岭,北部有小兴安岭,东部有长白山,中部为广阔的松辽平原,向东北部延伸成三江平原。区域内分布有两大水系,分别为北部流入黑龙江的松花江水系和南部流入渤海湾的辽河水系。

东北地区属温带大陆性季风气候区,冬季严寒,夏季温热,年平均气温为-4~10℃,年均降水量为300~1000mm。总的特点是:寒冷期长,平原风大,东湿西干,雨量集中,日照充足,四季分明。气候适宜植物生长,植物包括华北、长白和蒙古三个植物区系,植物种类繁多,蕴藏着丰富的古树资源。

6.1.2 主要古树树种

东北地区古树数量较多,种类丰富。仅辽宁省树龄逾1000年的古树就有12种(银杏、油松、赤松、侧柏、圆柏、东北红豆杉、蒙古栎、辽东栎、槲树、元宝槭、暴马丁香、榆树），普遍分布的古树是油松、栎树、榆树、银杏等树种。东北地区主要古树树种详见表 6-1 所列。

表 6-1 东北地区主要古树树种

科 名	中文名(别名)	拉丁学名
松 科	油松	*Pinus tabulaeformis*
	黑松	*P. thunbergii*
	白皮松	*P. bungeana*
	红松	*P. koraiensis*
	赤松	*P. densiflora*
	红皮云杉	*P. koraiensis*
红豆杉科	东北红豆杉	*Taxus cuspidata*
柏 科	侧柏	*Platycladus orientalis*
	圆柏(桧柏)	*Sabina chinensis*
	'翠蓝'柏	*Juniperus squamata* 'Meyeri'
	杜松	*J. rigida*
槭树科	五角枫	*Acer mono*
	元宝槭	*A. truncatum*
榆 科	榆树	*Ulmus pumila*
	大果榆	*U. macrocarpa*
	榔榆	*U. parvifolia*
	小叶朴	*Celtis bungeana*
	大叶朴	*C. koraiensis*
	榉树	*Zelkova serrata*
木樨科	暴马丁香	*Syringa reticulata* subsp. *amurensis*
	紫丁香	*S. oblata*
	流苏树	*Chionanthus retusus*
银杏科	银杏	*Ginkgo biloba*
蔷薇科	秋子梨	*Pyrus ussuriensis*
壳斗科	辽东栎	*Quercus wutaishanica*
	蒙古栎	*Q. mongolica*
	槲树	*Q. dentata*

(续)

科　名	中文名(别名)	拉丁学名
豆科	槐树	*Sophora japonica*
	'龙爪'槐	*S. japonica* 'Pendula'
	山皂荚	*Gleditsia japonica*
	紫藤	*Wisteria sinensis*
卫矛科	丝棉木 （明开夜合、白杜）	*Euonymus maackii*
无患子科	文冠果	*Xanthoceras sorbifolia*
胡桃科	核桃楸	*Juglans mandshurica*
椴树科	蒙椴	*Tilia mongolica*
	紫椴	*T. amurensis*
	欧洲大叶椴	*T. platyphyllos*
	欧洲小叶椴	*T. cordata*
芸香科	黄檗	*Phellodendron amurense*
毛茛科	牡丹	*Paeonia suffruticosa*
鼠李科	枣	*Ziziphus jujuba*

6.1.3　古树衰弱主要原因及养护工作重点

6.1.3.1　古树衰弱的主要原因

(1) 寒冷导致根系、干皮、枝条受损

东北地区冬季漫长，气候寒冷，有的地区1月极低温会达到-40℃以下。严寒可导致树木根系受损，进而导致吸收能力和运输能力下降，营养吸收减少、供给不足，树木生理机能无法正常运转，逐步引发树体生长量减少、生长势减弱等现象。严寒还可导致干皮冻裂，新梢冻死等，造成树木早衰。

(2) 大雪造成树干、枝条折断

东北地区的大多数地区，冬季出现暴雪的概率较大，是我国北方主要降雪区域。降雪造成树冠过重，易造成树干、树冠折断，严重时可导致古树死亡。

(3) 融雪剂的过量使用造成古树衰弱或死亡

近年来，由于融雪剂的不当使用，导致了东北、华北地区城市树木出现衰弱或死亡现象。融雪剂伤害导致城市树木衰弱或死亡已经成为东北、华北地区城市树木管理中的一个突出问题，应引起高度重视。

6.1.3.2　古树养护应关注的重点问题

(1) 加强防寒

加强古树的防寒工作，特别应加强对古树根颈的保护，因冬季冷空气下沉，根颈处往往是温度最低的部位，入冬前应封树堰，并在根颈处堆土或用厚毡片缠裹，防止根颈处冻伤。当树干有孔洞或其他破损时，应对树干进行缠裹。

(2) 秋季减少灌水

秋季雨水过多或灌水过多，会导致树木过度生长，木质化程度不足，当年生枝条易发生抽条。在管理上，东北地区在夏末、秋季应严格控制古树的灌水量。

(3) 灌足冻水

入冬前灌足冻水不仅能保证古树在漫长的冬季和翌春不发生干旱，还因水的比热大，可以缓解极低温对根系和树体的伤害，因此，在东北地区的古树管理中，灌足防冻水是非常重要的一个环节。

(4) 施有机肥、磷钾肥

有机肥、磷钾肥可以促进组织成熟，在夏末、秋初适量施用对增强古树的越冬能力大有裨益。

(5) 防暴雪

发生暴雪时，应及时吹掉或用木杆抖落树冠上的积雪，防止大雪压断枝条，树干或雪融结冰冻伤枝干。

(6) 严禁使用融雪剂

古树周边严禁使用融雪剂，更不能把含有融雪剂的雪水堆放在古树保护范围内。

6.2 华北地区

6.2.1 地理及气候特征

华北地区在行政区划上包括河北（河北承德、秦皇岛属于东北地区）、山西、北京、天津以及内蒙古中部（呼和浩特市、乌兰察布市、包头市）。在自然地理上一般指秦岭—淮河线以北、长城以南的中国广大区域。

华北地区主要为温带季风气候。夏季高温多雨，冬季寒冷干燥。年均气温 8~13℃，年降水量 400~1000mm。而属于华北地区的内蒙古中部的几个城市，年降水量小于 400mm，属半干旱地区。

6.2.2 主要古树树种

尽管华北地区的不同省份、不同城市的气候条件存在不同，但是从华北的东部到西部以及从北部到南部，乔木的种类变化不大。华北各城市主要古树，数量位居前十位的树种包括侧柏、槐树等，详见表6-2所列。

表6-2 华北地区数量位居前十位的古树树种

科　名	中文名（别名）	拉丁学名
柏　科	侧柏	*Platycladus orientalis*
	圆柏（桧柏）	*Sabina chinensis*
豆　科	槐树	*Sophora japonica*
	皂荚	*Gleditsia sinensis*

(续)

科　名	中文名（别名）	拉丁学名
松科	油松	*Pinus tabulaeformis*
	白皮松	*P. bungeana*
银杏科	银杏	*Ginkgo biloba*
鼠李科	枣树	*Ziziphus jujuba*
漆树科	黄连木	*Pistacia chinensis*
榆科	榆树	*Ulmus pumila*

　　北京地处华北的北部，但是由于北京西部为太行山脉；北部和东北部为军都山，属燕山山脉，部分阻挡了北方寒风，气候较为温和，属暖温带半湿润半干旱季风气候，为大多数乔木长期存活创造了条件；再加上北京为六朝古都，在宫廷、寺庙、陵寝中存留了大量古树，因此，北京成为华北地区古树存有量最多的城市。2021年，北京市园林绿化局统计，北京共有古树4万余株，分属29个科、73个种，其中侧柏、油松、圆柏、槐树4个树种占据总量的90%左右（表6-3）。

表6-3　北京地区主要古树树种

科　名	中文名（别名）	拉丁学名
柏科	侧柏	*Platycladus orientalis*
	圆柏（桧柏）	*Sabina chinensis*
	'龙柏'	*S. chinensis* 'Kaizuka'
松科	油松	*Pinus tabulaeformis*
	白皮松	*P. bungeana*
银杏科	银杏	*Ginkgo biloba*
无患子科	栾树	*Koelreuteria paniculata*
	文冠果	*Xanthoceras sorbifolia*
槭树科	元宝枫（华北五角枫）	*Acer truncatum*
	五角枫	*A. mono*
木兰科	白玉兰	*Magnolia denudata*
	二乔玉兰	*Magnolia × soulangeana*
卫矛科	丝棉木（明开夜合、白杜）	*Euonymus maackii*
紫葳科	楸树	*Catalpa bungei*
	黄金树	*C. speciosa*
	梓树	*C. ovata*
杜仲科	杜仲	*Eucommia ulmoides*
楝科	楝（苦楝）	*Melia azedarach*

(续)

科　名	中文名(别名)	拉丁学名
壳斗科	栓皮栎	*Quercus variabilis*
	麻栎	*Q. acutissima*
	槲树	*Q. dentata*
	槲栎	*Q. aliena*
	蒙古栎	*Q. mongolica*
胡桃科	胡桃楸(核桃楸)	*Juglans mandshurica*
鼠李科	枣	*Ziziphus jujuba*
	酸枣	*Z. jujuba* var. *spinosa*
	拐枣(枳椇)	*Hovenia acerba*
榆科	小叶朴	*Celtis bungeana*
	榆树	*Ulmus pumila*
	青檀	*Pteroceltis tatarinowii*
椴树科	蒙椴	*Tilia mongolica*
	紫椴	*T. amurensis*
	欧洲大叶椴	*T. platyphyllos*
七叶树科	七叶树	*Aesculus chinensis*
蔷薇科	杜梨	*Pyrus betulaefolia*
	海棠花	*Malus spectabilis*
	西府海棠	*Malus* × *micromalus*
柿科	君迁子	*Diospyros lotus*
豆科	槐树(国槐)	*Sophora japonica*
	'龙爪'槐	*S. japonica* 'Pendula'
	五叶槐(蝴蝶槐)	*S. japonica* f. *oligophylla*
	皂荚	*Gleditsia sinensis*
杉科	水杉	*Metasequoia glyptostroboides*
漆树科	漆树	*Toxicodendron vernicifluum*
	黄连木	*Pistacia chinensis*
木樨科	白蜡	*Fraxinus chinensis*
	水曲柳	*F. mandshurica*
	流苏树(茶叶树)	*Chionanthus retusus*
	紫丁香	*Syringa oblata*
	北京丁香	*S. pekinensis*
	暴马丁香	*S. reticulata* ssp. *amurensis*
芸香科	黄檗(黄波罗)	*Phellodendron amurense*
山茱萸科	毛梾(车梁木)	*Cornus walteri*
苦木科	臭椿	*Ailanthus altissima*
桑科	桑	*Morus alba*

6.2.3 古树衰弱主要原因及养护工作重点

6.2.3.1 古树衰弱的主要原因

(1) 极端气候影响

华北地区气温变化剧烈，一些城市的夏季温度会达到40℃，冬季温度会降到-20℃，这些极端的温度变化常会给树体造成损伤。

(2) 春季严重干旱

华北地区春季降水稀少，大多数年份，整个春季直至夏初很少有降雨，古树极易发生干旱。另外，干旱往往导致蚜虫和红蜘蛛等刺吸性虫害暴发，造成树势衰弱。

(3) 降雨集中

华北地区降水非常集中，6~8三个月的降水往往会达到全年降水量的80%左右，过分集中的降水，还会导致古树积水，进而造成古树衰弱或死亡。

(4) 地下水位偏低

华北地区的城市地下水位偏低，以京津冀地区为例，有些城市的地下水位已在-100m以下。过分偏低的地下水位，使古树不能有效获取地下水，维持其生命活动的水基本来自人工补水或降水，致使古树的根系越来越向地表发展，进而导致根系易受冻或遭受干旱以及树体不稳等系列问题。

(5) 易发生蛀干害虫

华北地区的古树易发生双条杉天牛、小蠹虫、吉丁虫、小线角木蠹蛾等蛀干害虫。病虫害发生时，尤其是蛀干害虫若不能迅速被控制，会造成树体严重伤害进而诱发树势衰弱甚至濒危死亡。

对松类具有毁灭性的松材线虫，发生时可造成各类年龄的松类植物死亡。一些蛀干害虫如双条杉天牛、红脂大小蠹、柏肤小蠹、松吉丁、中华薄翅锯天牛等都会给古柏树、古油松、古槐树等造成严重的危害。

6.2.3.2 古树养护应关注的重点问题

(1) 加强春季水分管理

有条件的地区，应在2月中旬最晚不超过2月底对古树浇灌返青水，浇则浇透，切忌形成"拦腰水"。

(2) 加强春末夏初的水分管理

春末夏初，华北地区气温迅速升高，但是不下雨，温度高，空气干燥，土壤水分蒸发迅速，应在5月中旬前后做好古树的补水工作，防止发生干旱。

(3) 加强病虫害的防治

应在不晚于3月初前，对各类古树用药"封干"，杀灭害虫，控制虫口数量，防止刺吸性和蛀干害虫暴发。

(4) 灌足冻水

与东北地区的古树管理一样，入冬前灌足防冻水是保证古树在漫长的冬季和春季不发生干旱的重要手段，因此，在华北地区的古树管理中，灌足防冻水也是非常重要的一个环节。

6.3 西北地区

6.3.1 地理及气候特征

西北地区又称中国西北、西北五省，是中国七大地理分区之一，也是中国少数民族主要聚居地区之一。西北地区面积320万 km^2，行政区划上包括陕西省、甘肃省、青海省、宁夏回族自治区、新疆维吾尔自治区。

西北地区从东到西自然地貌按照大类可分为：黄土高原、戈壁沙滩、荒漠草原、戈壁荒漠。西北地区为典型的大陆性气候，夏季炎热，冬季严寒，降水稀少，终年干旱，除西北东部个别地区和一些丰年降水量超过400mm以外，其他地区年降水量均低于400mm，大部分地区不足200m，在新疆塔克拉玛干地区、青海的柴达木和西藏藏北高原的年降水量均低于50mm。

6.3.2 主要古树树种

西北地区植物种类丰富，特别是陕西省，跨越长江和黄河两大水系和三个气候带，秦岭和淮河南北，是中国南北分水岭，生物种类多样。又因陕西曾是周、秦、汉、唐的文化中心，加之百姓素有植树护树传统，因此留存了大量古树，并因其数量大、分布广、种类多、内涵深、形态美而闻名遐迩（表6-4、表6-5）。

表6-4 西北地区主要古树树种

科 名	中文名(别名)	拉丁学名
柏科	侧柏	*Platycladus orientalis*
	圆柏(桧柏)	*Sabina chinensis*
	'龙柏'	*S. chinensis* 'Kaizuka'
松科	油松	*Pinus tabulaeformis*
	白皮松	*P. bungeana*
	华山松	*P. armandii*
银杏科	银杏	*Ginkgo biloba*
无患子科	栾树	*Koelreuteria paniculata*
	文冠果	*Xanthoceras sorbifolia*
槭树科	元宝枫	*Acer truncatum*
	五角枫	*A. mono*
	三角枫	*A. buergerianum*
木兰科	古旱莲	*M. denudate* var. *purpurascens*
	白玉兰	*M. denudata*
卫矛科	丝棉木(明开夜合、白杜)	*Euonymus maackii*
紫葳科	楸树	*Catalpa bungei*
	黄金树	*C. speciosa*
	梓树	*C. ovata*

(续)

科 名	中文名(别名)	拉丁学名
楝科	楝(苦楝)	*Melia azedarach*
	香椿	*Toona sinensis*
壳斗科	青冈木	*Fagus sylvatica*
	栓皮栎	*Quercus variabilis*
	麻栎	*Q. acutissima*
	槲树	*Q. dentata*
	槲栎	*Q. aliena*
	辽东栎	*Q. wutaishanica*
胡桃科	胡桃楸(核桃楸)	*Juglans mandshurica*
	枫杨	*Pterocarya stenoptera*
	核桃	*Juglans regia*
鼠李科	枣	*Ziziphus jujuba*
	酸枣	*Z. jujuba* var. *spinosa*
	拐枣(枳椇)	*Hovenia acerba*
榆科	朴树	*Celtis sinensis*
	小叶朴	*C. bungeana*
	榆树	*Ulmus pumila*
	青檀	*Pteroceltis tatarinowii*
	旱榆	*Ulmus glaucescens*
椴树科	蒙椴	*Tilia mongolica*
	紫椴	*T. amurensis*
	欧洲大叶椴	*T. platyphyllos*
七叶树科	七叶树	*Aesculus chinensis*
蔷薇科	杜梨	*Pyrus betulaefolia*
	海棠花	*Malus spectabilis*
	西府海棠	*Malus* × *micromalus*
	新疆野苹果	*M. sieversii*
	秋子梨	*Pyrus ussuriensis*
	天山花楸	*Sorbus tianschanica*
	花叶海棠	*Malus transitoria*
	枇杷	*Eriobotrya japonica*
	木香	*Rosa banksiae*
柽柳科	柽柳	*Tamarix chinensis*
毛茛科	牡丹	*Paeonia suffruticosa*
柿科	柿	*Diospyros kaki*
	君迁子	*D. lotus*

(续)

科 名	中文名(别名)	拉丁学名
豆 科	槐树(国槐)	*Sophora japonica*
	'龙爪'槐	*S. japonica* 'Pendula'
	五叶槐(蝴蝶槐)	*S. japonica* f. *oligophylla*
	皂荚	*Gleditsia sinensis*
	紫荆	*Cercis chinensis*
松 科	云杉	*Picea asperata*
	青杆	*P. wilsonii*
	紫果云杉	*P. purpurea*
杉 科	水杉	*Metasequoia glyptostroboides*
	柳杉	*Cryptomeria japonica* var. *sinensis*
漆树科	漆树	*Toxicodendron vernicifluum*
	黄连木	*Pistacia chinensis*
木樨科	桂花	*Osmanthus fragrans*
	流苏树(茶叶树)	*Chionanthus retusus*
	丁香(紫丁香)	*Syringa oblata*
	'白'丁香	*S. oblata* 'Alba'
	暴马丁香	*S. reticulata* ssp. *amurensis*
芸香科	柚	*Citrus maxima*
	黄波罗(黄檗)	*Phellodendron amurense*
山茱萸科	山茱萸	*Cornus officinalis*
	毛梾(车梁木)	*C. walteri*
	灯台树	*C. controversa*
杨柳科	胡杨	*Populus euphratica*
梧桐科	梧桐	*Firmiana simplex*
千屈菜科	紫薇	*Lagerstroemia indica*
大戟科	乌桕	*Sapium sebiferum*
	油桐	*Vernica fordii*
樟 科	樟树	*Cinnamomum camphora*
	楠木	*Phoebe zhennan*
茄 科	枸杞	*Lycium chinense*
	宁夏枸杞	*L. barbarum*
蓝果树科	珙桐	*Davidia involucrata*

表 6-5 陕西地区典型古树

科 名	中文名(别名)	拉丁学名	典型代表
松 科	白皮松	Pinus bungeana	洛南县石坡镇肖湾村明代大儒手植,树龄 500 余年
柏 科	侧柏	Platycladus orientalis	黄陵县黄帝手植柏、保生柏、老君柏,白水县仓颉手植柏,洛南县贡山大柏树,此 5 株古树为全国仅有的树龄逾 5000 年的古树
红豆杉科	红豆杉	Taxus wallichiana var. chinensis	山阳县城关三合村,树龄约 1100 年
木樨科	桂花	Osmanthus fragrans	勉县武侯博物馆院内(两株),树龄 1700 余年
木樨科	紫丁香	Syringa oblata	延安枣园毛泽东手植,树龄近百年
豆 科	槐树	Sophora japonica	白水县云台镇冯家山村,树龄 2000 余年
豆 科	皂荚	Gleditsia sinensis	临潼骊山老君殿唐明皇、杨贵妃手植,树龄 1400 年
银杏科	银杏	Ginkgo biloba	留坝县玉皇庙镇石窑坝村,树龄 4000 余年
鼠李科	枣树	Ziziphus jujuba	佳县朱家坬泥河沟村,树龄 400 余年
漆树科	黄连木	Pistacia chinensis	略阳县徐家坪镇徐家坪村,树龄约 1100 年
木兰科	古旱莲	Magnolia sprengeri	勉县武侯祠世界旱莲王,树龄 500 余年
木兰科	白玉兰	M. denudata	周至县厚畛子八斗河村,树龄 1000 余年
榆 科	榆树	Ulmus pumila	永寿县,树龄 1400 余年
胡桃科	核桃	Juglans regia	洛南县古城镇蒋河村,树龄 500 余年
柽柳科	柽柳	Tamarix chinensis	三原县鲁桥镇,李靖手植,树龄近 1400 年
毛茛科	牡丹	Paeonia suffruticosa	乾陵大唐牡丹园

6.3.3 古树衰弱主要原因及养护工作重点

6.3.3.1 衰弱原因

(1) 干旱

西北地区,尤其是甘肃北部、新疆大部分地区,降水量小,而且常发生极端干旱天气,当极端干旱发生时,若水分管理不及时,会造成古树迅速衰弱或死亡。

(2) 寒冷

西北地区冬季漫长,气候寒冷,有的地区 1 月极低温达到 -30℃。严寒可导致树木根系、干皮受损,更进一步引发根腐病、烂皮病等,进而导致树木衰弱。

(3) 动物侵袭

西北地区地域辽阔，野生动物丰富，有些野生动物在食物匮乏期有啃食树皮、枝叶的习性，古树被啃食后，干皮、枝条受损，导致运输和光合能力减弱，进而导致古树衰弱。

6.3.3.2 养护工作重点

①西北地区干旱，在养护中应特别加强对古树的水分管理，尤其是冻水和返青水，对保证西北干旱地区的古树健康生长具有特别重要的意义，浇灌时必须灌足、灌透。另外，在夏、秋两季，西北地区也易发生干旱，应加强这两季的水分管理工作。

②加强偏远地区的古树保护工作，如设置围栏防止动物啃食干皮，加强风灾、雪灾等自然灾害后的枝干、根颈的防护工作。

③加强对古树蛀干害虫如天牛、吉丁虫的防治工作。

6.4 华东地区

6.4.1 地理及气候特征

华东地区位于中国东部，自北向南包括山东省、江苏省、安徽省、上海市、浙江省、江西省、福建省和台湾省。华东地区地形以丘陵、盆地、平原为主，主要山峰有泰山、黄山、九华山、武夷山等。华东地区属亚热带湿润性季风气候和温带季风气候，气候以淮河为分界线，淮河以北为温带季风气候，以南为亚热带季风气候，雨量集中于夏季，冬季北部常有大雪，通常集中在江苏省和安徽省的中北部地区以及山东省境内。

6.4.2 主要古树树种

华东地区主要古树树种有榧树、樟树、枫香、苦槠、马尾松、银杏、柳杉、南方红豆杉、木荷、青冈栎、柏木、黄山松、枫杨等（表6-6）。

表6-6 华东地区主要古树树种

科 名	中文名（别名）	拉丁学名
柏科	柏木	*Cupressus funebris*
松科	马尾松	*Pinus massoniana*
	黄山松	*P. taiwanensis*
杉科	柳杉	*Cryptomeria japonica* var. *sinensis*
红豆杉科	南方红豆杉	*Taxus wallichiana* var. *mairei*
	榧树	*Torreya grandis*
樟科	樟树	*Cinnamomum camphora*
壳斗科	苦槠	*Castanopsis sclerophylla*
	青冈栎	*Cyclobalanopsis glauca*

(续)

科　名	中文名(别名)	拉丁学名
蔷薇科	椤木石楠	*Photinia davidsoniae*
山茶科	木荷	*Schima superba*
豆　科	黄檀	*Dalbergia hupeana*
榆　科	朴树	*Celtis sinensis*
榆　科	榉树	*Zelkova schneideriana*
金缕梅科	枫香	*Liquidambar formosana*
银杏科	银杏	*Ginkgo biloba*
胡桃科	枫杨	*Pterocarya stenoptera*

6.4.3 古树衰弱主要原因及养护工作重点

6.4.3.1 古树衰弱的主要原因

(1) 病虫害

华东地区气候湿润，为病虫害的危害创造了适宜条件。害虫的刺吸、食叶、蛀食等，会导致树体营养损失或树体疏导组织破坏，造成古树生长发育不良。一些真菌或细菌的入侵，会大大降低古树的光合效率，导致树势衰弱。一些生理性病害影响树体养分、水分的吸收和运转，进而影响光合作用，导致树体衰弱。

(2) 立地条件恶化

立地条件恶化是导致古树衰弱最主要的原因之一。主要包括土壤营养状况不佳、土壤板结、过度铺装等。特别是过度铺装，导致古树根系区域土壤结构发出改变，通气性降低，影响根系生长发育，进而导致古树衰弱。

(3) 自然灾害

在华东地区，经常遭受台风、干旱、涝害等自然灾害的侵袭，这些自然灾害对古树的生长造成了严重影响。华东地区古树一般树体高大、树冠浓密，容易受到大风、台风的危害，大枝折断现象屡有发生，而部分树干空心的树木，则易被大风拦腰刮断。其他自然灾害如干旱、强降水等也会造成古树衰弱或死亡。

(4) 其他

一方面，部分古树生长于自然山林中，有时与周围树木之间的距离很近，彼此争夺光照、水分和营养，古树因为自身功能趋于老化，在竞争中处于劣势，导致树势不断下降。另一方面，周围植物众多，导致郁闭度过高，通风不良，夏季高温高湿，利于害虫及真菌滋生；有些附生或攀缘性植物还会依附在古树主干上，对其主干造成损伤。另外，生长于农村祠堂前的古树往往会作为"神树"，被烧香祭拜，这些古树终日经受烟火的熏燎，不仅树木生长受到了不利的影响，还大大增加了古树火灾隐患。

6.4.3.2 养护工作应关注的重点问题

①加强病虫害的防治,特别是天牛、白蚁等蛀干害虫的防治。

②加强雨季古树周边排水工作,防止长时间积水;对于河、湖岸边的古树,应加强对地下水位的监测并能第一时间进行处理,防止地下水位升高对古树造成伤害。

③加强对古树树干空洞的处理,合理进行封堵和雨水导引,防止树干因储存雨水而造成腐烂。

④加强灾害天气的预防工作,做好应急预案。

6.5 华中地区

6.5.1 地理及气候特征

华中地区行政范围包括湖北省和湖南省,在自然地理上指中国秦岭、淮河以南,南岭以北,巫山、雪峰山以东的长江流域地区。华中地区位于中国中部黄河中下游和长江中游地区,涵盖海河、黄河、淮河、长江四大水系,地处华北、华东、华南、西南、西北等地区之间。

华中地区地形以平原、丘陵、盆地为主,气候环境为温带季风气候和亚热带季风气候。其中,河南省属于温带季风气候和亚热带季风气候,全省由南向北年平均气温为12.1~15.7℃,年均降水量532~1380mm,全年无霜期189~240d;湖北省属于亚热带季风气候,全省年平均气温15~17℃;湖南省属于大陆性特征明显的中亚热带季风性湿润气候,四季分明、热量充足,降水集中(年均降水量为1200~1500mm)。

6.5.2 主要古树树种

华中地区区域跨度大,生物多样性水平高,古树资源非常丰富。主要树种为槐树、白皮松、皂荚、侧柏、银杏、柿、槲栎、青冈栎、黄连木、麻栎等;湖南主要古树树种为枫香、马尾松、樟树、柏木、青冈栎、甜槠、木荷、黄连木、银杏、钩栲、锥栗、苦槠、椤木石楠、杉木、南方红豆杉、栲树、朴树、闽楠、黄檀等(表6-7);湖北主要古树树种为樟树、圆柏、侧柏、苦槠、桂花、女贞、朴树、榔榆、枫香、枫杨、银杏、皂荚、三角枫、黄连木等(表6-8)。

表6-7 湖南主要古树树种

科 名	中文名(别名)	拉丁学名
柏 科	柏木	Cupressus funebris
松 科	马尾松	Pinus massoniana
杉 科	杉木	Cunninghamia lanceolata
红豆杉科	南方红豆杉	Taxus wallichiana var. mairei
樟 科	樟树	Cinnamomum camphora
	闽楠	Phoebe bournei

(续)

科 名	中文名(别名)	拉丁学名
壳斗科	钩栲	*Castanopsis tibetana*
	锥栗	*Castanea henryi*
	甜槠	*Castanopsis eyrei*
	苦槠	*C. sclerophylla*
	栲	*C. fargesii*
	青冈栎	*Cyclobalanopsis glauca*
	槲栎	*Quercus aliena*
蔷薇科	椤木石楠	*Photinia davidsoniae*
山茶科	木荷	*Schima superba*
豆 科	黄檀	*Dalbergia hupeana*
榆 科	朴树	*Celtis sinensis*
	榉树	*Zelkova schneideriana*
金缕梅科	枫香	*Liquidambar formosana*

表 6-8 湖北主要古树树种

科 名	中文名(别名)	拉丁学名
柏 科	圆柏(桧柏)	*Sabina chinensis*
	侧柏	*Platycladus orientalis*
	柏木	*Cupressus funebris*
樟 科	樟树	*Cinnamomum camphora*
壳斗科	苦槠	*Castanopsis sclerophylla*
冬青科	冬青	*Ilex chinensis*
木樨科	桂花	*Osmanthus fragrans*
	女贞	*Ligustrum lucidum*
银杏科	银杏	*Ginkgo biloba*
槭树科	三角枫	*Acer buergerianum*
千屈菜科	紫薇	*Lagerstroemia indica*
漆树科	黄连木	*Pistacia chinensis*
豆 科	皂荚	*Gleditsia sinensis*
	槐树	*Sophora japonica*
榆 科	朴树	*Celtis sinensis*
	榔榆	*Ulmus parvifolia*
金缕梅科	枫香	*Liquidambar formosana*
壳斗科	栓皮栎	*Quercus variabilis*
	小叶栎	*Q. chenii*
	刺叶栎	*Q. spinosa*

(续)

科　名	中文名(别名)	拉丁学名
胡桃科	枫杨	*Pterocarya stenoptera*
大戟科	重阳木	*Bischofia polycarpa*

6.5.3　古树衰弱主要原因及养护工作重点

6.5.3.1　古树衰弱的主要原因

(1) 病虫害危害

病虫害危害是造成古树衰弱的重要因素之一，华中地区危害古树的病虫害种类较多，轻则引起古树衰弱，重则导致古树死亡。

以武汉市为例，该市古树常见的虫害有白蚁、蚜虫、红蜘蛛、白粉虱、刺蛾、叶蜂、卷叶蛾、槐尺蠖、黄毒蛾、星天牛、小蠹虫、木蠹蛾等，是引起古树衰弱乃至死亡的重要因素。食叶类害虫与刺吸类害虫的危害通常可消耗古树水分和养分，易使树势衰弱；白蚁与蛀干害虫(小蠹虫、天牛、木蠹蛾等)破坏树木的输导系统，造成树木死亡。

(2) 地下水位高

由于各种原因引起树木周围地下水位的改变，使树木根系长期浸于水中，导致根系腐烂，进而造成古树死亡。

(3) 野生动物的危害

许多古树的根、皮、叶、花、果是野生动物和各种昆虫的良好食物，日积月累，树体长年受虫蛀兽咬，导致树体残缺不全。而且许多兽类和虫鸟有凿树洞的习性，以洞为巢，也会对古树造成损伤。

6.5.3.2　古树养护工作应关注的重点问题

①4~5月，主要开展白蚁与天牛防治。对有白蚁危害的古树埋施白蚁防治药剂进行阻隔和消灭白蚁上树危害，或者挖坑诱杀；对天牛的老熟幼虫，用钢丝钩杀，或用毒签插入蛀孔，同时利用成虫在中午静息枝干的习性，组织人力捕捉。另外，注意防治越冬代或第1代鳞翅目食叶害虫，同时应加强对樟树的樟叶蜂与朴树的红蜘蛛危害的防治。

②6~7月，大量害虫开始进入危害期，应重点防治刺蛾、卷叶蛾、毒蛾、尺蠖等鳞翅目食叶部害虫。这个季节也是天牛、木蠹蛾、小蠹虫等蛀干害虫的产卵、孵化盛期，因而有必要进行药剂喷干，灭杀成虫和初孵幼虫。

③8~10月，华中地区气温高，古树的各类害虫也处于危害的高峰期，其中，干旱会诱发白蚁、蚜虫、红蜘蛛、白粉虱以及介壳虫的严重危害；同时，高温干旱也会造成古树的长势衰弱，导致弱寄生性小蠹虫猖獗。所以此期为每年古树害虫防治的重点时期。

④整个夏季，加强古树周边排水工作，防止发生积水；对于河、湖岸边的古树，应加强对地下水位的监测并能第一时间进行处理，防止因地下水位升高而对古树造成伤害。

6.6 华南地区

6.6.1 地理及气候特征

华南地区位于中国最南部,包括广东省、广西壮族自治区、海南省、香港特别行政区、澳门特别行政区。

华南地区属于热带、亚热带季风气候,气候温暖湿润,雨热同季。最冷月平均气温≥10℃,极端最低气温≥-4℃,日平均气温≥10℃的天数在300d以上。多数地方年降水量为1400~2000mm,常年湿润。

6.6.2 主要古树树种

华南地区主要古树树种包括榕树、荔枝、樟树等。广东省作为华南地区具有代表性的省份,位于南岭以南,濒临安海,是岭南文化的重要传承地。华南地区数量排名前十的树种详见表6-9所列,其中,榕树、荔枝、龙眼、樟树4个树种占广东省古树总量的50%以上。

表6-9 华南地区主要古树树种

科 名	中文名(别名)	拉丁学名
桑科	榕树	*Ficus microcarpa*
	雅榕	*F. concinna*
无患子科	荔枝	*Litchi chinensis*
	龙眼	*Dimocarpus longan*
樟科	樟树	*Cinnamomum camphora*
金缕梅科	枫香	*Liquidambar formosana*
漆树科	杧果	*Mangifera indica*
壳斗科	红锥	*Castanopsis hystrix*
山茶科	木荷	*Schima superba*
榆科	朴树	*Celtis sinensis*

6.6.3 古树衰弱主要原因及养护工作重点

6.6.3.1 古树衰弱的主要原因

(1) 自然老化

华南地区气候温暖,降雨充沛,古树生长迅速,但是随着树龄增长,生理机能会逐渐下降,新陈代谢变缓,根系吸收水分和矿质元素能力减弱,无法满足庞大树冠生长所需的养分,枝干和树皮抵御外界环境变化的能力变差,树体会逐渐出现枯枝、叶片脱落,吸收水分和养分能力下降等现象,逐渐进入衰弱期。

(2) 自然因素导致衰弱

①极端气候和自然灾害造成古树衰弱 极端气候和自然灾害是造成古树树皮开裂、树

皮腐烂、树干积水成洞、断枝倒伏的重要原因。华南地区古树树冠大、枝叶浓密，易受雷击，造成树体烧伤、断枝、折干等，台风等一些大风天气也可吹折枝干，造成古树死亡。

②干旱导致古树衰弱　华南地区古树能耐短时间的水涝，但不耐干旱，干旱会造成古树生长迟缓、部分枝端枯死，持久的干旱使古树发芽迟、枝叶生长量小、枝的节间变短、叶片因失水而发生卷曲，严重的会使古树落叶、小枝枯死，干旱后树体还易遭病虫侵袭，导致古树衰弱。

③空气污染导致古树组织受损，长势衰弱　有害气体如二氧化硫、二氧化氮、烟尘等都会导致古树衰弱，当大气污染物超过植物的承受限度时，使植物的细胞和组织器官受到损伤，生理功能和生长发育受阻，其中，二氧化硫、氟化物、氧化剂和乙烯对植物的影响最大。空气中的有害物质还会抑制叶片的呼吸，破坏叶绿素的光合作用，使其逐步衰弱。

(3) 人为活动导致衰弱

①人为干扰导致树体损伤　城市古树多处于市民生活区、城市公园和旅游景区，受人为影响大，在树干打钉、乱刻乱画、肆意攀折、修剪后切口未做处理等人为因素，可导致雨水和微生物的入侵，造成树干腐朽成洞。

②土壤盐碱过高　处于生活区的古树，树下乱堆垃圾、倾倒生活污水、城市建筑改造废料等情况，会破坏树体周围土壤的酸碱平衡，影响古树的健康生长；处于村庄的古树，多被列为风水树，民众在树干基部焚香烧纸，也可导致古树长势逐渐衰弱甚至死亡。

③人为踩踏导致土壤紧实　来往人员踩踏使古树周围土壤密度越来越高，土壤的透气透水性能越来越差，影响古树根系的呼吸，根系逐渐枯死、腐烂，加速了古树的衰老。

④过度铺装导致土壤透水透气性差　城市古树多生长于大面积的硬质铺装环境下，树池面积小，周围用水泥、方砖铺装建设，使根系生长受阻，不能向四周延伸吸收必要的营养元素和水分，若人工补水不及时就会加速古树的衰弱。受地面硬质铺装危害，古树初期表现为老叶变黄、落叶，新叶片小且少，叶片转绿后，因缺肥、透气性差而出现叶小发黄、叶片变薄、气生根短小等现象，严重时顶部枝条枯死，树势会越来越弱。

(4) 病虫危害导致衰弱

华南地区温暖湿润，容易滋生病虫害。害虫的刺吸、食叶、蛀食等，会导致树体营养损失或树体疏导组织被破坏，造成古树生长发育不良。真菌或细菌病害入侵导致树体衰弱进一步加快。

华南地区古树易遭受天牛和白蚁等蛀干害虫，灰白蚕蛾、朱红毛斑蛾、毒蛾等食叶害虫，以及木虱等刺吸害虫的危害，也容易受到褐根病等根部病害侵染。

6.6.3.2　古树养护工作应关注的重点问题

①华南地区降水量大、空气湿度大，在湿润的气候环境下，木腐菌类易滋生，使芯材腐朽加剧，空洞腐朽会更严重，从而导致古树衰弱。养护中应特别加强对古树树干空洞的处理，不能储存雨水。

②加强对白蚁的监控和防治。白蚁往往会给华南地区的古树造成严重危害，应特别注意控制白蚁规模性发生，避免对古树造成不可逆的伤害。

6.7 西南地区

6.7.1 地理及气候特征

中国西南地区又称西南五省(自治区、直辖市),包括四川省、云南省、贵州省、重庆市、西藏自治区,总面积达 234.06 万 km^2,占中国陆地国土面积的 24.5%。地理上包括青藏高原东南部,四川盆地、云贵高原大部。区域地理位置为东经 97°21′~110°11′,北纬 21°08′~33°41′。

该区气候类型由温暖湿润的海洋气候到四季如春的高原季风气候,再到亚热带高原季风湿润气候以及青藏高原独特的高原气候,形成了独特的植被分布格局。

年降水量整体呈"东多西少"的分布形态,重庆大部、四川盆地、贵州大部及云南南部地区都是多雨区,中心位于青藏高原东部川西高原边坡的四川盆地西部,主要是雅安附近和高黎贡山、无量山及哀牢山以南的滇南地区,年降水量在 1600mm 以上,次中心位于黔西南地区和武陵山西段南侧的黔东北地区,年均降水量在 1300mm 以上。川西高原地区是整个西南地区的少雨区,年均降水量不足 800mm。

6.7.2 主要古树树种

西南地区由于地域广阔,海拔落差大,有平原、丘陵、高原等不同的地形地貌,跨越几个不同的气候带,属我国植被类型丰富的地区。因此,西南地区自然分布着适应当地环境的不同树种,乔木种类逾千种,现有的古树种类也较多,西南各城市数量较多的主要古树树种包括银杏、柏木、朴树、樟树等,详见表 6-10 所列。

表 6-10 西南地区主要古树树种

科 名	中文名(别名)	拉丁学名
榆科	榆树	*Ulmus pumila*
	朴树	*Celtis sinensis*
樟 科	樟树	*Cinnamomum camphora*
	楠木	*Phoebe zhennan*
	银木	*Cinnamomum septentrionale*
	黑壳楠	*Lindera megaphylla*
柏 科	柏木	*Cupressus funebris*
银杏科	银杏	*Ginkgo biloba*
罗汉松科	罗汉松	*Podocarpus macrophyllus*
蔷薇科	梅花	*Prunus mume*
红豆杉科	红豆杉	*Taxus wallichiana var. chinensis*
壳斗科	青冈	*Cyclobalanopsis glauca*
	板栗	*Castanea mollissima*

(续)

科　名	中文名(别名)	拉丁学名
漆树科	黄连木	*Pistacia chinensis*
	南酸枣	*Choerospondias axillaris*
桑　科	黄葛树	*Ficus virens* var. *sublanceolata*
松　科	马尾松	*Pinus massoniana*
	铁坚油杉	*Keteleeria davidiana*
	云南铁杉	*Tsuga dumosa*
千屈菜科	紫薇	*Lagerstroemia indica*
豆　科	红豆树	*Ormosia hosiei*
	皂荚	*Gleditsia sinensis*
	紫藤	*Wisteria sinensis*
胡桃科	核桃树	*Juglans regia*
	枫杨	*Pterocarya stenoptera*
木樨科	桂花树	*Osmanthus fragrans*
	女贞	*Ligustrum lucidum*
	流苏树	*Chionanthus retusus*
木棉科	木棉	*Bombax ceiba*
苏铁科	苏铁	*Cycas revoluta*
柿　科	柿树	*Diospyros kaki*
大风子科	柞木	*Xylosma racemosum*
青风藤科	珂楠树	*Meliosma beaniana*
大戟科	重阳木	*Bischofia polycarpa*
杉　科	柳杉	*Cryptomeria japonica* var. *sinensis*
山茶科	云南山茶	*Camellia reticulata*
木兰科	白玉兰	*Magnolia denudata*
桫椤科	桫椤	*Alsophila spinulosa*
杜鹃花科	杜鹃花	*Rhododendron simsii*
杨柳科	左旋柳	*Salix paraplesia* var. *subintegra*

6.7.3 古树衰弱主要原因及养护工作重点

6.7.3.1 古树衰弱的主要原因

①西南地区大部分区域降水量较多，空气湿润，在长期湿润的环境下，古树上的苔藓类、蕨类等生长良好，常常长满枝干，导致干皮受损或腐烂，青苔还会寄生在叶片上影响光合作用；还有枝干上的槲寄生也很常见，这些寄生植物侵蚀古树的干皮、枝皮，并与古

树竞争营养，影响古树生长，导致古树衰弱。

②极端气候环境影响。西南地区气候复杂多变，雷电、暴雨、大风、洪水、泥石流、大雪等时有发生，容易导致古树发生倒伏、枝干折断或劈裂受损、根部土壤流失、根系部分裸露、枝干被深埋、根部积水等多种问题，造成古树衰弱或死亡。特别是生长在斜坡、河湖沟渠边及地势较低的古树容易受极端天气的影响。

6.7.3.2 古树养护工作应关注的重点问题

①清理树干上苔藓类、蕨类及槲寄生植物，保护干皮、枝皮，同时尽量营造通风的古树周边环境。

②积极制订应对极端气候现象(如雷电、暴雨、大风、洪水、泥石流、大雪等)的应急预案，做到防患于未然。

③加强病虫害防治，重点防治天牛、吉丁虫、小蠹虫等蛀干害虫等。

思考题

1. 简述东北地区古树树种概况、衰弱原因、养护重点。
2. 简述华北地区古树树种概况、衰弱原因、养护重点。
3. 简述西北地区古树树种概况、衰弱原因、养护重点。
4. 简述华东地区古树树种概况、衰弱原因、养护重点。
5. 简述华中地区古树树种概况、衰弱原因、养护重点。
6. 简述华南地区古树树种概况、衰弱原因、养护重点。
7. 简述西南地区古树树种概况、衰弱原因、养护重点。

推荐阅读书目

1. 树木医生手册. 丛日晨等. 中国林业出版社，2017.
2. 公园古树名木. 北京市园林科学研究所. 中国建筑工业出版社，2012.
3. 古树保护理论与技术. 赵忠. 科学出版社，2021.
4. 中华人民共和国国家标准《城市古树名木养护和复壮工程技术规范》(GB/T 51168—2016).

第7章 主要古树养护与复壮案例

本章提要

本章列举了我国南北方19个典型古树树种的养护与复壮案例。

尽管我国南北方在开展古树养护与复壮工作时,所采用的技术措施大同小异,但是,不同地区气候的差异性非常明显,进而导致我国不同地区对古树进行养护和复壮的技术细节发生了诸多变化,这些技术细节具有显著的地域特征。

7.1 古油松养护与复壮

7.1.1 形态特征

油松(*Pinus tabuliformis*),为松科(Pinaceae)松属(*Pinus*)针叶常绿乔木。高达25m,胸径可达1m以上。树皮灰褐色或红褐色,不规则鳞块状开裂。大枝平展或斜向上,老树树冠平顶;小枝粗壮,黄褐色,有光泽,无毛,幼时微被白粉。针叶2针1束,深绿色,较粗硬,长7~15cm,径1.1~1.6mm,边缘有细锯齿,两面具气孔线,横切面半圆形。花期5月,球果翌年10月成熟。

7.1.2 生态习性

喜光,抗寒能力强,喜微酸及中性土壤,不耐盐碱。为深根性树种,主根发达,垂直深入地下;侧根也很发达,向四周水平伸展,多集中于土壤表层。油松对土壤养分和水分的要求并不严格,但要求土壤通气状况良好,故在疏松土壤里生长较好。若土壤黏结或水分过多,通气不良,则生长不好,表现为早期干梢。在地下水位过高的平地或有季节性积水的地方不能生长。

7.1.3 分布范围

自然分布广阔,在吉林、辽宁、内蒙古、河北、河南、山东、山西、陕西、甘肃、宁夏、青海及四川等地有分布，垂直分布在东北南部（辽宁）海拔500m以下；在东北北部约在1500m以下，南部则在1900m以下。油松森林总面积逾250万hm^2，生态适应区达300万km^2，在我国十大造林树种中排第六位。在城市绿化方面，油松也已成为我国东北、西北、华北等城市的骨干绿化树种之一。北京、内蒙古、辽宁、山东、河北、山西、陕西等地有人工林，东北、华北、西北等地的公园、名山、古刹中均能看到寿命达数百年的高龄古松，其中，泰山"五大夫"松，丰宁"九龙松"，山西"九杆旗"，鄂尔多斯"油松王"，北海公园团城"遮阴侯"，潭柘寺"双凤舞塔""盘龙松"，戒台寺"抱塔松""活动松"等蜚声海内外。

7.1.4 古油松养护

7.1.4.1 春季养护技术措施及要求

(1) 补水

3月中旬开始浇灌返青水。要求：①使用无污染的水源；浇足浇透，防止形成拦腰水，深度应达到80~100cm，不应使用再生水。②铺装区域里的古油松，应提前设置渗水井、复壮井或透气孔，浇水可在井、孔中进行。③绿地里的古油松，浇水前应根据实际情况开设大小适度的树堰进行浇灌。

(2) 松土、施肥

通过人工、机械疏松树冠投影内表层土壤，防止土壤板结，提高树木对水分、养分的吸收利用能力；松土与施肥可结合进行。施肥以充分腐熟的腐叶肥、腐叶土、微生物菌肥及微肥为宜。有施肥条件的古油松，可通过挖施肥穴的方式进行。挖施肥穴时，从树冠垂直投影外缘开始，若发现无毛细根，应向树干方向移动；若发现有大量毛细根，应向树干反方向移动，直至找到具有少量毛细根后，便可进行施肥穴的挖设。施肥穴深度以60~80cm为宜。挖出土后，按原土、草炭土和有机肥10:3:1的体积比进行混配，可添加适量微生物菌肥和微肥后回填，并浇透水。

无施肥条件的古油松，可设置复壮井，复壮井中的土肥混配同上；已设置复壮井的，应每3年对井内基质进行更换，更换时可修剪部分根系，回填土肥混配基质。

施菌根肥可结合挖施肥穴进行，也可结合挖设复壮沟进行：①于每年的4~9月，沿树冠垂直投影边缘挖环状沟，每次只在树冠投影周长的1/3范围内，分3个点开挖，半年后或次年在剩余2/3树冠投影范围内，再选择1/2，分3个点开挖部分，每株树在2~3年时间完成，以免伤根过重。②沟深60~80cm，宽20cm左右。将菌根制剂配制成黏稠的泥浆后涂抹在沟内壁上，填土压实；或将菌根制剂与回填土按体积比1:10混合均匀后回填至距地面10cm，再用没有混合菌根制剂的回填土填平后压实。③施工过程中菌根制剂以及配好的泥浆均应避免长时间阳光直晒，菌根制剂严禁与土壤杀菌剂同时使用。

为防止土壤板结，松土、施肥后，可在树冠投影范围内铺绿化覆盖基质以缓解土壤板结现象。

(3) 整理树冠

3月上旬开始对生长衰弱的古油松新生球果进行人工剪除，4月初至5月上旬喷水疏除古油松花粉。同时，可对树冠内的枯死枝、病虫枝进行疏除，增强透光、通风性。

(4) 病虫害防治

加强越冬幼虫、成虫早期治理，为全年防治奠定基础。

①喷施石硫合剂　树木萌动前，向油松干、冠喷施3°Bé石硫合剂，预防蚜虫、叶螨、介壳虫、锈病、落针病等病虫害。

②监测松材线虫病　每月对古油松生长状况监测，并同步监测古油松周围松科植物的枯死、枯红、枯黄植株，发现疑似松材线虫病症状立即上报，按照当地要求的相关程序进行检测和处置。

③防治油松毛虫　油松毛虫以幼虫在树干或者落叶层中越冬，通常从3月天气转暖开始，越冬幼虫爬行上树取食针叶，随着气温上升害虫逐渐增多，虫害逐渐加重。春季主要对越冬的幼虫进行灭除。采取阻隔法，用毒绳或毒纸环绕在树干上，灭杀上树幼虫，防治效果很好。

④防控松横坑切梢小蠹、云杉花墨天牛、小灰长角天牛等蛀干害虫　3月下旬，松横坑切梢小蠹、小灰长角天牛等蛀干害虫越冬成虫陆续钻出寄主枝干（梢），取食危害寄主。于越冬成虫钻出初期，使用3%噻虫啉微囊悬浮剂300倍液，完成树木药剂封干（药液喷洒树干部分），防治蛀干害虫成虫。

4月初，挂放小蠹虫信息素诱捕器引诱松横坑切梢小蠹成虫。

5月，在云杉花墨天牛成虫羽化初期，使用3%噻虫啉微囊悬浮剂300倍液，对古油松枝干喷施药液或干粉封干防治成虫。幼虫期释放肿腿蜂、蒲螨等天敌防治天牛、吉丁等蛀干害虫幼虫，与化学防治间隔15~20d使用。

⑤防治日本松干蚧　其以一龄若虫在树皮缝内、球果内越冬，若虫活动后刺吸针叶、枝干，造成针叶枯黄，树皮翘裂，枝条弯曲下垂。4月后，向松树3~4年生枝条的轮枝处、主枝干阴面和开裂的球果喷洒3%苯氧威乳油3000倍液或噻嗪酮等防治若虫。

⑥防治松牡蛎盾蚧　其以受精雌成虫越冬。主要在松针叶鞘内侧危害，致松针基部枯黄、脱落。在5月若虫孵化期，使用吡虫啉、螺虫乙酯、烯啶虫胺等药剂喷雾防治。

⑦防治油杉长足大蚜　其以卵在针叶上越冬。早春，卵孵化成若虫，随后以若虫、成虫刺吸嫩梢、针叶。除重点喷施石硫合剂预防外，4月中旬，使用吡虫啉、啶虫脒、烯啶虫胺等内吸性药剂喷雾防治。同时，保护利用瓢虫、螳螂、食蚜蝇、蚜茧蜂和草蛉等天敌。

⑧防治松梢螟　其以幼虫在被害球果、枯梢和枝干伤口皮下越冬，老熟幼虫在蛀道内化蛹。蛀孔口常有大量蛀屑和虫粪堆积。成虫羽化后产卵多散于松梢针叶基部。以幼虫蛀梢危害为主，常造成被害枝梢枯黄、弯曲、下垂、死亡。春季重点疏除被害枝梢和球果。5月成虫期，利用杀虫灯、性信息素诱杀成虫。

7.1.4.2　夏季养护技术措施及要求

(1) 补水与排水

5~6月天气干旱时，应及时对古油松进行浇灌补水。7月雨季发生积水时，应立即采取开沟、开槽等人工引流措施排除积水，避免古油松根系呼吸作用受影响。

(2) 支撑树体

对于枝干高大、主干倾斜严重、偏冠严重、主干空腐率较高的树体，要根据地势、地形及风向等因素及时采取支撑保护措施，以防止树体倾倒、枝干折损。大根和根颈腐朽的古油松宜采用双层支撑法进行支撑：第一层支撑点宜选在树干重心以下，第二层支撑点宜选在树干重心以上。支撑加固材料应坚固耐用，与树体接触面垫充物应有弹性，外观颜色宜与树木及环境协调。

(3) 加固树体

①对大根和根颈处的孔洞，应外罩细眼铁丝网，防止虫、鼠、黄鼠狼等宿洞内。

②对主干及枝干裸露木质部，先刮除腐朽松软的木质部分，并适当打磨，再涂抹熟桐油进行防腐、防水保护处理。

③及时修补树洞，敞开式、贯通式树洞不宜填充封堵，应做好导水和防腐处理，以免积水损坏树体；易进水、存水的树洞如朝天洞、侧面洞，应封堵洞口。

④对树干上各类小洞孔，应及时进行修补，防止雨水灌入和滋生病虫。可采取以下技术措施：清除洞内腐朽部分；喷洒杀菌剂；用干楔形木条塞满洞口，宜高于洞口 5~10cm；用聚氨酯密封木条之间的缝隙；外罩纱网，固定；外敷仿真玻璃钢或硅胶材料。

(4) 除杂

去除古油松树冠投影范围内萌生的乔、灌木及杂草。

(5) 病虫害防治

①预防松落针病　松落针病病菌在病叶上越冬。发病初期，针叶上产生黄色斑点或段斑，后病斑颜色加深呈淡褐色，染病针叶出现枯黄早落现象。感病古油松除早春重点喷施石硫合剂外，在 6~7 月孢子散发高峰期之前，使用代森锰锌、甲基硫菌灵、苯醚甲环唑等喷雾预防。

②防控松横坑切梢小蠹　7 月初，更换小蠹虫信息素诱捕器诱芯。

③防治褐梗天牛　在褐梗天牛成虫羽化初期，使用 3% 噻虫啉微囊悬浮剂 300 倍液，对古油松枝干喷施药液或干粉封干防治褐梗天牛成虫，间隔 1 个月左右，再防一次。幼虫期释放肿腿蜂、蒲螨等天敌防治天牛、吉丁虫等蛀干害虫幼虫，与化学防治间隔 15~20d 使用。

④防治日本松干蚧　在第二次若虫期，向松树 3~4 年生枝条的轮枝处、主枝干阴面和开裂的球果喷洒 3% 苯氧威乳油 3000 倍液或噻嗪酮、吡虫啉等防治若虫。

7.1.4.3　秋季养护技术措施及要求

(1) 补水

根据天气状况和土壤含水量，适时浇水。

(2) 施肥

秋季以施用充分腐熟的有机肥为主，起到增强树势的作用。施肥可采用施肥穴或复壮沟进行，与原土按照体积比 1∶10 充分混拌后施用，深度以 40~80cm 为宜，施肥后及时浇透水。

(3) 病虫害防治

重点防治食叶害虫松丽毒蛾。8~9 月，混合使用溴氰菊酯与灭幼脲喷雾防治松丽毒蛾幼虫。

(4) 保护古油松种质资源

在古油松种子成熟期，采集古油松种子保存、繁殖，保护古油松种质资源。

7.1.4.4 冬季养护技术措施及要求

(1) 浇灌冻水

在土壤封冻前浇灌冻水，宜采用开堰漫灌的方式进行。浇灌冻水时间非常关键，应以白天化冻、夜晚结冰来判断，不宜早，也不宜晚。

(2) 整理清除干枯枝叶

清除古油松枯死枝、病虫枝、断枝、劈裂枝和落地染病针叶，减少病虫发生。

7.1.5 古油松复壮案例

7.1.5.1 沈阳福陵古油松复壮工程

(1) 基本情况

古油松位于福陵内。福陵（又称东陵）位于沈阳市东部，始建于1629年，是清朝历史的重要见证物，2004年被列为世界文化遗产。南临浑河，北倚天柱山（系长白山余脉），海拔95m。陵区为二级阶地丘陵地形，地势北高南低，坡地土层厚度1~1.5m，大多含有砾石及砂粒，土质偏砂，保水性能较差。平地土层较深厚，质地较黏重，为弱酸性黏质壤土。

福陵古油松现存594株，较集中地分布于陵寝四周（图7-1），是国内仅存的几个古油松群之一。

(2) 问题分析

2004年前，福陵古油松衰弱现象比较严重，造成古油松群生长衰弱、死亡速率加快的原因，主要包括以下几方面：

①环境条件改变　福陵古油松群分布区域较广，生长环境复杂，有些古松生长在沟谷坡地，浇水、施肥、修剪、防治病虫害等养护工作很难实施，造成古油松树势衰弱。

②病虫危害　古油松生长势衰弱的一个明显的标志，就是枝干类病虫害危害程度的加重。从古松近几十年来的病虫害发生变化规律看，刺吸类害虫的危害加速了古油松衰弱的进程，为蛀干害虫的发生创造了条件。

据沈阳园林科研所1962年调查，发生松叶螨、松牡蛎盾蚧的古油松比率为100%，可见在1962年以前，甚至更早的时间内，刺吸类的害虫已经严重发生，造成古油松树势衰退，使当时约50%的古油松受蛀干害虫侵害。

在对枯死株调查中发现，90%以上枯死树都能看到小蠹虫及天牛的危害状（树皮下蛀孔、蛀道及蛀屑），树干输导组织破坏严重，从这一现象看，蛀干类害虫危害已成为加速古油松

图7-1　福陵古油松群（代保清　摄）

死亡的重要因素。

③强风、暴雨等自然灾害　福陵古油松多集中分布在陵寝内平地、主道两侧边沟，强风、暴雨、暴雪等灾害天气，对古油松的伤害也比较严重。

(3) 复壮措施

针对福陵古油松群生长衰弱的问题，沈阳市先后实施多项举措，开展福陵古油松群的养护复壮，经过近20年的努力，取得了显著效果，延缓了福陵古油松群衰弱进程。主要措施如下：

①开展古油松健康状况检测　监测古油松生长环境（土壤肥力、土壤微生物、pH、土壤含水量、离子浓度等）和古油松生长状况（新梢生长长度、新梢干鲜重、叶绿素含量、光合速率、呼吸速率等），全方位开展古油松健康状况检测。根据检测结果，制订复壮方案。

②设置保护区　对具备条件的古油松设置了封闭保护区，防止人为破坏。不具备封闭保护条件的，在树冠垂直投影线处设置木栅栏，防止游人践踏根部土壤（图7-2）。

③疏松表土　人工、机械松土，防止土壤板结，提高树木对水分、养分的吸收利用能力。每年在生长季节，对树冠投影范围内的土壤进行中耕松土，深度20cm以上（图7-3）。中耕松土后灌施生根粉，促进古树新生根系萌发和生长。

图7-2　设置木栅栏（代保清　摄）

④水分管理　加强对古油松的水分管理，每年春季灌返青水（图7-4），满足古树对水分的需要，避免春旱；夏季高温干旱时，及时补水；雨季修建排水沟、地下渗水管网等进行排涝；入冬前灌透冻水。

⑤施肥

叶面施肥　发现古树叶片生长不正常，叶片变薄或偏小时，适当进行叶面喷施肥料。喷施以复合型叶面肥料为主，浓度控制在0.01%~0.03%。叶面喷施肥料多在生长季节进行，每年2~3次，在无风雨的早晨或傍晚施用。

图7-3　中耕松土（代保清　摄）

图7-4　灌返青水（代保清　摄）

根系施肥 采取在树冠投影外围打孔或者挖复壮沟进行。打孔可每两年进行1次，时间在5~6月，在树冠投影边缘东南西北4个方向各打1孔，打孔直径12cm左右，深度100~150cm，打孔后在孔内添加营养棒，并及时灌水，后用带孔硬质塑料盖封孔；挖沟选择在古树树冠投影外侧，在东南西北4个方向围绕树体开设3~5个放射沟，以见吸收根的深度为宜，将联合固氮菌、酵母菌等微生物菌肥按一定比例混合，再加入适量的有机液态肥，稀释500倍后浇在古树根际土壤中，10d浇1次，连浇3次。

⑥铺设有机覆盖物 用有机覆盖物覆盖古树树冠垂直投影范围的地表，既防滋生杂草，又防止土壤水分过度蒸发，保持较好土壤墒情（图7-5）。

⑦种植固氮植物 在人流量较少的古树地表种植豆科植物，如苜蓿（*Medicago sativa*）、白三叶（*Trifolium repens*）等，既提高了土壤肥力，又改善了景观效果。

⑧防治病虫害 采用生物防治、物理防治、化学防治等方法进行病虫害防治。

图7-5 铺设有机覆盖物（代保清 摄）

3月，在松树未开始大量分泌松脂且天牛未羽化前，对公园辖区陵寝区域、三个重点防控区域的松树注射松材线虫瓶装专用预防药剂。使用方法：

——药剂注射孔距地面0.3~0.5m。

——注药时，选择表面光滑、无死节、无受伤及树皮薄弱的位置打孔。如需打多个孔时，打孔位置应分布在树干周围，相互间隔，按一高一低或螺旋形方式打孔，打孔角度为斜向下方30°~45°。

——打孔完成后，拧掉药瓶头部密封盖慢慢插入树孔内，轻击药瓶底部固定，并在药瓶底部用细针打通药瓶通气（不打通气孔，药液不能顺利注入树孔）。

——注射结束后，拔取空瓶，孔洞用愈伤膏封口。

3月下旬至4月上旬，开展蛀干害虫药剂防治工作。

以古树集中区域和以隔离区边缘为基准，向外至少延伸200m的区域。使用3%噻虫啉微囊悬浮剂按300倍配比，在蛀干害虫羽化初期完成树木药剂封干（药剂喷洒树干部分）和干粉喷雾。随后在5月中旬、6月末至7月初、8月中旬再分3次实施喷洒药剂，防治羽化的成虫。车辆无法到达的区域采用无人机防治。

4月初，在陵寝外重点区域，挂设松墨天牛诱捕器和小蠹虫诱捕器，诱芯2~3个月更换1次，每个诱捕器之间的距离为50m，诱捕器下端距地面1.5m左右，诱杀松科植物蛀干害虫。

⑨树体安全保护 对主干中空、部分主枝死亡造成树冠失去均衡，容易发生倾斜或倒伏的古树，设立支架进行保护（图7-6）。对地势坡度较大，树体主干倾斜，树冠较大，易倒伏的古树进行拉纤保护。

⑩树洞修补 按照国标GB/T 51168—2016的规定进行树洞修补，防止雨水灌入（图7-7）。

图7-6　支撑树体（代保清　摄）　　　　图7-7　树洞修补（代保清　摄）

⑪安装避雷设施　对空旷地、高岗以及水边的古油松，安装避雷针或架设避雷杆、塔，防止古树遭受雷击。

7.1.5.2　北京戒台寺卧龙松2011年复壮工程

(1) 基本情况

戒台寺位于北京市门头沟区的马鞍山上，始建于唐武德五年（公元622年），原名慧聚寺，明英宗赐名为万寿禅寺，因寺内建有全国最大的佛教戒坛，民间通称为戒坛寺，又叫戒台寺，是全国重点文物保护单位。卧龙松为油松，栽植于戒台院和明王殿前南北向狭长高台名松大道上，大道宽约10m，栽植位置距离高台东侧边缘约2m。树高5m，主干倾斜长5.4m，干周2.5m，树木整体严重中空，因主干和树冠形似一条卧龙而得名。

(2) 问题分析

卧龙松分别在1986年、1990年、1992年、1995年、1996年和2003年实施了复壮措施，但2007年发现南北两侧各有一枝突然黄化、枯死的情况，2008年生长基本稳定，只是春、秋存在黄化现象，在2009年开春该树突然出现衰弱迹象，尤其是上层枝西北侧生长量极低。

根据生长环境并结合土壤检测，对衰弱原因进行了分析，存在主要问题为：①所处高台为进入戒台院进香、游览的必经之路，长期踩踏，土壤密实板结，通气不良；②土壤有机质含量低，非常贫瘠；③树体主干木质部腐朽严重，树干向东侧倒伏，树体稳固性较差；④原树体修补已经严重老化并有部分脱落，内部腐朽部位含水量高，腐烂严重；⑤部分枝梢干枯死亡，并有劈裂现象。

(3) 复壮措施

针对存在的问题，制订了包含地上部树体修复和地下部土壤改良为主要内容的复壮方案，经论证后进行复壮，于2011年9~11月实施。

①树干修复　采取分区打开的方式，在保护好树木的前提下，按照清理原填充物、喷防腐剂（硫酸铜溶液）、喷杀菌剂（丙环唑）、杀虫剂（吡虫啉），设龙骨支撑，加保护罩（钢丝网和玻璃钢），粘连仿真树皮（树脂及辅料翻模），封缝（环氧树脂、硅胶）的流程修复树

干和树皮。同时,还对枯死枝进行了清理,对所有伤口和枯死部位进行了防腐处理,并清除了幼果以减少营养消耗。

②地下部复壮工程

——清除破旧透气砖,在树池两侧各3m,西侧2.4m范围(共46m²)的土壤上,铺设由园土、松针土、陶粒、沙子和有机肥等组成的复壮基质,替代透气砖层。南北两侧邻近高台边缘位置设置了排水管,随后直接铺设防腐木龙骨及生态木地板,在树体周围实现以木平台替代原来的砖石面高台(图7-8、图7-9)。

图7-8 铺设防腐木地板(王广晋 摄)

图7-9 防腐木地板(王广晋 摄)

——原复壮沟内为减少伤根,不进行大面积换土,采用点施古树专用有机肥和施入松针土,周边埋入营养棒。

——每年生长季节分阶段施用适量缓释肥,并通过透气管结合浇水,施入液态有机肥、生根剂及杀菌剂。

(4)复壮效果

采用木平台替代原来的砖石面高台后,卧龙松长势稳定,地上部分未出现明显的衰弱迹象。2020年9月,在木平台建成9年后,将木平台打开,观察到平台下方根系生长情况:

①木平台下方出现较多新生根系　木平台下方基质为2011年去除原透水砖后补充的复壮基质,打开后基质表层发现许多根系,均为复壮后的新生根。表明古树周边铺设生态木平台是一个比较好的复壮保护措施,在保障正常游览通行的同时,防止了对土壤的踩踏,确保了土壤透水透气,创造了适合于树木生长的地下环境,有助于古树根系生长。

②木平台可实现较好地汇集雨水效果　打开木平台后发现防腐龙骨下方自然冲刷形成了多条排水沟,均汇聚至树木东侧高台边缘的排水管口,这说明在降雨条件下,来自周边汇水区的雨水首先冲刷进入卧龙松的木平台,经土壤吸收后,多余水分自然汇聚至排水管口排出。表明木平台起到了渗井的作用,不仅透气,还可以将周边大面积的雨水吸收储存至古树周边土壤,保证了土壤良好的墒情。

③木平台为后期土壤管理提供了方便　设置木平台后,树体周边土壤维持了良好的物理状态,提高了旱季补水的及时性、有效性,并保证了土壤养分的有效补充。

④木平台改善了古树周边土壤状况 提高了古树树势,9年来,卧龙松枝繁叶茂,长势良好。

7.2 古银杏养护与复壮

7.2.1 形态特征

银杏(*Ginkgo biloba*),为银杏科(Ginkgoaceae)银杏属(*Ginkgo*)落叶大乔木。原产我国,为单科单属单种植物。胸径可达4m。幼树树皮近平滑,浅灰色,大树树皮灰褐色,不规则纵裂,有长枝和短枝。叶互生,在长枝上辐射状散生,在短枝上3~5枚成簇生状;有细长的叶柄,扇形,两面淡绿色,在宽阔的顶缘具缺刻或2裂,宽1.5~5.8cm。雌雄异株,稀同株。

7.2.2 生态习性

银杏最大特点之一是对土壤的适应能力强。在我国从北部辽宁的肥厚棕壤、暗棕壤到华北及江淮平原的褐土、黄棕壤、潮土(冲积土)及长江以南和西南地区的红壤、黄壤、砖红壤、紫色土等土类均有银杏分布和生长,但以深厚、湿润、肥沃、排水良好的壤土、砂质壤土生长最好。以低海拔、降水量适中、温暖湿润、光照充足的条件下生长最佳。高海拔、过湿、过干,冬季低温不利于银杏生长。

7.2.3 分布范围

银杏在我国可考证的栽培历史逾千年之久,三国时盛植江南,唐代已产于中原,宋代更为普遍。从世界范围来看,银杏于6世纪由中国传入日本,1730年由日本引入荷兰乌德勒支植物园,1754年引入英国皇家植物园,1784年引入美国。中国是世界上第一银杏大国,拥有世界银杏90%以上的种质资源,除黑龙江、青海、西藏和海南外,其他各省份均有银杏分布,重点分布省份包括山东、江苏、广西、浙江、湖北、湖南、四川、安徽、贵州、河南、广东、福建等。

7.2.4 古银杏养护

7.2.4.1 春季养护技术措施及要求

(1)补水

春季易发生干旱,需适时对古银杏进行补水。有条件的地方应依据土壤含水量测定结果确定是否灌水,或者挖出根际土,手攥后松开若呈结块则无须灌水,若呈飘散粉末状则需要灌水。

灌水方法:在树盘上均匀挖3~5个穴,直径50cm左右,深度20cm左右,四周培土埂,每穴灌水10~20L。如果持续干旱,10~15d后重复灌水1次。

(2)施肥管理

通常健壮古银杏无须施肥,未经专家指导严禁随意施用化学肥料。宜选用完全腐熟的有机肥或生物菌肥。

施用量和施肥方法：有机肥可直接撒施树盘之上，每年每株施用50~100kg；施用生物菌肥可在树盘之上开放射状浅沟，将生物菌肥溶解稀释后施入。

(3) 整理树冠

在落叶后的初冬或天气转暖的早春进行。结合通风透光和病虫害防治等进行修剪整形，轻剪、疏剪，去除病枯枝、断枝、劈裂枝、内膛枝，严禁对正常生长的树冠进行重剪，锯口、剪口要齐平，不起毛，及时涂上伤口涂抹剂，防止水分散失和病菌侵入。对能体现银杏古树自然风貌且无安全隐患的枯枝应予以保留，但应进行防腐和加固处理。

对结果过多的古银杏，应尽早摘除部分或全部花果，或于花期采用石硫合剂喷洒树冠以减少古树结果量。

(4) 病虫害防治

①超小卷叶蛾　在各大银杏产区均有发生，目前只发现幼虫危害，它以幼虫进入短枝和当年生长枝内部进行危害，导致短枝上叶片和幼果全部枯死脱落，生长枝梢枯断。幼虫主要危害短枝，其次是当年长枝。危害短枝时，常从枝端凹陷处或叶柄基部蛀孔侵入枝内。幼虫于5月中旬至6月中旬由枝内转向枯叶，吐丝将枯叶侧缘卷起，居卷叶内栖息取食，然后蛀入树皮。幼虫多在粗树皮表面下2~3mm处作茧化蛹。主要防治方法有：

捕杀成虫　根据成虫羽化每天多集中在6:00~8:00和羽化后栖息树干的习性，于4月每天9:00之前，进行人工捕杀成虫。

剪虫枝　在初发生和危害较轻地区，从4月开始，当被害枝上叶、幼果出现枯萎时，人工剪除被害枝烧毁。

化学防治　成虫羽化盛期，即4月上旬左右，用50%杀螟松乳油1250倍和2.5%溴氰菊酯乳油1：500倍混合液，配成1：1用喷雾喷湿树干，对羽化出的成虫杀死率可达100%。根据老熟幼虫转移树皮内滞育的习性，于5月底或6月初，在老熟幼虫开始转移时，用2.5%溴氰菊酯乳油1：2500倍液喷雾树冠和树干，或用2.5%溴氰菊酯乳油、10%氯氰菊酯乳油各1份，分别与柴油20份混合，用油漆刷在树干基部、上部，以及骨干枝的下部，分别涂刷4cm宽毒环，对老龄幼虫致死率可达100%。

②蝼蛄　俗称拉拉蛄、土狗子，国内分布约4种，但以华北蝼蛄和东方蝼蛄对银杏危害严重。东方蝼蛄分布于全国各地，以北方地区发生较重；华北蝼蛄分布于西北、华北和东北的南部地区。蝼蛄对苗木的危害除以成、若虫直接咬食根系和种芽外，还由于其在土壤中的活动使古银杏的根系与土壤脱离，可造成地上部日晒后萎蔫。蝼蛄在北方地区有两个猖獗危害时期：一是4~5月间越冬成、若虫上升到表层土壤活动；二是9月，当年越夏的若虫和新羽化的成虫大量取食后准备越冬。防治方法有：

灯光诱杀　在古银杏周围设黑光灯、电灯或火堆诱杀。在天气闷热或将要下雨的夜晚，20:00~22:00诱杀效果最好。灯光最好设在距古树有一定距离的地方，以免落地蝼蛄爬进田内而造成危害。

人工挖掘　春季根据地面蝼蛄的隧道标志挖窝灭虫，夏季产卵高峰期结合夏锄挖穴灭卵。

药剂防治　用20%杀灭菊酯50~100倍液加炒香的麦麸或磨碎的豆饼5kg，搅拌均匀，傍晚时均匀撒于树冠周围或沟施，毒饵用量 1.5~3kg/667m²。

③黄刺蛾　该虫在华北 1 年发生 1 代，南京发生 2 代。以老熟幼虫在树上结茧越冬。翌年 5~6 月化蛹，成虫于 6 月出现，羽化多在傍晚，以 15:00~20:00 时为盛。有趋光性。成虫寿命 4~7d，每一雌蛾产卵 49~67 粒。卵经 5~6d 孵化，初孵幼虫取食卵壳，然后食叶，但危害并不十分严重。进入 4 龄时取食叶片呈洞孔状，5 龄后可吃光整叶，多为嫩叶。主要防治方法有：

摘除虫茧　冬季落叶后结合修剪防茧。
化学防治　幼虫发生期可喷高效氯氰菊酯，效果较好。
生物防治　可施用黑卵蜂、白僵菌等。

7.2.4.2　夏季养护技术措施及要求

(1) 排水与补水

如果树根附近出现雨后积水，土壤含水过多等现象，应开挖排水沟。沟的位置及长、宽、深应视排水量和根系分布情况而定，做到排得走、不伤根。一般沟宽要求 30~50cm，沟深在根系下 15~25cm。沟一端要紧靠树根底下，另一端应接通排水处，沟长需按实际需要而定，至少要使积水能顺利排出。沟里垫入大小不同的各种石块，先填入较大块的卵石，然后再填碎石，最后加填粗砂，再覆土，形成一条沟渠，便利排水。

夏季如遇持续干旱天气，应及时补水，补水方法同春季补水。

(2) 整理树冠

可对树冠进行适当整理，树冠过大、枝叶过于茂密时，适当疏除部分小枝，以改善通风透光条件，减少水分养分消耗。

(3) 树体支撑加固

①树体支撑加固

仿真支撑法　制造仿古树假树支撑，支撑点一般在树干中部稍上处，主要用于游客密度较大的地方且树体较矮的古树。该方法美观，能与古朴庄严的环境相融合。

钢管支撑法　分为单管支撑和双管梯形支撑，在钢管的上方制作一个比支撑点树径稍大的半圆形托架，卡住树干，钢管涂刷与古树树皮相近的防锈漆，支撑点一般也在树干的中部稍上方。该方法用于支撑树体较高的古树，方便快捷。

牵拉法　分单线牵拉和双线牵拉，牵拉点一般在树干的中上部，在牵拉点安装一个带扁铁扣圈，内垫胶皮卡住树干，用钢丝线牵拉。由于牵拉点的扣圈是紧扣树干的，随着古树的生长，扣圈会压迫树皮，影响古树的生长，需要 2~3 年松扣一次。

掏腐木屑和钢丝网封补树洞法　在树干基部的树洞或在没有活皮的一面凿开一个树洞，掏出腐木屑，如果树洞较大，把腐烂木质部彻底清除至露出新的组织，刷涂波尔多液或 5% 硫酸铜溶液等防腐药剂做防腐处理，然后用钢丝网封补树洞。该方法可降低树洞内的湿度，延缓腐朽速度或阻止腐朽。

树皮封补法　对少部分重要古树，由于树洞呈长条形，开口较大，采用废弃的带树皮木板，封堵树洞，外围以铁箍加固。此方法处理后的古树，封补部分与古树浑然一体。

②架设避雷针　银杏古树一般树体高大，为防止雨季遭受雷击，影响树势，应加设避雷针，如果遭受雷击，应立即将伤口刮平，涂上保护剂，并堵好树洞。

(4) 病虫害防治

①茶黄蓟马　在许多银杏产区均有发生，主要危害苗木、成龄树的新梢、叶片，常聚在叶子背面，吸食嫩叶汁液，吸食后叶片很快失绿，严重时叶片干枯，导致早期落叶。该虫以蛹在土壤内越冬，早春开始先聚集于银杏幼苗叶片危害，也有的在大树下根蘖苗上危害。一般5月中旬蓟马开始出现，7月中下旬达到高峰，9月幼虫量大大减少。防治方法主要有如下几种：

加强管理　促进树体发育，提高叶片叶绿素含量，增强树势。适时修剪，调整光照，冠内通风透光。

化学防治　当虫害大发生（一般每片银杏叶有虫20头以上）时进行药剂防治。第一次于5月中旬至6月上旬，使用2.5%吡虫啉乳油800~1000倍液或25%吡虫啉可湿性粉剂4000倍液喷雾；第二次于6月中下旬，使用2.5%吡虫啉乳油800~1000倍液或25%吡虫啉可湿性粉剂4000倍液喷药。

②蛴螬　大部分为植食性种类，其成虫和幼虫均会对银杏造成危害。蛴螬除咬食侧根和主根外，还能将根皮食尽。成虫则取食银杏叶片，往往由于个体数量多，可在短期内造成严重危害。危害期5~10月，尤以7~9月最为严重。防治方法有：

农业防治　精耕细作，合理施肥，粪肥要充分腐熟方可施用。氨水对蛴螬有一定的防治作用，可适当施用。

人工捕杀　当蛴螬在表层土壤活动时，可适时翻土，拾虫消灭。利用成虫的假死性，在盛发时期人工捕杀。

化学防治　在成虫盛发期，用杨、柳、榆树枝条蘸80%敌百虫200倍液，每隔10~15m插一束，每667m²放置5把，插在树冠范围内诱杀成虫。

土壤处理　每667m²用50%辛硫磷200~250g，加细土25~30kg，撒后浅锄。或50%辛硫磷乳油250g，兑水1000~1500kg，顺垄浇灌，如能浅锄可延长药效。

7.2.4.3　秋季养护技术措施及要求

(1) 补水

秋季如遇持续干旱天气，应及时补水，补水方法同春季补水。

(2) 土壤管理

①中耕松土　每年至少进行1次，翻耕时沿主根伸展方向进行，深度根据根系实际情况确定，翻耕时要尽量避免伤及根皮和截断细根，土壤内有建筑垃圾、生活垃圾、废弃建筑物等应予以清理。

②挖复壮沟　对于树龄较大、生长势衰弱的古银杏，或经调查发现树盘土壤过于黏重湿涝导致根系腐烂稀少的古银杏，春季发芽前或秋季落叶前后，可在树冠外缘开挖复壮沟。复壮沟在树盘内呈放射状分布。换土时，在树冠投影外侧挖放射状沟4~12条，每条约长120cm，宽40~70cm，深80~150cm。施工前标记复壮沟位置和边界，逐层仔细开挖，防止损伤根系。沟内先垫放10cm松土，再把易腐烂的树木枝条平铺一层，厚度20cm，上撒少量松土，每沟施粉碎的麻酱渣1kg，尿素50g，为了补充磷肥可放入适量的动物骨头或贝壳等物，覆土10cm后放入第二层树枝，最后覆土踏平。如果土壤过酸或过碱并超出古树适应范围，可结合复壮沟回填，适当加入少量生石灰或硫酸亚铁，每个复壮沟1kg左

右。施工结束后将废弃土壤运出。

(3) 施肥或叶面喷肥

①叶面追肥　银杏古树截留空气中的灰尘极多，会影响其光合作用和观赏效果，可对其用0.5%尿素、0.1%的磷酸二氢钾等进行树体喷施，每年2~5次，在阴天或傍晚进行。

②注射施肥　对于枝叶稀少、叶片泛黄、树势衰弱的古银杏，可进行树干挂瓶补充营养液，营养液中加入适量生长素和细胞分裂素。

(4) 整理清除干枯枝叶

秋季古银杏落叶后应及时对树冠周围干枯枝叶进行清理，尤其是因病变断裂脱落的枯枝干杈，容易滋生病虫害，成为古树衰弱的因素。

(5) 病虫害防治

秋季病虫害主要是银杏大蚕蛾，又称白果虫，我国一年发生一代，以卵越冬。一般产卵3~4次，一头雌蛾产250~400粒。卵多集中成堆或单层排列，产于老龄树干表皮裂缝或凹陷地方，位置多在3m以下、1m以上，幼虫孵化很不整齐。初孵幼虫多群集在卵块处，经1h后开始树上取食，幼虫3龄前喜群集，4~5龄时开始活动，5~7龄时开始单独活动，一般都在白天取食。幼虫1d中，以10:00~14:00取食量最大。主要防治方法有：

提倡秋耕　秋耕加冻垡杀死越冬虫卵，降低虫卵密度。

灯光诱杀　成虫有趋光性，飞翔能力强，于9月雌蛾产卵前，用黑光灯诱杀成虫，效果很好。

生物防治　在雌蛾产卵期(9月)，可人工释放赤眼蜂，以压低虫口密度。赤眼蜂对银杏大蚕蛾的寄生率可达80%以上。

化学防治　根据3龄前幼虫抵抗力弱有群集性的特点，可喷洒90%敌百虫1500~2000倍液，杀虫率100%；老龄幼虫喷500倍液，杀虫率90%。另外，3龄前也可喷鱼藤精800倍、25%杀虫双500倍液，效果也很好。

7.2.4.4　冬季养护技术措施及要求

(1) 防治越冬病虫源

一般选择初冬以及早春进行，病虫正处于越冬状态，抗性比较差，此时用药事半功倍，防治效果比较好。另外，该时期越冬病虫的越冬场所相对较为集中，防治比较简单。

①清除杂草枯枝等　枯枝、落叶、杂草、树皮及各类生产垃圾都是越冬病虫的主要越冬场所之一，同时也很容易滋生病菌。要对它们进行集中清扫，并且进行统一灭菌处理，可以有效降低越冬病虫的数量。

②冬季修剪　冬季修剪枯、残、病虫枝叶，不仅可以消灭越冬的病菌虫卵，降低来年病虫害的发生量，同时还能够减轻植物不必要的营养消耗，为来年生长储存更多的营养。

(2) 树干涂白

冬季树干涂白能够减少阳面树皮因为昼夜温差而导致的伤害，又能消灭在树皮缝隙中越冬的害虫。涂白时，涂白剂浓度应合理，以免往下流或出现黏团。涂白后，能防止树体冬季冻害、日灼和畜禽啃咬，还能起到病虫害防治的作用。刮皮后涂白对防治树皮中的越冬小型昆虫有很好的作用。

7.2.5 古银杏复壮案例

7.2.5.1 万户村古银杏修复

（1）现状分析

山东省威海市乳山市大孤山镇万户村古银杏树龄已逾1200年，为"胶东第一银杏树"。国家军委原副主席迟浩田曾题词："沧海桑田千年树，人杰地灵万户村"。2013年10月22日，出现树势衰弱，树冠范围内各个方位均存在大枝死亡的情况，北部最为严重，枝上芽和叶全部枯死，表皮完好，呈灰白色，未出现爆裂腐烂现象，内部木质部腐烂、质轻、硬度低、轻弯易折（见彩图16）。

同时发现，古银杏根系大面积腐烂，在根盘范围内，北部、西北部、东北部及西部烂根情况严重，烂根密度达到50%以上；东部及东南部次之，也存在烂根情况。近活根处根系表皮干燥，呈褐色，与木质部结合疏松，轻敲击易脱落。主干远端处，根系腐烂严重，表皮腐烂、脱落，木质部裸露，呈灰白色，水分散失严重，内部疏松、质轻，轻敲易断裂（见彩图17）。

通过现场观察、访问，判断古银杏树势衰弱原因如下：

①立地条件差，水、肥、气三大因素中，透气性差为主要原因。

②修路施工，水泥渗透，导致树根损伤严重。

③人工授粉，导致树体养分过度消耗。

④2013年特殊的气候条件，干旱缺水，造成古树生长较差。

（2）复壮措施

①生境改善

改路　将现有道路改至河南侧，原有硬化路面全部清除。

清除地上杂物　清除地表植物[紫薇、龙柏、榆叶梅（*Prunus triloba*）、'洒金'柏（*Sabina chinensis* 'Aurea'）、石楠（*Photinia serrulata*）]和石凳、地砖、石块等。

设置铁栅栏、铺设木栈道　为防止人为破坏，距离树干1m处设置第一道铁栅栏，并单独设置出口，方便管理。距离树干5m处设置第二道铁栅栏，并在第一道和第二道铁栅栏间铺设木栈道，方便村民休憩。

客土改良　落叶后，立即清除树下填埋的土壤（约50cm，至毛细根出现为止）。挖掘时限在树冠外缘，视填方情况定挖土深度，从外向内（树干）逐渐减少取土深度。同时，将树冠外围土壤换为疏松、肥沃的土壤。结合土壤改良，增施熟化后的土杂肥。上冻前结束施工，用草帘铺盖，并灌足封冻水。

②地上部处理

控制结实　花期采用石硫合剂喷洒树冠以减少古树结果量。

叶面施肥　翌年，叶芽萌动、叶片发黄后，采用0.5%尿素喷洒树冠，同时，对生长较弱的枝条挂瓶输送营养液。

树冠喷雾　树下敷设输水管道，沿树干、粗枝布设喷雾管道。

安装避雷针 为避免雷击造成树木损坏,设置避雷针。

③银杏苗倒插皮古树根系复壮

嫁接前古树生长环境预处理 嫁接前清理古银杏周围杂物,如石料、砖料、水泥、石灰及杂草、苔藓等,用小锄或爪钩及毛刷去除树冠垂直投影范围内的覆土,垂直深度0.5~1.5m,确保根系悬露空气中,准确定位腐根与活根交界处,然后用浸湿的草苫或黑色塑料薄膜覆盖,待接。

砧木苗准备及接口切削 选择3~5年生、生长良好、根系发达、无病虫害、地径1.5~2.5cm的实生银杏苗作为砧木,边起苗边嫁接或于嫁接当天起苗运到嫁接地点。将银杏苗在根颈交界点以上20cm处横向截断,削一个长8.0~10.0cm、宽1.0~2.0cm的单马耳形弧面,然后从长削面背面的上端0.5~1.0cm处开始,轻轻削去两侧的皮层,砧木削面基部稍厚呈弧形,向上逐渐变直变薄(图7-10)。

古树根系处理及接口切削 清理根系上杂物,在腐根与活根交界处向内20~30cm选取活根部位嫁接。嫁接数量视腐根程度,根系粗度5~50cm,均可嫁接。先削去粗糙、老化的外皮,切削的深度以确保古树根系的韧皮部似露非露,略见红色或黄白色为宜,用刀削一个与接穗相融合的月牙形凹面,在切口基部横切一刀,深达木质部,然后由下而上纵切一刀,深达木质部,该面低于形成层平面1.5~2.5cm,形成凹槽形断面,确保砧木镶嵌到古树根系切口内,削面长度略长于砧木削面(见彩图18)。

嫁接时间及方法 嫁接时间为3月下旬至4月上旬,根系萌动后。采用改良倒插皮嫁接法,即将砧木苗插入古树根(接穗)切口中,由于根皮较厚,夹持力较大,应先用一"类接穗"开口器开口,再一手持紧砧木,一手轻按切口,用力迅速插入切口,插入深度6~8cm,直到砧穗密接为止。

插后处理及管理 砧穗插紧后,再在古树根系切口两侧各钉2~3个钉子,深达木质部。然后在伤口处涂上特制愈合剂,防止病菌感染,快速愈合。然后将配好的营养土轻轻覆盖根系及嫁接部位,通过每天喷水确保根土密接,严禁大水漫灌。

(3) 复壮效果

至当年6月,检查发现接口已经愈合,且砧木上芽眼抽生新叶(见彩图19)。随后通过对万户古银杏与30年实生银杏枝条和叶片以及复壮前后各项指标进行对比发现:

①二者2年生枝生长状况相似,而复壮后古树要比30年生实生银杏枝条表现出更强的生长势头。

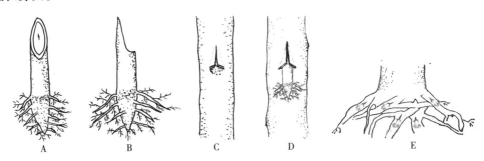

图7-10 银杏苗倒插皮古树根系复壮示意图(孙立民 绘制)
A、B. 为砧木示意图　C. 接穗切口示意图　D. 接穗砧木结合示意图　E. 嫁接效果示意图

②万户古银杏及30年生实生银杏长、短枝叶片，前者叶片较小，但两者差异并不显著，故经复壮后，古树叶片已可以正常生长；对于两者叶片生长活力来说，前者相对含水量要高于后者，且差异显著，经复壮后，古树叶片中自由水含量显著提高，其叶片生长活力更高，代谢旺盛，可以为古树正常生长提供所需的营养。

通过复壮，清理了古银杏周围杂物，改善了古银杏周围土壤环境，保障了古银杏根系呼吸和对肥水的吸收。采用了倒插皮舌接方法，用银杏幼苗作砧木，以砧木根系代替古银杏根系进行水分、养分的吸收，从根本上解决了古银杏衰弱的问题。利用上述方法对古银杏进行复壮，操作工艺简洁，成本低廉、节省人力物力，复壮效果显著，为银杏古树复壮保护提出了一种有效的技术措施。该案例对根系受害严重、基本失去活力的银杏古树的复壮具有借鉴意义。

7.3 古柏树养护与复壮

7.3.1 形态特征

古柏树，泛指树龄逾百年的侧柏（*Platycladus orientalis*）和圆柏（*Sabina chinensis*）。

侧柏，乔木，高逾20m。树皮薄，浅灰褐色，纵裂成条片。枝条向上伸展或斜展，老树树冠则为广圆形；生鳞叶的小枝细，向上直展或斜展，扁平，排成一平面。叶鳞形，长1~3mm，先端微钝，小枝中央的叶的露出部分呈倒卵状菱形或斜方形，背面中间有条状腺槽，两侧的叶船形，先端微内曲，背部有钝脊，尖头的下方有腺点。种子卵圆形或近椭圆形，顶端微尖，灰褐色或紫褐色，长6~8mm，稍有棱脊，无翅或有极窄之翅。花期3~4月，球果10月成熟。

圆柏，乔木，高逾20m，胸径达3.5m。树皮深灰色，纵裂，成条片开裂。幼树的枝条通常斜上伸展，形成尖塔形树冠，老则下部大枝平展，形成广圆形的树冠。小枝通常直或稍呈弧状弯曲，生鳞叶的小枝近圆柱形或近四棱形，径1~1.2mm。叶二型，即刺叶及鳞叶；刺叶生于幼树之上，老龄树则全为鳞叶，壮龄树兼有刺叶与鳞叶。种子卵圆形，扁，顶端钝，有棱脊及少数树脂槽。

7.3.2 生态习性

侧柏喜光，但幼苗、幼树有一定耐阴能力。喜生于湿润肥沃、排水良好的钙质土壤，耐寒、耐旱、抗盐碱，抗风力较差，但不耐水淹。耐贫瘠，生长缓慢，寿命极长。适应性强，对土壤要求不严，在酸性、中性、石灰性和轻盐碱土壤中均可生长。萌芽能力强，耐强太阳光照射，耐高温，浅根性，在山东只分布于海拔900m以下，以海拔400m以下者生长良好。侧柏栽培、野生均有。在平地或悬崖峭壁上都能生长；在干燥、贫瘠的山地上，生长缓慢，植株细弱。浅根性，但侧根发达，萌芽性强、耐修剪，寿命长，抗烟尘，抗二氧化硫、氯化氢等有害气体，分布广，为中国应用最普遍的观赏树木之一。

圆柏喜光，幼树稍耐阴，耐寒，耐干旱瘠薄，也较耐湿，酸性、中性及钙质土上均能生长。

7.3.3 分布范围

柏树北至内蒙古、吉林,南至两广,东至江浙,西到西藏地区,都有栽培。在吉林垂直分布达海拔 250m,在河北、山东、山西等地达 1000~1200m,在河南、陕西等地达 1500m,在云南中部及西北部达 3300m。河北兴隆、山西太行山区、陕西秦岭以北渭河流域及云南澜沧江流域山谷中有天然森林。

侧柏的天然林主要分布于华北的南部及山东、河南等地。天然林最北在吉林老爷岭、辽宁北镇、凌源及北京密云一带,西北在内蒙古的乌拉山与包头之间。山东、河南的天然林集中分布于当地的石灰岩地区。山东泰山、鲁山、沂山及江苏徐州形成东部较集中的天然分布。河南南部淅川、确山及嵩山附近组成中部天然林分布区。秦岭山脉及陕西黄陵都生长着侧柏天然林。

古圆柏生于中性土、钙质土及微酸性土上,各地也多栽培,西藏也有栽培。

古柏树在殷商时期就作为"社木",是古代推崇的尊贵树种。民间常将柏字谐音"百",意为吉祥数,如百事、百鸟、百川等。因柏树长寿常青,木质芳香不朽,各代帝王在坛庙、陵寝广植松柏,如黄帝陵古柏群、孔庙古柏群、十三陵古柏群、天坛古柏群、劳动人民文化宫古柏群等。另外,古柏树作为"仪树",植于风水红墙之内,横竖有序,清代姚永概称为"罗列骈生咸铁铁",符合"仪树"的特征。

7.3.4 古柏树养护

7.3.4.1 春季养护技术措施

(1) 补水

春季土壤解冻前后开始浇灌返青水。返青水一般使用符合园林绿化灌溉要求的自来水、地下水、雨水等水源,浇足浇透,深度应到达 80~100cm。再生水不利于古柏树的生长,一般不予采用。

提前设置渗水井、复壮井或透气孔,方便生长在铺装区域里的古柏树浇水。生长在草坪绿地里的古柏树,浇水前应根据实际情况开设大小适度的树堰,围堰进行浇灌,浇足浇透,防止形成拦腰水。

(2) 施肥管理

土肥条件差或生长势衰弱的古柏树,根据条件适当地开展每年一次的春季土壤改良。可选用腐叶土、草炭土以及腐叶肥、有机肥、微生物菌肥、微量元素肥等进行土壤改良。

绿地或裸地中的古柏树,可以通过施肥穴的方式,将施肥穴的位置设置在树冠垂直投影外缘,深度以 60~80cm 为宜。

铺装区中的古柏树,可设置复壮井(图 7-11)。复壮井内的基质应每 3 年更换一次,更换时可修剪部分根系,补填土肥混配基质。

(3) 树冠整理

整理树冠应保持树冠整体形态良好。3月中旬前可以整理树冠内的过密枝、交叉枝。病虫枝、枯死枝杈根据需要及时整理。枝杈一般不留橛,枯死枝锯口可刷熟桐油防止腐

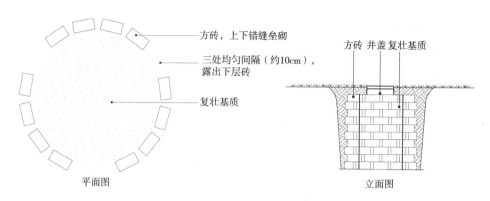

图 7-11　干砌式复壮井（刘婷婷　绘制）

烂。活枝锯口应均匀涂抹愈合剂，愈合剂的颜色尽可能与树皮颜色相近。

一些具有景观效果的枯死枝，无安全隐患时，可以做好防腐处理后给予保留。

古树有时受到瞬时大风、雷击、极端天气影响，发生枝条劈裂，应及时全部清除，并涂抹消毒剂和伤口愈合剂。

一些古柏树上寄生藤蔓植物，应及时去除以免影响古树生长。

(4) 病虫害防治

早春病虫害防治非常关键，清除古柏树枯死枝叶、病虫枝，清理树下病虫越冬场所，消灭越冬病虫源。

2月下旬使用诱木或植物源引诱剂诱杀双条杉天牛成虫，3月下旬和6月上旬使用诱木或植物源引诱剂诱杀柏肤小蠹成虫。

2月下旬至3月上旬，视天气情况使用高压喷头对古柏树树冠进行喷淋，清洗尘土、清除叶部柏蚜和柏小爪螨的部分越冬代卵或幼虫。

3月中下旬开始，喷药封干，防治蛀干害虫双条杉天牛和柏肤小蠹的成虫及叶部害虫柏长足大蚜和柏小爪螨。具体方法如下：

① 双条杉天牛　用10%高效氯氟氰菊酯+20%吡虫啉悬浮剂1500~2000倍液或10%顺式氯氰菊酯乳油1000~1500倍液或3%噻虫啉微胶囊悬浮剂800倍液，喷药封干防治成虫；2月底设诱木诱杀成虫；4月上旬幼虫孵化蛀入皮层危害前，使用30%噻虫嗪悬浮剂2000倍液或者20%噻嗪酮+10%吡蚜酮悬浮剂1500~2000倍液喷药防治幼虫，也可通过排粪孔直接注射药剂防治幼虫；生物防治可人工释放蒲螨或肿腿蜂等天敌成虫；严重时也可密封熏蒸。

② 柏肤小蠹　3月中下旬和6月中旬使用10%顺式氯氰菊酯乳油1000~1500倍液或3%噻虫啉微胶囊悬浮剂800倍液喷药封干防治成虫，或设诱木诱杀成虫；4月中旬幼虫期释放蒲螨等天敌成虫，也可提早使用20%噻嗪酮+10%吡蚜酮悬浮剂1500~2000倍液加助渗剂喷雾或者根灌30%噻虫嗪悬浮剂1000~1500倍液，防治幼虫。

(5) 树体检测和保护

树体外观完好或树洞小且隐秘的古柏树，用橡皮锤对树干进行锤检，如有疑似空洞的，可使用树木心材检测仪进行检测，对树干横截面空腐达30%以上应进行支撑加固和树冠整理，防止树体折断。

对树体外观破损严重且树干有存水现象的古柏树，及时进行支撑加固和修复处理。如发现古柏树主干及枝干裸露木质部腐朽，对松软的部分，应刮除并适当打磨，杀菌消毒后，再涂抹熟桐油防腐、防水。

7.3.4.2 夏季养护技术措施

(1) 补水与排水

5~6月发生严重干旱时，应及时对古柏树进行浇灌补水。在雨季来临之前，草坪绿地中的古柏树可以采用开堰透气、埋设渗透管、中耕、除草等养护措施防涝。雨季发生积水时，可以用开沟、开槽等人工引流方法排除古柏树保护范围内的积水。同时在汛期对古柏树进行及时检查、巡查，发现折枝、倒伏、雷击损伤等，进行抢救保护。

(2) 树冠整理

生长势衰弱的古柏树，一般会有大量的当年新生幼果，需要及时人工剪除，防止过多消耗树体营养。

(3) 有害生物防治

5月上旬进行集中喷药，重点防治柏蚜、柏小爪螨等叶部害虫。

5月中下旬对生长势衰弱的古柏树，可采取树干释放肿腿蜂、蒲螨等天敌来防治蛀干害虫幼虫，也可进行虫孔注药防治幼虫。

6月中下旬使用具有触杀、胃毒、内吸作用的药剂喷施树冠和树干，重点防治柏肤小蠹成虫。

7.3.4.3 秋季养护技术措施及要求

(1) 补水

根据天气状况和土壤含水量，适时浇水。

(2) 土肥管理

春季未做土壤改良的生长势衰弱古柏树可在10月下旬进行土壤改良。

(3) 病虫害防治

9月上旬开始，使用具有触杀、胃毒和内吸作用的药剂，重点防治古柏树叶部蚜虫、红蜘蛛等害虫和枝、干部柏肤小蠹成虫；在越冬前对叶部蚜虫、红蜘蛛等危害严重的古柏树进行重点防治。

7.3.4.4 冬季养护技术措施及要求

(1) 冬季浇灌、积雪处理

在土壤封冻前开堰、漫灌、浇透冻水。冬季雨雪天气时，对于生长在车辆、人员活动多的路边或硬化铺装地等区域的古柏树，提前采取安装防护挡板等措施，防止含有融雪剂的冰雪水污染根系土壤。及时去除大雪后古柏树冠上的积雪，防止树冠折损。

(2) 病虫害防治

12月至翌年2月中旬进行树冠枝条整理，清除古柏树枯死枝、病虫枝、断枝、劈裂枝，可以减少翌年病虫源。

图 7-12　车辆通道处的古圆柏
（刘伟利　摄）

7.3.5　古圆柏树复壮案例

(1) 现状分析

拟复壮的圆柏位于昌平区邮政局院内货车通道区，该区域经多年碾压，地面紧实，严重处已凹陷，导致 3 株古树生长势弱，其中 1 株已经死亡（图 7-12）。

(2) 复壮技术

因 4 株古树之间的通道是该院唯一行车通道，无任何可替代通道，对该区古树的复壮将重点围绕解决车辆碾压、提升土壤透气性展开。本工程采取在通道架设钢梁、钢梁上回铺带孔钢板的方式实现对该区古树的复壮（图 7-13、图 7-14）。技术流程包括以下几点：

①拆除原旧围栏，拆除一侧硬化路面，人工挖土方。

②改良地下土壤，添加有机质。

③人工挖钢梁基础坑，现浇混凝土梅花桩。

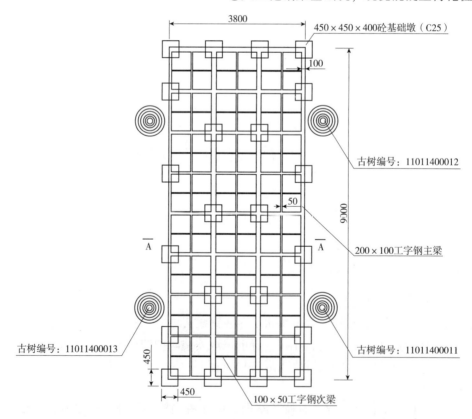

图 7-13　钢梁结构平面图（刘伟利　绘制）

④焊接钢主梁、次梁,做防锈处理(图7-15、图7-16)。
⑤钢面板打孔,焊铺钢面板,做防锈处理。
⑥喷防滑地板漆3遍。
⑦制作安装仿铜围栏。
⑧整树施药除虫。
施工完成后效果如图7-17所示。

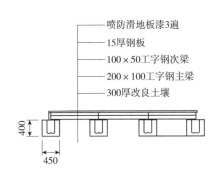

图7-14 钢梁结构剖面图(刘伟利 绘制)

图7-15 安装横梁(张宝鑫 摄)

图7-16 安装带孔钢板(刘伟利 摄)

图7-17 施工完成后(刘伟利 摄)

7.4 古槐树养护与复壮

7.4.1 形态特征

槐树（*Sophora japonica*），为豆科（Leguminosae）槐属（*Sophora*）落叶乔木。高可达20~30m，树冠近圆形。主干树皮暗灰色或黑褐色，成块状纵裂。小枝绿色，有明显的黄褐色皮孔。奇数羽状复叶互生，小叶对生，全缘，小叶大多7~17枚，卵状长圆形或卵状披针形，长2.5~6.5cm，宽1.2~3cm，先端急尖，基部圆形或宽楔形，叶背面有柔毛及白粉。荚果，串珠状，长2~8cm，径1~1.5cm；果皮肉质，成熟后干缩不裂、不脱落。种子1~6粒，肾形，黑褐色。花期7~9月，果10~11月成熟。

7.4.2 生态习性

槐树是我国北方各省份最常见的乡土树种，树形优美，树荫面积大，且栽植易成活，最适合作为行道树和庭荫树，园林绿化中广泛应用于城市公园绿地、庭院街道、郊野森林公园、平原造林、浅山造林绿化、村镇四旁绿化等建设工程中，各地的寺庙坛宇也常有槐树身影。目前，槐树已成为北京、西安、石家庄、大连、泰安等城市的市树。

槐树喜光，喜排水良好、深厚的砂质土壤。整体上对土壤的适应性广泛，耐干旱瘠薄，基本能适应城市板结土壤、硬质铺装等不良生长环境，酸性、石灰质及轻度盐碱土上也能生长。但贫瘠的山地和低洼积水处会生长不良。

槐树属于深根性树种，根系发达，幼树生长较快，后期生长缓慢，属长寿树种。但老龄株的主干、主枝易枯朽形成空洞，影响主干材质和树体安全，尤其是修剪留橛过长时，因为枯橛腐烂常常连带主干腐朽，由此有"十槐九空"的说法。槐树易遭受大风、暴雪危害，并常导致枝、干劈裂或折断。

槐树的叶部、枝干常可发现多种有害生物危害，如槐蚜虫、槐豆木虱、截形叶螨、槐尺蠖、美国白蛾、叶柄小卷蛾、介壳虫、中华裸角天牛、小线角木蠹蛾、锈色粒肩天牛、刺角天牛、日本双棘长蠹、槐树烂皮病等。有害生物防治是日常养护管理的重要工作。

7.4.3 分布范围

槐树树种原产地为中国，以华北、西北各地分布多，北自东北辽宁，南至广东、云南，东至山东，西至新疆、甘肃等省份均有生长，尤以黄河流域各地较集中。

树龄能达到百年以上的古槐树大多分布在我国北方地区，如辽宁、河北、山东、北京、天津、山西、陕西、宁夏、甘肃、河南等地，并且数量很多。有关槐树的文献记载最早可追溯到先秦时期，如《山海经》中就有"首山其木多槐，条谷之山，其木多槐"记载。《本草图经》里有"槐，今处处有之"记载。现存的古槐树，很多都有丰富的历史文化内涵，如位于北京市怀柔区雁栖镇柏崖厂村东边雁栖湖上游西岸的"汉槐"，据考证为汉代所植，距今已有2000余年的历史，树高逾12m，胸径199cm，是北京"古槐之最"。再如，北京市北海公园画舫斋古柯亭院内一株唐代所植的"唐槐"，树龄逾1200年，2018年被评为"北京最美十大树王——槐树王"。

7.4.4 古槐树养护

7.4.4.1 春季养护措施

(1) 浇灌返青水

每年春季在土壤开始化冻时，要选用符合要求的水源及时浇灌返青水，并浇足浇透，深度80~100cm。日常养护的浇水补水应根据古树20~30cm深的根系土壤自然含水率情况来确定，通常适宜的土壤自然含水率为14%~19%。浇水时可使用皮管在树堰内直接漫灌。地下为硬质铺装的古槐树，应提前在树冠投影外缘区域设置渗水井、复壮井或透气孔，浇水可在井、孔中进行。草坪绿地里的古槐树，浇水前应根据实际情况开设大小适度的树堰，围堰进行浇灌。

(2) 土壤施肥

古槐树施肥以充分腐熟的腐叶肥、腐叶土、草炭土、蚯蚓肥、微生物菌肥等基质肥为宜，不提倡使用复合肥和化学肥料，不提倡树干扎针输液。

树下有施肥条件的古槐树，可在树冠投影的外缘间隔均匀挖多个放射状复壮沟(穴)，复壮沟(穴)深度60~80cm。挖出土后，按原土和基质肥5:1比例进行混合后再回填，并浇透水。地面因有铺装等无施肥条件的古槐树，可设置竖向通气孔或复壮井，复壮井中填入土肥混配为5:10。通气孔内插入筒壁打孔的竹筒，筒内填充基质肥。

(3) 树冠整理

3月中旬前，适当整理树冠内的过密枝、交叉枝、劈裂枝、病虫枝等，均不留橛，锯口均匀涂抹消毒剂和愈合剂。所有的枯死枝或枯橛随时进行清理，也不留橛，锯口先喷洒杀菌剂，再涂抹熟桐油等防腐材料。

(4) 设施维护

检查古槐树现有的硬支撑、拉纤、抱箍、木栈道、围栏等设施有无损坏，是否嵌入树体内，及时调整更换或补充润滑剂、防锈漆等。

(5) 打槐树荚

剪除槐豆荚及有虫枝条，消灭越冬代的幼虫。

(6) 树体检测

使用橡皮锤对树体外观完好的古槐主干进行锤检，疑似有空洞的要做好记录，并使用应力波检测仪器进行核验，树干空腐达30%以上的要及时进行支撑加固，防止树体折断倒伏。树体有明显的腐朽空洞的要及时修补。

(7) 病虫害防治

3月中下旬开始，槐豆木虱、美国白蛾的越冬代成虫开始活动，可使用10%吡虫啉可湿性粉剂1500~2000倍液或25%噻嗪酮可湿性粉剂1000~1500倍液喷雾防治。还可以在树上悬挂性信息素诱捕器诱杀成虫。

3月底日本双棘长蠹越冬成虫到枝干表面活动，可使用3%噻虫啉微胶囊悬浮剂800倍液喷雾防治。

4月上旬，槐尺蠖成虫进入羽化期，开始产卵，可用灯光诱杀成虫。

4月中下旬越冬代的槐截形叶螨成螨开始活动危害，可使用10%阿维·哒螨灵悬浮剂1500~2000倍液或40%阿维·炔螨特2000~3000倍液喷雾防治。

7.4.4.2 夏季养护措施

(1) 夏旱补水与雨季防涝

5~6月天气严重干旱时，应及时对古槐树进行浇灌补水，方法同春季浇水。雨季发生积水时，应采取开沟开槽等人工引流措施排除古槐树下的积水。

(2) 整理树冠

雨季前对树冠进行适当整理，适当疏除部分小枝，改善通风透光条件，减少水分养分消耗，也减少风折枝。

(3) 安装避雷装置

易遭受雷击、树体高大的古槐树，要按照相关技术规范要求，在雨季前及时安装避雷装置。

(4) 病虫害防治

5月上旬开始至雨季来临前，集中喷药，重点防治槐蚜、槐豆木虱、槐截形叶螨、槐尺蠖、美国白蛾等叶部害虫。可使用20%除虫脲悬浮剂2000~4000倍液或25%甲维·灭幼脲悬浮剂2000~4000倍液，与10%吡虫啉1500~2500倍液或5%噻螨酮乳油1500~2000倍液混合配药喷雾防治。5月中下旬人工剪除树上的美国白蛾网幕，消灭白蛾幼虫。

5月下旬和7月下旬分2次在古槐树上分别悬挂槐小卷蛾性信息素诱捕器和小线角木蠹蛾性信息素诱捕器诱杀成虫。

5~6月初为日本双棘长蠹幼虫活动期，可在两次喷药间隔期释放蒲螨、肿腿蜂等寄生性天敌昆虫防治幼虫。

5月中下旬至7月是蛀干害虫如日本双棘长蠹、中华裸角天牛、刺角天牛、巨胸虎天牛、锈色粒肩天牛等的成虫发生期，可使用10%顺式氯氰菊酯乳油1000~1500倍液、8%绿色威雷微胶囊剂400倍液或3%噻虫啉微囊悬浮剂800倍液，整株喷药防治成虫。

(5) 极端天气巡查

夏季各种极端天气时有发生，如瞬时强风、强降雨、雷电风暴等，常会对古槐树造成损害，要加强巡查尤其是极端天气的巡查，及时发现问题及时处置。

(6) 叶面喷肥

根据古槐树生长状况和立地条件，选择有针对性的叶面肥进行叶面喷施，时间选择雨后的早晨和傍晚，避开炎热的中午。

7.4.4.3 秋季养护措施

(1) 秋旱补水

根据天气状况和土壤含水量，适时浇水，防止古槐树过早落叶。

(2) 中耕松土

根据古槐树的生长状况和立地条件，对古树保护范围内的根系土壤进行翻耕松土，深度以20cm左右为宜，要尽量保护直径1cm左右的树根，防止挖断。清除土壤内的砖头、石块等各种垃圾。若古树保护范围内不方便施工，至少也应对树堰内的土壤进行中耕松土。

(3) 土壤施肥

结合中耕松土,在古树树冠垂直投影的边缘挖放射状的浅沟施肥,方法同春季土壤施肥。

(4) 整理树冠

清理树冠上的枯死枝、病虫枝、风折枝、劈裂枝等,加强树冠的通风透光。

(5) 病虫害防治

9~10月,集中喷药,重点防控古槐树叶部害虫如槐截形叶螨、槐豆木虱、槐蚜等的第二个危害高峰,用药同夏季的防治方法。

8~10月,日本双棘长蠹成虫迁移危害,槐尺蠖和美国白蛾也正值幼虫危害高峰期,可使用10%高效氯氟氰菊酯·20%吡虫啉悬浮剂1500~2000倍液与25%灭幼脲悬浮剂1500倍液或3%甲维盐微乳剂4000~6000倍液混合喷雾防治。

(6) 复壮工程施工

10月中下旬,已列入年度保护复壮任务的古槐树,可按照计划实施地上、地下保护复壮工程,如树体消毒防腐、树洞修复、地下土壤改良等。

7.4.4.4 冬季养护措施

(1) 浇灌冻水

11月中下旬土壤封冻前,采用树堰漫灌方式给古槐树浇灌冻水。

(2) 树下清杂

12月初开始,清除树下的砖头石块、枯枝落叶、杂草灌木及其他垃圾,减少越冬病虫源和火灾隐患。

(3) 树冠整理

整理古槐树的枯死枝、病虫枝,同时清理槐豆荚。

(4) 树干涂白

根据古槐树所在的环境条件及病虫害发生情况,可进行树干涂白,以达到防病、防虫目的。

(5) 病虫害防治

采取人工抠、挖、捅等办法,清除古槐树下土块、瓦砾、浅土层及周围建筑物缝隙等隐蔽处的槐尺蠖和美国白蛾的越冬蛹。

(6) 积雪处理

生长在路边、人行道或硬化铺装地等处的古槐树,入冬后在其树堰外缘安装防护挡板,防止融雪剂污染根系土壤。同时,设置警示标牌,提示相关人员不要在古槐树保护范围内撒施融雪剂或把含有融雪剂的积雪堆积在古槐周边。

冬季遇大雪时应及时使用长竹竿捅除古槐树树冠上的积雪,防止压折树枝。

7.4.5 古槐树复壮案例

7.4.5.1 河北省定州市贡院濒危古树复壮

(1) 现状分析

本次复壮工程共包括2株古槐树。2株槐树位于贡院内,相传为乾隆手植槐,具有极高的景观及文化价值。两株古树的最大问题是树主干 3/4 中空（见彩图 20），树主干枝干有多处腐烂树洞，存留大量雨水，这样会继续加快树干的腐烂，对树木生长极为不利。

(2) 复壮措施

本工程的重点是对树干进行艺术封堵，技术流程如下：

①焊接钢骨架定型固定；②制作垫片；③制作钢网底层定形；④特制水泥砂浆补抹定形；⑤特制水泥砂浆仿木粗定形 1 道（PRC 高分子复合物）；⑥特制水泥砂浆仿木雕刻细定形 1 道（PRC 高分子复合物）；⑦做防腐面层 2 道；⑧做防水处理面层 1 道；⑨仿木上色（见彩图 21）。

7.4.5.2 陕西省周至县翠峰镇官庄村古槐树复壮

(1) 现状分析

相传古槐树原生于汉代，唐代开元年间其根萌生新槐。树龄 2000 余年，树高 25m，胸围 691cm，平均冠幅 18.5m。长期以来，由于土壤水分过大等原因，古槐树树势较弱，展叶较晚，部分大枝干枯死，树干空洞、伤痕、虫孔较多，病虫危害严重。另外，古槐树树干曾遭受雷击，破损严重，极易倒伏，具有较大安全隐患，且一大主枝已经劈开掉落，加之生存环境极差，日渐枯死。

(2) 复壮措施

由于古槐树树势较弱，生存环境较差，因此，加强病虫害防治，增加土壤肥力，提高通气、透水性，改善生存条件，是古槐树复壮的关键。

①病虫害防治　经调查，危害古槐树的虫害主要有锈色粒肩天牛、星天牛、蚜虫、槐尺蠖，同时发生溃疡病、烂皮病，其中，蛀干害虫危害后果最为严重。根据病虫害不同的发生时期、危害方式和生活习性，采取了多种防治方法，取得了明显效果。

锈色粒肩天牛和星天牛的防治　这两种蛀干害虫在每年 7~8 月产卵于树木主干（距地面 50cm 以上）和主要分枝处，在韧皮部和木质部之间危害时间长达 2 个月以上，树木落叶和停止生长后危害木质部。因此，在产卵期和危害初期进行防治，投入少，效果好，防治方法有：第一，树干喷药：在每年 7~8 月用 800 倍辛硫磷溶液仔细喷洗树干和分枝，杀死虫卵和幼虫，每 10d 进行一次。第二，树干高压注药：在 8 月中下旬，使用高压注射器在距地面 50~150cm 的树干上，依东南西北 4 个方向分别注射甲维盐或吡虫啉，使药溶液随树溶液流动到古槐树的各个器官，通过胃毒和触杀作用，杀死树干内部的蛀干害虫和部分食叶害虫。第三，生物防治：在 5 月中旬，选择排泄新鲜虫粪的虫孔，将虫粪清理干净后由上而下注入昆虫病原线虫悬浮液，用泥土封堵虫孔，以注满虫道为止，利用寄生性线虫在虫道内主动寻找蛀干害虫，侵入害虫体内，释放携带共生细菌，使害虫得败血症后 1~2d 内死亡。

刺吸性和食叶性害虫的防治　古槐树的刺吸性和食叶性害虫主要有蚜虫、红蜘蛛和槐尺蠖，可在发生季节叶面喷洒辛硫磷和克螨特 800 倍液进行防治。

溃疡病和烂皮病的防治　是由真菌引起的传染性病害，病菌主要危害幼枝，造成大量枯枝。因此，在病害发生的 3~5 月，树冠喷施多菌灵和代森锰锌 800 倍液 2~3 次进行防治。

②铺设木栈道　在树冠垂直投影范围内铺设木栈道，解决被游人践踏问题。铺设前，

浅翻土壤，混入适量腐熟有机肥、硫酸亚铁、内吸性杀虫剂如吡虫啉等，拌匀浇透水（见彩图22、彩图23）。

7.5 古樟树养护与复壮

樟树是我国亚热带常绿阔叶林的主要组成树种之一，栽培历史已有2000~3000年。其姿态秀美、枝叶繁茂、四季常绿，被誉为"江南宝树"，是我国南方的主要古树树种之一。

7.5.1 形态特征

樟树（*Cinnamomum camphora*）又名香樟，为樟科（Lauraceae）樟属（*Cinnamomum*）常绿乔木。高可达30m，胸径可达3m。树冠广卵形；树皮黄褐色，有不规则的纵裂。顶芽广卵形或圆球形，鳞片宽卵形或近圆形，外面略被绢状毛。枝条圆柱形，淡褐色，无毛。叶互生，卵状椭圆形，长6~12cm，宽2.5~5.5cm，先端急尖，基部宽楔形至近圆形，边缘全缘，软骨质，有时呈微波状，上面绿色或黄绿色，有光泽，下面黄绿色或灰绿色，晦暗，两面无毛或下面幼时略被微柔毛，具离基三出脉，有时过渡到基部具不显的5脉。花绿白或带黄色，长约3mm；花梗长1~2mm，无毛。果卵球形或近球形，直径6~8mm，紫黑色。花期4~5月，果期8~11月。

7.5.2 生态习性

喜光，稍耐阴；喜温暖湿润气候，耐寒性不强。在-18℃低温下幼枝受冻害。对土壤要求不严，以深厚、肥沃、湿润的微酸性或中性黏质土最好，稍耐水湿，但不耐干旱、贫瘠和盐碱土。深根性，主根发达，能抗风，抗倒伏能力强。地下水位高的地方扎根浅，易遭风害。萌芽力强，耐修剪。生长速度中等偏慢，幼年较快，中年后转慢。10年生树高约6m，50年生树高约15m。寿命长可达千年以上。较能适应城市环境。

7.5.3 分布范围

原产于我国长江中下游及以南、东南地区。尤以江西、浙江、湖南、福建、台湾等省份为最多。在长江以南及西南生长区域垂直分布海拔可达1000m。自然多生长于亚热带和温带土壤肥沃的向阳低山坡地、谷地、丘陵、河岸平地及村庄附近。越南、朝鲜、日本也有分布，其他各国常有引种栽培。

7.5.4 古樟树养护

7.5.4.1 春季养护技术措施及要求

(1) 水肥管理

春季是树木生长的旺季，应根据气象条件和树木生长状况，及时做好水肥管理。樟树为深根性树种，古樟树的根系较为发达，通常情况下不需要频繁施肥，当需要施肥时，应选择有机肥，不宜施用化肥。

(2) 松土

华中地区2月底到3月上旬，樟树的根系已经开始活动，应在古树的根系范围内进行松土，促进根系呼吸，松土不宜过深，20~30cm即可。

(3) 病虫害防治

日本壶链蚧防治方法：冬季修剪，剪去虫枝，古树周边清杂；在初孵若虫期未形成蜡质层时，喷洒40%速扑杀乳油1000~1500倍液；减少高毒化学农药的使用次数，尽量保护其天敌红点唇瓢虫及各种寄生蜂。

7.5.4.2 夏季养护技术措施及要求

(1) 补水与排水

华中地区多伏旱，遇连日干旱无雨时，应在早晚做好补水工作，要按照"不干不浇、浇则浇透"的原则浇水，补水的同时应注意树穴松土。

夏季若遇连续降雨天气，在易积水的地区要做好古树排水工作，以免烂根，影响古树生长。

(2) 预防自然灾害

夏季雷雨大风等自然灾害频发，应做好自然灾害的预防和补救措施，如适当修剪、减少风灾影响；在易受雷击的古树周边安装避雷设施等。

7.5.4.3 秋季养护技术措施及要求

(1) 补水

秋季如遇持续干旱天气，应及时补水，补水方法同夏季补水；由于秋季空气较为干燥，还应对树体喷水，增加空气湿度，促进古树生长。

(2) 病虫害防治

秋季樟树主要病虫害及防治方法如下：

①炭疽病　及时清除病叶或落叶，减少侵染源；发病初期可喷施25%咪鲜胺乳油500~600倍液，或80%代森锌可湿性粉剂600~800倍液，连用2~3次，间隔7~10d。

②樟脊冠网蝽、樟颈曼盲蝽　冬季清除枯枝落叶、翘皮、杂草及翻土，刷白涂干；春季冲刷树干，可减少越冬代数量；保护利用蜘蛛等天敌；药剂防治：10%吡虫啉乳油1500倍液、25%噻虫嗪水分散粒剂8000倍液或1.2%烟参碱乳油1000倍液喷叶背面。

③红蜘蛛　加强管理，适时浇水，防止干旱；发芽前喷施40%石硫合剂晶体50倍液，消灭越冬螨及卵；喷施1.8%爱福丁乳油1000倍液或73%克螨特乳油2000~3000倍液。

④樟叶蜂　加强管理，适时中耕除草，冬季翻耕，消灭土中虫茧；保护利用天敌，如蜘蛛、鸟、寄生蜂等；利用幼虫群集的特性，人工捕捉幼虫。

7.5.4.4 冬季养护技术措施及要求

(1) 立地环境治理

对古树树冠范围内及周边可能影响其生长的植物或其他设施进行处理；对枯枝落叶等进行清除。

(2) 适量修剪

对古树的枯死枝、病虫枝和杂乱枝等进行修剪。

(3) 树干涂白

对古树进行树干涂白处理。对树干胸径以下部分用石硫合剂涂白，涂白时要做到精细、全面，对可能疏漏的细节部位（如树皮缝隙等）也要尽可能涂刷到位。

(4) 松土施肥

根据古树的生长势进行施肥，肥料应选择有机肥，施肥方法可根据具体的立地环境灵活选用。以穴施为例，沿古树树冠边沿挖 4~6 个深 40~60cm、边长 30~40cm 的坑，坑内放入 5~10kg 有机肥，再填土。

对古树根颈部的土壤进行松土，保证土壤不过度紧实板结，松土深度 20~30cm 即可。

7.5.5　古樟树复壮案例

7.5.5.1　武汉市东湖宾馆内古樟树复壮

(1) 基本情况

毛泽东主席深爱东湖，新中国成立后，东湖是毛主席除中南海之外工作和生活时间最长的地方。毛主席经常居住的东湖宾馆梅岭一号，环绕着数十棵高大的樟树，东湖的樟树相伴着伟人度过了晚年的岁月。

本案例古樟树位于东湖宾馆内百花一号东湖边（离湖边约 8m）。高约 19.6m，胸径约 95cm，平均冠幅约 11m，树龄约 100 年。树干上有切口未处理；有白蚁、蛀干性害虫危害树干；树冠上有枯枝，整体树势衰弱。

经勘察，古树树冠范围内铺有草坪，且周边立地环境多次施工改动，故多年来古树一直长势不佳。

(2) 原因分析

樟树虽为武汉市乡土树种，生态适应性强，在该市园林中也大量应用，但立地环境的改变对其影响较大。该古树生长在湖边，受湖水的周期性涨落影响，排水不畅，使得根际土壤长期过湿（见彩图 24）；该古树根颈部填埋过深，导致根系呼吸困难，影响根系发育（现场取样发现表土以下 1m 范围内根系极少，且根系腐烂发臭）（见彩图 25）；该古树根际土壤质量较差，不利于根系生长；病虫害较为严重；养护管理不当。

(3) 复壮措施

①解决屯埋　清除古树根颈部多余的土壤，露出根颈部原有位置。

②挖复壮沟　2 月底，根系开始活动时，开挖复壮沟。沿树冠边沿开挖环形复壮沟，沟深 1.5m、宽 0.4m。排除沟内的水（见彩图 26），移除原有的土壤，修剪腐烂的根系，先用多菌灵对复壮沟进行消毒，然后对修剪后的根系喷施生根粉溶液；复壮沟内先填充 30cm 厚的粗砾石，然后回填配方营养土（见彩图 27），并在古树四周均匀埋设直径为 150mm 带有壁孔的 PVC 通气管，外罩无纺布。

③设置渗水井　在古树靠近湖边的一侧的低洼位置设置 2 个渗水井，深 2m（见彩图 28）。

④适量修剪　修剪枯死枝、病虫枝及交叉枝等。

⑤病虫害等防治　古樟树树干上苔藓较多，且有白蚁危害症状，需对症防治。苔藓防治方法：用工具刮除树干上的苔藓，然后用 0.5% 硫酸铜溶液喷洒树干。

白蚁防治方法：通过地表松土等园林养护措施破坏其蚁路，减少其危害；有翅蚁出巢婚飞分群时，用灯光诱杀；使用白蚁趋避药剂或诱杀药剂进行防治（如选用 40% 毒死蜱乳油结合高渗助剂），需每年防治。

⑥水肥管理　古樟树树势恢复期内注意水分管理，一是干旱时注意浇水；二是遇到大雨天气及时抽干渗水井中的水。每年冬季对古树施一次有机肥，生长季节不需再追肥。

⑦日常巡查　古树复壮后一般观察2年，对比古树复壮前后生长势的变化。期间加强巡查，特别是极端天气的巡查，做好各项应急预案。

（4）复壮效果评价

古樟树复壮1年后，立地环境得到极大改善，树势逐渐恢复正常，复壮效果良好（见彩图29）。

7.5.5.2　水岸边古樟树保护复壮

（1）古树概况

古樟树A，树龄150年，位于浙江杭州西湖区双浦镇铜鉴湖仁桥村。树木朝东南方向大幅度倾斜，东南处临水，树干中空，北侧树干上有明显空洞。

古樟树B，树龄150年，位于古樟树A的东侧。树木东南处临水，树干树皮剥落，有大面积腐朽，北侧树干有明显空洞。

2018年前，两株古樟树生长于公路和河道之间的陆地中，古树西北侧1~2m外是村道，东南侧5~6m外是块石驳岸的河道，树基有树池和护栏。因防洪水利工程的建设需要，目前古樟树西北侧的道路已拆除成为绿地，河道也已往外拓宽成了湖面（距树干5~6m处的石坎仍保留）。古樟树A西侧约20m处建有水榭。两株古樟树原位置未变动，呈东西向排列。防洪水利工程建设前，水渠水位标高为5.5m，目前湖面设计标高控制为6.5m，古树根颈处的标高为7.2m。

（2）古树树干空洞检测

从树木外表看，两株古樟树树干半边坏死，木质部腐烂，树干中空严重，前期曾用水泥封堵，树干基部有树洞。为进一步了解树干空洞等情况，使用仪器对其进行检测。

采用FAKOPP无损树木应力波检测仪在离地面垂直高度170cm和160cm处，分别对古树A、B两主干进行断层检测。古樟树A树干170cm高度处和古樟树B树干160cm处树干内部都存在大面积空洞和腐朽。

（3）复壮措施

①树冠整理　A、B两古樟树生长势衰弱，有较多的树枝枯死。为促进树枝伤口愈合，保持古树的优美景观，对古樟树的枯死枝条进行了修剪。同时对古樟树树冠树梢进行适当短截回缩处理，以促进萌发更多枝条。修剪时注意短截切口应在树枝有活力的位置，剪口处保留有芽或有活力的分枝。剪口保持平整，对直径大于3cm的剪、锯口进行消毒处理，并涂抹伤口愈合保护剂。

②树洞处理，树干修复

清理原树洞修补材料　把树洞内原先修补的水泥石块等材料清理干净。

清理树木腐烂木质　把树木内外腐烂坏死的木质部用刮刀进行清理，并用磨光机对其表面进行打磨。

树洞防虫防腐处理　用40%毒死蜱乳油400倍液和喹啉铜乳剂150倍液分别对树洞内外进行防虫防腐药物喷雾或涂刷，再用熟桐油对其表面涂刷2~3次，进行防水隔离保护。

防治白蚁　在树洞封堵前,用0.5%浓度的吡虫啉对树洞和树干周围土壤进行喷洒或浇灌,进行白蚁防治。

　　树洞封堵　在树洞最外处采用镀锌铁皮进行封堵,并让铁皮边缘嵌入树的木质部,接缝处涂上紫虫胶,防止水分渗入树洞填补材料中。铁皮外表涂上保护层,隔热防腐。

　　留通气孔　在树木上的通天洞上,在封堵时在洞顶埋入塑料管,作为树洞通气孔用于通气,留在树外的塑料管口要保证水平弯向一边。

　　③**树木支撑**　古樟树 A 倾斜程度大,存在较大安全隐患,需要对其进行支撑保护。采用铁管材料做"人"字形支撑,和树干接触的支撑面板做成弧形,并垫上橡胶片。支撑杆和弧形托通过螺栓连接,支柱下端与埋入地下钢筋混凝土浇筑的基座里的预埋钢板焊接牢固,确保基座稳固安全。支撑杆经过防腐、防蚀处理后,仿真枯树桩状,提升景观效果。

　　④**复壮施肥**　施用混配复壮基质,改良土壤物理性状,增加土壤团粒结构,改善根系的透气性,从而提高树根际的土壤肥力,促进根系的生长。

　　⑤**设观察井**　因两株古树都毗邻水系,存在水渗漏到古树根系区域的风险,对此,设置了水位观察井,随时观察水位是否过高而产生泡根现象。

(4) 复壮后效果

　　工程完成后,破损树干被修复,阻止了雨水向树干渗漏,同时应用仿真技术,实现了"修旧如旧"的目标,提升了树体观赏效果;树体加固、支撑等措施,保证了树体的稳固性,杜绝了安全隐患。

7.6　古桂花养护与复壮

7.6.1　形态特征

　　桂花(*Osmanthus fragrans*),又名木樨,为木樨科(Oleaceae)木樨属(*Osmanthus*)常绿乔木或灌木。高3~5m,最高可达18m。树皮灰褐色。小枝黄褐色,无毛。叶片革质,椭圆形、长椭圆形或椭圆状披针形,长7~14.5cm、宽2.6~4.5cm,先端渐尖,基部渐狭呈楔形或宽楔形,全缘或通常上半部具细锯齿,两面无毛,腺点在两面连成小水泡状突起,中脉在上面凹入,下面凸起,侧脉6~8对,多达10对,在上面凹入,下面凸起;叶柄长0.8~1.2cm,最长可达15cm,无毛。聚伞花序簇生于叶腋,或近于帚状,每腋内有花多朵;花极芳香;花期9~10月,果期翌年3月。

7.6.2　生态习性

　　桂花适应于亚热带气候地区。性喜温暖,湿润。种植地区平均气温14~28℃,7月平均气温24~28℃,1月平均气温0℃以上,能耐最低气温-13℃,最适生长气温是15~28℃。湿度对桂花生长发育极为重要,要求年平均湿度75%~85%,年降水量1000mm左右,特别是幼龄期和成年树开花时需要水分较多,若遇到干旱会影响开花,强日照和荫蔽对其生长不利,一般要求每天6~8h光照。

　　桂花适宜栽植在通风透光的地方;喜欢洁净通风的环境,不耐烟尘危害,受害后往往不能开花；畏淹涝积水，若遇涝渍危害，则根系发黑腐烂，叶片先是叶尖焦枯，随后全叶枯黄脱落，进而导致全株死亡。

7.6.3 分布范围

桂花原产中国西南喜马拉雅山东段，印度、尼泊尔、柬埔寨也有分布。中国四川、陕南、云南、广西、广东、湖南、湖北、江西、安徽、河南等地均有野生桂花生长，现广泛栽种于淮河流域及以南地区，其适生区北可抵黄河下游，南可至广东、广西、海南等地。生长地区水热条件好，降水量适宜，土壤多为黄棕壤或黄褐土，植被则以亚热带阔叶林类型为主。目前，我国形成了安徽六安、湖北咸宁、湖南桃源、江苏苏州、广西桂林、湖北武汉、浙江杭州和四川成都几大桂花商品生产基地。

7.6.4 古桂花养护

7.6.4.1 春季养护技术措施及要求

(1) 补水

桂花属春季萌芽较早的常绿树种，如遇冬春季土壤干旱，在立春后应及时给古树浇水，以利于萌芽长叶，浇水量要足，确保浇透。

(2) 施肥管理

正常生长的古桂花树，春季一般不用进行根部施肥，可结合病虫害防治进行叶面补肥，宜选择氨基酸、腐殖酸类等吸收好、见效快的叶面肥。对于衰弱树，可用适当浓度含氮、磷、钾元素的速效性水溶肥结合浇水进行灌根，有利于萌芽发枝。

(3) 树冠整理

古桂花在春季一般不进行树冠整理，如果枝叶过密影响通风透光，可适当疏除过密枝和细弱枝，枯死的枝条做到随时剪除。

(4) 病虫害防治

①炭疽病 侵染桂花叶片，一般发生在4～6月。受害叶片上出现圆形或椭圆形病斑。病斑浅褐色至灰白色，边缘有红褐色环圈。在潮湿的条件下，病斑上出现淡桃红色的黏孢子盘。发病前预防，可喷施代森锰锌、百菌清等保护性药剂，发病后则应喷施甲基硫菌灵、咪鲜胺、丙环唑等治疗性药剂。

②叶螨 俗称红蜘蛛，是春季危害桂花的主要害虫之一。某些年份在3月就可发生危害。可选用阿维菌素、哒螨灵、螺螨酯等杀螨剂进行叶面喷雾。喷药应全面，将叶片的正反面都均匀喷到。间隔5～7d喷施一次，连续2～3次。

③桂花叶蜂 春季桂花嫩梢期以幼虫蚕食嫩叶。虫口密度大时能迅速将叶片吃得仅留下叶脉。成虫喜在高大、嫩梢多的桂花上产卵。因此，4～5月应当加强检查，发现叶蜂幼虫，应及时用毒死蜱、高效氯氟氰菊酯等药剂进行防治。

7.6.4.2 夏季养护技术措施及要求

(1) 补水与排水

在夏季，因雨水较多，应重点做好排水工作，但如遇伏旱，也应及时浇水。

对处于易积水区域的古树，应提前做好防涝排水设施。可在树冠垂直投影外围用地钻打孔，孔径10~20cm，深度不低于80cm，孔内安装透水透气管；也可在树冠外围通过挖明沟或暗沟的方法进行排水，挖沟应注意保护根系；如果地势较低，无法自然排水，还可采取挖渗水井的措施进行排水，平时养护应经常检查，发现有积水时应及时排出。

(2) 整理树冠及树体加固

夏季一般不修剪，但如果树冠过于浓密时，可适当疏除部分内膛的小枝和弱枝，以改善树冠通风透光条件，减少水分养分消耗。

(3) 病虫害防治

①枯斑病 也叫叶枯病，该病病原菌多从叶缘、叶尖端侵入，常发生在叶片的叶缘和叶尖。在叶片上形成近圆形或不规则形灰褐色大斑，边缘为深褐色。枯斑病发生在7~11月，病菌以分生孢子借风、水传播侵染。高温、高湿、通风不良的环境有利于发病。植株生长衰弱时及越冬后的老叶及植株下部的叶片发病较重。在病害发生初期及时选用苯醚甲环唑、甲基硫菌灵、丙环唑等药剂进行防治。

②介壳虫 危害桂花的介壳虫主要有吹绵蚧、桑白盾蚧、褐软蚧等。成虫和若虫寄生在枝干、嫩梢、嫩叶等处吸汁危害，导致植株生长衰弱，有时还能诱发烟煤病等。对该虫应当掌握防治时期，在卵孵化盛期至若虫期及时喷施啶虫·毒死蜱、噻虫嗪、吡丙醚等药剂进行防治，一般应连用2~3次。

7.6.4.3 秋季养护技术措施及要求

(1) 补水与排水

方法措施同夏季。

(2) 病虫害防治

①刺吸式害虫 秋季是刺吸式害虫发生的又一高峰期，应经常检查叶片，如发现有叶蝉、木虱、红蜘蛛、介壳虫等危害叶片，应及时选择有针对性的药剂进行防治。

②叶部病害（炭疽病、枯斑病） 叶部病害防治同春季和夏季，应注意防治药剂需轮换使用或交替使用。

(3) 施肥管理

秋季是古树复壮的适宜季节，应适当给根部施肥。给古树根部施肥应以生物有机肥为主，还可适当添加少量的大、中、微量元素肥，将几种肥料混合均匀后进行施用。采用打孔、挖沟、挖穴等方式施入。施肥区域应选择在树冠垂直投影边缘区域，最好能通过探根检查再进行施肥。对于明显衰弱的古树，建议采用挖复壮沟的方法进行复壮。

7.6.4.4 冬季养护技术措施及要求

(1) 防治越冬病虫源

为减少侵染来源，应彻底清除树盘内的枯枝落叶。喷清园药剂，可使用石硫合剂或多菌灵、甲基硫菌灵、高效氯氰菊酯等药剂，防治或预防病虫害。

(2) 防冻防寒

生长势衰弱的古树应做好树干涂白，以减少枝干病虫害和确保顺利越冬。西南地区一般在11~12月进行树干涂白较适宜。环保型商品涂白剂中可以添加吡虫啉、多菌灵、丙环唑等杀虫杀菌剂，基本不影响药效，但应注意要现配现用，为了提高涂白质量，应使用电动喷涂机进行喷涂，保证形成致密无缝的紧身膜衣。避免采用人工刷子涂刷，树缝凹槽涂刷不到位的现象发生。

对于常发生霜冻的区域，可在霜冻或寒潮来临前给树冠喷施抗逆药剂，可用"S-诱抗素"+高磷钾肥料在低温逆境来临前3~5d喷施，能增强枝叶的抵抗力。

7.6.5 古桂花树复壮案例

7.6.5.1 浙江省宁海县深甽镇古桂花树保护复壮项目

(1) 现状分析

该古桂花树生长地的地势较低，又经对周边建筑改造后，古桂花树的生长环境更加恶化，完全处于低洼地。根系受到地下水的影响，已经严重腐烂，濒临死亡。

(2) 复壮措施

对该古桂花拟采用起挖抬高的措施进行抢救，主要流程如下：

①修剪　古桂花根系已严重腐烂，根系吸收水分的能力极差，为保证古树地上和地下部分水分的相对平衡，移植断根前需对古桂花树进行重截。截枝伤口用伤口涂补剂处理，以减少水分蒸发。

②包干处理　用麻布包裹树干和比较粗壮的分枝，具有一定的保湿性和保温性。经包干处理后：一是可避免强光直射和干风吹袭，减少树干、树枝的水分蒸发；二是可贮存一定量的水分，使枝干经常保持湿润；三是可调节枝干温度，减少高温和低温对枝干的伤害。

③输营养液　根系受损后，树体的水分、养分供应严重不足，需要在施工的整个阶段给古桂花树输营养液，以保证古桂花树的水分和养分吸收。

④断根缩坨　受地下积水影响，部分根系已经腐烂。对已经腐烂根系要进行修剪，防止继续腐烂。正常的根系则根据土球的大小进行修剪。修剪时要用细锯锯粗根，尽量不伤害须根。修剪完成后，使用杀菌消毒剂进行喷施。处理过后的根系使用生根剂拌和黄泥涂抹伤口，最后再对整个土球喷施生根剂。

⑤起挖和栽植

——将古桂花树起吊后，将原低洼处用种植土填平，上层填充沙土，保持土壤的透气性和透水性，有利于根系的促发。树坑应成圆坑，每边比土球宽出50~60cm，深度比土球低15~20cm；准备好客土(以专门配置种植基质)，并与回填土充分拌和均匀，以便栽种时填入坑内。

——吊装时，在吊装的位置用草绳包裹，注意保护树皮。

——种植时，在树体基部，用锋利的刀割开几个长度约3cm的缺口。在缺口处喷施生根剂，间隔1h，多次喷施，再用黄泥拌和生根剂进行表面涂抹。定植后用熟土回填至缺口以上部位。以利于在缺口处能萌发出新根。在古树周围设置6~8个通气孔。

——在树干周围的地面上做拦水围堰，最后要浇一次半透水。在浇水的同时，浇灌生根剂，促发新根生长。

(3) 后期管理

①支撑　为应对大风危害，种植后应立即支撑固定，慎防倾倒。采用钢丝索+钢管支

撑最利于树体稳定，支撑点以树体高 2/3 处左右为宜，并用布条或麻布片绑在树干上作为保护层，以防支撑物晃动时伤害树皮。

②遮阴　搭设荫棚遮阴，以降低棚内温度，减少树体的水分蒸发。要求全冠遮阴，荫棚的上方及四周与树冠保持 50cm 左右距离，以保证棚内有一定的空气流动空间，防止树体日灼危害。遮阴度为 50%~60%，让树体接受一定的散射光，以保证树体光合作用的进行。以后视树木生长情况和季节变化，逐步去掉遮阴物。

③喷灌设施　古树树冠设置喷淋系统，喷淋系统打开以后，整个树冠水汽萦绕，树下犹如下着毛毛细雨，树冠、树干周边空气湿度、气温、地温和土壤含水量都发生了相应的变化。在干旱高温的季节，在树木周围形成了一个独特的高湿低温、较稳定的小气候环境，十分有利于古树成活。

④病虫害防治　重点做好白蚁的防治工作。可采用诱杀法：在食物中放入灭白蚁粉剂，或加入含杀白蚁剂的饵剂，或向白蚁喷灭白蚁粉剂，让其将药物带回巢中相互传染，从而杀死全巢白蚁。

7.6.5.2　四川省都江堰景区离堆公园内古桂花树复壮

(1) 现状分析

该古桂花树位于都江堰景区离堆公园内，是园内唯一一株上百年的古桂花树，由于树龄较大，被当地称为"桂花王"。由于古树所处位置地下水位高，根系易积水，导致古树根系腐烂严重，干枯枝很多，树体叶量少，不到正常树的 1/5，叶面积明显偏小，全树几乎无新生芽，按生长势分级属濒危树(见彩图 30)。

(2) 复壮措施

①环境整治　该古桂花树四周伴生有较多其他的植物，远看几乎看不到古树树干，严重影响古桂花树的通风透光性，复壮救护前，应先对古树周边的植物进行清理，增强通风透光，创造适宜生长的地上环境(见彩图 31)。

②立地环境改造

地面环境整治　古桂花树树盘内种植有较多花草，花草的根系密集，严重影响树体根部土壤透水透气性，因此，应将树冠投影范围内的花草移除。

清除表面覆土　古桂花树根部覆土过深，有深埋现象，影响根系正常生长，并易导致根系腐烂(见彩图 32)。

消毒杀菌促生根处理　对腐烂根系进行修根，切除烂根并对根系喷施生根剂加杀菌剂，进行促根、消毒处理。

设置排水管　古桂花树生长区域地下水位高，雨水多的季节很容易积水，因此，在根部区域安装排水盲管并连接到附近的沟内(见彩图 33)。

③全树喷施药液　由于树势衰弱容易遭受病虫危害，全树喷施杀虫、杀菌、叶面肥混合药液，防治病虫并快速补充叶面营养，达到恢复树势的目的(见彩图 34)。

④树体支撑　结合根系检查结果，发现古桂花树根系腐烂严重，树体的支撑能力显著减弱，再根据树体的倾斜及树冠的冠幅分布情况，选择适宜支撑点对树体进行支撑，防止树体倒伏或风折。

(3) 复壮效果

完成复壮后,定期对离堆公园景区内的"桂花王"进行回访观察。古树在救治之后整体长势状况有了较大程度的好转,树冠枝条萌发了大量的新芽和新叶,生理机能得到了显著改善,第二年枝条萌芽能力强,叶色浓绿。

7.7 古红豆树养护与复壮

7.7.1 形态特征

红豆树($Ormosia\ hosiei$),为豆科(Fabaceae)红豆属($Ormosia$)常绿或落叶乔木。高可达30m,胸径可达2m以上。树皮灰绿色,平滑。小枝绿色,幼时有黄褐色细毛,后变光滑。奇数羽状复叶,长12.5~23cm;叶柄长2~4cm,叶轴长3.5~7.7cm,叶轴在最上部一对小叶处延长0.2~2cm生顶小叶。圆锥花序顶生或腋生,长15~20cm,下垂;花疏,有香气。荚果近圆形,扁平。花期4~5月,10~11月果熟。

7.7.2 生态习性

红豆树生长于河旁、山坡、山谷林内,分布于海拔200~900m,稀达1350m。红豆树在红豆属中是分布纬度最北地区的种类,较为耐寒。自然分布的红豆树,大多在海拔600m以下的丘陵、溪流两岸以及村庄附近的封禁山中还残存有小片林子,多混生在阔叶林中,未见有纯林。

侧枝粗壮,树冠庞大,成伞状。萌芽性强,伐后抽出萌条多根,留养一二根又可长成大树。树龄达25~30年生时开始开花结果,50~60年生进入盛果期,延续开花结实可达一二百年。间有2~4年开花1次的,或其中仅出现1次结果丰产年,开花不结果或不开花者也有发生。

7.7.3 分布范围

红豆树为中国特有种,仅分布于陕西(南部)、甘肃(东南部)、江苏、安徽、浙江、江西、福建、湖北、四川、贵州。在四川雅安红豆相思谷公园内,生长着一株树龄逾2000年的古红豆树,胸径达2.5m,目前长势良好。

7.7.4 古红豆树养护

7.7.4.1 春季养护技术措施及要求

(1) 补水

根据土壤墒情等适时浇水。浇灌时,应浇足浇透,有利于萌芽发枝,浇水和施肥也可同时进行,既有利于发挥肥效,也可节省工时。

(2) 施肥管理

施肥应在吸收根密集分布区域内进行,以早春为宜。施肥应以有机肥为主,无机肥为辅,尽可能选择商品生物有机肥。以穴施、沟施为主。

(3) 树冠整理

春季可检查树冠，对没有萌芽的枯死枝和坏死的桩头、断裂枝等，以及存在安全隐患的枝，应由技术人员先制订方案，报主管部门批准后实施。

(4) 病虫害防治

①角斑病

危害症状 危害当年新叶，初期叶片上出现针头大小的褐色斑点，继而逐渐扩大成典型的多角形褐色斑点，后期许多小角斑连在一起形成不规则坏死型块斑，部分病叶焦黄脱落。5~6月为病害发生高峰期。

防治方法 春季新芽萌发后应做好预防工作，可选择含百菌清、嘧菌酯、甲基硫菌灵、丙环唑等有效成分的药剂进行防治，由于红豆树树体高大，应选择高射程的喷药机械进行施药或农用植保无人机进行防治，施药应周到全面，不漏喷。

②堆砂蛀蛾

危害症状 幼虫钻蛀嫩梢造成枯死。成虫产卵于新抽的嫩梢上，孵化后，幼虫咬破嫩皮钻入新梢，虫道长约5cm，虫道有一孔口，幼虫将粪粒堆在洞口。

防治方法 春季如有发生，及时用啶虫·毒死蜱、丙溴·辛硫磷等药剂进行树冠喷施，有条件时还可剪除枯梢，消灭其中幼虫。

7.7.4.2 夏季养护技术措施及要求

(1) 补水与排水

夏季应根据天气状况和土壤含水量，合理补水和排水。对于生长在斜坡上的古树，应做浇水围堰，干旱时浇足浇透并防止根部水土流失。对于生长在易积水区域的古树则应做好防积水的处理措施。排水应以预防为主，可采用埋透水透气管、设置排水孔、人工挖沟排水、挖渗水井并安装抽水机不定时进行排水。地势低洼、地下水位高、土壤黏重、土壤含水量高时，必须设渗水井或敷设渗水盲管等有效的排水设施，及时排除根部积水。

(2) 整理树冠及树体加固

雨季来临前，对存在安全隐患的古树加强巡查，重点检查树体是否有折断风险，是否需要支撑或加固，以及是否需要进行树洞填充和封堵工程。针对存在腐朽(内部、外部)、严重倾斜等情况的树木，需要进行树体加固，可选择搭建钢制支撑、钢绳牵引等加固措施。支撑可选择斜式支撑、立式支撑等，硬支撑宜做仿真处理。对存在安全隐患的枝干，申请报批后可做应急排危修剪。

(3) 病虫害防治

①膏药病

危害症状 主要危害生长在阴湿环境下的树干，危害干皮及树体生长。

防治方法 可通过树冠整理增强通风透光，减少湿度，并用石硫合剂涂抹病斑，抑制病害发展。

②白蚁 大多数古红豆树树干上都有树洞或干皮坏死木质部裸露的现象，因此，夏季应经常检查有无白蚁危害现象(有无蚁路、蚁被)，发现危害后及时使用吡虫啉、联苯菊酯等专用药剂进行防治，同时对树洞或裸露木质部进行防腐防虫修复处理。除防治树干上的白蚁外，古树周边的地面和树木也应使用药液进行浇灌或防治，防除周围环境中的白蚁。

7.7.4.3 秋季养护技术措施及要求

(1) 补水

根据天气状况和土壤含水量适时浇水,防止因干旱出现黄叶或提早落叶现象。当连续 20d 以上不下雨时,应及时检查土壤,如土壤较为缺水应及时进行根部浇水,要浇足浇透。

(2) 病虫害防治

秋季是刺吸式害虫发生的又一高峰期,重点防治叶部害虫,如叶螨、木虱等害虫,选择吡虫啉等内吸传导性好的药剂进行防治。

检查枝干是否有天牛、吉丁虫、小蠹虫等蛀干害虫危害,一旦发现,应使用内吸渗透性杀虫剂并添加渗透助剂进行喷干或喷干后包裹塑料薄膜进行防治,包裹薄膜后 7~10d,应及时将薄膜取下,防止影响干皮生长。

7.7.4.4 冬季养护技术措施及要求

(1) 防治越冬病虫源

采取人工捉、挖、刷、刮、剪等办法,清除树上及地下土壤和周围隐蔽缝隙处的幼虫、蛹、成虫、茧、卵块等越冬虫源。清除树体及树冠投影范围内的枯枝落叶,古树枝干可喷石硫合剂或其他清园药剂,以减少越冬病虫源。

(2) 防冻防寒

树干涂白既能减少病虫害越冬潜伏,还能减少冻害的发生。西南地区一般在 11~12 月进行树干涂白比较适宜。市售环保型商品涂白剂中可以添加吡虫啉、多菌灵、丙环唑等杀虫杀菌剂,基本不影响药效,但应注意现配现用,为了提高涂白质量,应使用电动喷涂机进行喷涂,保证形成致密无缝的紧身膜衣。

(3) 树冠整理

冬季是树冠整理的主要时段,应由技术人员先制订方案,报主管部门批准后实施。选择性修剪病虫枝、枯弱枝、徒长枝等,以利通风透光。树冠疏枝工作应避免影响树木的整体高度和伸展范围。剪口应平滑、整齐,不积水,不留残桩,修剪后较大的切口应涂抹伤口防腐剂。禁止截干式修剪、偏冠修剪、修剪切口扯脱树皮、残留枝柄过长和平贴树干修剪等不当修剪。

7.7.5 古红豆树复壮案例

(1) 现状分析

该红豆树生长在四川省什邡市红豆村幸福里景区内,树高 36m,胸径 160cm,冠幅 24m,枝分四面,状如巨伞,树冠投影覆盖地面近 1 亩*。据推测该古树树龄高达 1200 余年,为唐代所植,树形之美在国内罕见,民间有"中华红豆树之王"之称。

根据现场调查的情况判定,该红豆树长势处于衰弱状态,树体严重倾斜,如果倾斜加剧可能导致枝干折断甚至整体倒伏,如果不做复壮保护处理任其发展,后果难以想象。

---

* 1 亩 ≈ 666.7m²。

(2) 复壮措施

①树体支撑 使用专业的探测仪器(Picus3-树木树干横断面应力波探测仪)对该古树做树干空腐探测。探测高度分别为 0.7m、2m(见彩图 35)。

从探测结果可以看出,探测高度 0.7m 处的受损率为 76.1%,2m 处的受损率为 34.3%,虽然随着探测高度升高,受损率在降低,但总体分析显示树体主干受损率非常大,表明树体主干空洞严重,同时由于树木较高,冠幅较大,且部分枝条较为分散,因此,树体主干、主干分叉处、较大枝条(尤其是干枯枝和分散角度较大的枝条)极易在大风或雨雪天气时折断、倒伏。

支撑的具体做法 先确定支撑点,开挖 1m×1.2m×1.5m 的支撑基座坑,用混凝土回填,并埋入钢筋预埋件,确保支撑牢固,对支撑基座养护 1 周后,安装支杆。

②根系复壮 对根系用探地雷达进行扫描。检测半径(以树干中心点为中心)分别为 2.1m、6.4m、12.9m。

根系(1cm 及以上)探测结果图示和仪器采集的数据,结果见彩图 36 所示。

对探测的根系深度进行分析,图 A 为根系示意图,图 B 为根系密度图,颜色越深分布越密集(见彩图 37)。

第 1 列为整体的根系;

第 2 列表示地面深度 0~20cm 的根系分布情况;

第 3 列表示地面深度 20~40cm 的根系分布情况;

第 4 列表示地面深度 40~80cm 以下的根系分布情况。

综合以上探测结果可以得出该古树根系垂直分布主要集中在地面深度 0~80cm 的土层范围内,各个土层均有不同的根系分布,20~60cm 土层根系分布相对较多;水平分布主要集中在离树干中心 12.9m 的土层范围内(硬质地面范围内),并且在树的东西南北区域各有分布,分布较均匀。

根据雷达探测结果,制定根部处理的技术措施

——在根系分布较多的范围做根系复壮,在靠近根系多的范围进行改良土壤,营造良好的土壤环境,进行诱导促根。

——在离树干中心 12.9m 的土层范围内(硬化地面范围内)开挖多条长 50cm、宽 50cm、深 80cm 左右的复壮坑(见彩图 38),进行土壤改良和补充营养物质,促进古树根系生长。施工操作时,需注意避开电线、水管等地下设施。

具体措施如下:

挖复壮坑:在树池边缘处(接近树冠投影边缘)开挖复壮坑,规格为:长×宽×深=0.6m×0.5m×0.8m,每个复壮坑间隔 2m,围绕古树 1 周。坑内填入复壮基质。

打孔施肥:树冠投影外围打多个施肥孔,在孔内施入缓释棒肥(有机+无机棒肥配合施用)(见彩图 39)。

浇灌药肥:浇灌消毒杀菌促生根等混合药液(促生根剂+杀菌剂+土壤渗透剂等混合施入)。

③树干输营养液 通过输液补充树体水分养分,恢复树势(见彩图 40)。

④树冠整理 修剪枯枝和病虫枝及有严重安全隐患的部分枝条。

⑤伤口保护 用甲基硫菌灵等伤口保护剂对剪锯口涂抹,促进愈合,防止腐烂。

⑥全树喷药防病虫 在生长季内,每隔15d,喷施一次菊酯类杀虫剂,控制各类病虫害发生,连续喷施4次,可结合叶面施肥同时进行。

(3) 复壮效果

复壮施工完成后,制订有针对性的养护方案,并定期对古红豆树进行观察。在复壮1年后,古红豆树整体生长状况有了较大改善,新生枝叶长势良好,支撑仿真牢固,复壮效果明显。

7.8 古榕树养护与复壮

7.8.1 形态特征

榕树(*Ficus microcarpa*),又名小叶榕、细叶榕,为桑科(Moraceae)榕属(*Ficus*)乔木。高达30m,胸径可达2m以上。托叶合生,包被顶芽,脱落后在枝上留下环状托叶痕;叶互生、全缘,革质,阔卵形至倒卵状矩圆形,长4~7cm,宽2~4cm;叶薄革质,狭椭圆形,长4~8cm,宽3~4cm,先端钝尖,基部楔形,表面深绿色,叶背深褐色,有光泽,全缘,基生叶脉延长,侧脉3~10对;叶柄长5~10mm,无毛。花期5~6月,果期9~10月。

7.8.2 生态习性

榕树喜温暖多雨气候,为热带代表树种。榕树喜肥沃、疏松、酸性土壤,耐瘠、耐湿、忌旱。适应性强,对土壤要求不严,在亚热带南部及热带地区的普通土壤上均能生长,甚至在微碱性土及瘠薄的砂质土中也能生长,排水较好且黏性不强的砂质壤土最为理想,若土质肥沃,生长更茂盛。榕树属热带树种,喜温暖湿润气候,喜光、耐阴、耐热、耐瘠薄、耐湿,不耐干旱,可耐短时间水涝,在干燥的气候条件下生长不良,在潮湿的空气中长出大量气生根。适应性比较强,对二氧化碳、硫化氢等有害气体有较强抗性。

7.8.3 分布范围

榕树产于台湾、浙江南部、福建、广东及沿海岛屿、广西、湖北武汉至十堰、贵州、云南(海拔174~1900m)。在斯里兰卡、印度、缅甸、泰国、越南、马来西亚、菲律宾、巴布亚新几内亚和澳大利亚北部、加罗林群岛也有分布。

7.8.4 古榕树养护

7.8.4.1 春季养护技术措施及要求

(1) 补水

榕树喜温暖湿润的气候和肥沃的土壤,耐热、耐湿。应根据气候特点、土壤墒情等,适时适量浇水。浇灌时,应缓流浇灌,浇足浇透。根部则应见干见湿,随着新枝的萌发和生长的加快,应逐渐加大浇水量,随干随浇。

在雨季可采用埋管、打孔、人工清掏等排水措施及时对树池排涝,树池内积水不应超过24h。

(2) 施肥管理

根据古榕树的生长需要和土壤肥力情况合理施肥，并应根据树体大小、肥料种类及土壤肥力状况，做到科学施肥。施肥应在吸收根密集分布区域内进行，以早春为宜。施肥应以有机肥为主，无机肥为辅，有机肥必须充分腐熟，宜选用长效肥。休眠期以穴施、沟施有机肥为主，生长季节可根据生长需要进行土壤追肥或叶面喷肥。针对土壤肥力匮乏的古榕树，施肥之前应对立地土壤养分含量水平进行分析，依据土壤肥力状况和古树生长需要，适量施肥，平衡土壤中矿质营养，可结合复壮沟和地面打孔、挖穴等技术进行。

(3) 树冠整理

古榕树修剪时间宜选择生长旺季或换叶至萌芽前，2月下旬至4月上旬，根据天气对古榕树进行疏枝修剪。选择性修剪树枝，修去病虫枝、枯弱枝、徒长枝等，以利通风透光。树冠疏枝工作应避免影响树木的整体高度和伸展范围。剪口应平滑、整齐，不积水，不留残桩，修剪后较大的切口应涂抹伤口防腐剂。禁止过度修剪。

(4) 病虫害防治

根据古榕树主要病虫危害特点和天气状况，加强早春病虫害预测预报。

①褐根病　由有害木层孔菌（*Phellinus noxius*）引起，属于毁灭性土传病害，对榕树造成的损害非常大。染病树木因根部腐朽造成生长衰弱、树叶变黄、枯萎脱落，最终导致植物死亡。由于该病早期难发现，待发现时已危害十分严重，较难防治，病死树率高。

防治方法：清除病残体。将表皮腐朽部分用刀刮干净，涂上杀菌剂及保护剂，并对刮除的病残体进行除害化处理。把杀菌剂（丙环唑、戊唑醇、十三吗啉等）混匀后均匀施于树木主干基部、树木主根及吸收根周围，前期每1周施药1次，持续2个月。待灌药杀菌处理之后对立地土壤中的病原菌残留情况进行检测，取得良好效果后可降低施药频率，每个月施药1次。

②黄八星白条天牛（*Batocera rubus*）　属于鞘翅目天牛科。低龄幼虫在植株皮下取食造成弯曲的坑道，虫龄稍大后进入木质部蛀食。进入孔为圆形、稍扁，蛀道不规则，排出的虫粪和木屑充塞在树皮下，使树皮鼓胀开裂，危害严重时可导致整株树木死亡。广州市3~7月为黄八星白条天牛危害盛期。防治方法包括物理防治、生物防治、化学防治。

物理防治　及时清理严重受害的植株，挂放诱捕器诱杀成虫。

生物防治　释放花绒寄甲、蒲螨、寄生蜂等寄生性天敌。

化学防治　可用高效氯氰菊酯添加树皮渗透剂喷施树干，也可用噻虫嗪、吡虫啉等药剂，通过注射或根施的方式施药防治。

③台湾乳白蚁（*Coptotermes formosanus*）　危害蛀食树干，树干上常出现白蚁活动的蚁道和泥线形成的蛀道，可见粪便、木屑排泄物等。可采用挖巢法、毒饵诱杀法、诱集诱杀法进行防治。

④埃及吹绵蚧（*Icerya aegyptiaca*）　属半翅目绵蚧科，在榕属植物上发生危害普遍。该虫群集在植物的叶片（多在叶背）和枝梢上吸食汁液，造成叶片褪绿变黄，植株生长衰弱，分泌的蜜露易诱发煤污病。若虫有较强的爬行能力，多数往病株其他部分或其他寄主转移，虫害严重时受害植株的下层植物叶片同样受害。埃及吹绵蚧每年2月开始危害。可喷施螺虫乙酯、噻虫嗪等内吸性药剂防治。

⑤榕管蓟马（*Gynaikothrips uzeli*）　属缨翅目管蓟马科，成虫和若虫吸食寄主嫩叶和幼

芽汁液危害，造成大小不一的紫红色斑点，受害叶片形成饺子状虫瘿。榕管蓟马在榕树上发生危害普遍。从3月开始危害加重。防治方法包括物理防治、生物防治和化学防治。

物理防治　及时清除虫害残株、杂草；悬挂蓝板诱杀成虫。

生物防治　释放小花蝽等天敌。

化学防治　喷施吡虫啉、啶虫脒、噻虫嗪等药剂防治。

⑥灰白蚕蛾（*Ocinara varians*）　属鳞翅目蚕蛾科，是榕树重要的食叶害虫。幼虫啃食叶片造成缺刻，严重时整株树叶全部吃光，剩光秃枝干。灰白蚕蛾每年从3~4月开始发生危害，6~10月是危害的高峰期。防治方法包括物理防治、生物防治、化学防治。

物理防治　及时清理虫害残株和杂草，借助灯光诱杀成虫。

生物防治　释放蒲螨、寄生蜂等寄生性天敌及叉角厉蝽等捕食性天敌。

化学防治　喷施甲维盐、虱螨脲、印楝素等药剂防治。

7.8.4.2　夏季养护技术措施及要求

(1) 补水与排水

夏季应根据天气状况和土壤含水量，合理补水和排水。土壤干旱时应及时补水，浇足浇透，时间应选择晴天的上午或者下午，不应在炎热的中午。浇水时，要注意保护古树根部土壤不被冲刷。

雨季前做好地下防涝排水。榕树较耐热和耐湿，但是积水时间不应超过24h。当土壤含水量大，影响根系正常生长时，可采用埋管、打孔、人工清掏、挖渗水井并用抽水机排水等措施。地势低洼、地下水位高、土壤黏重、土壤含水量高时，必须设渗水井或敷设渗水盲管等有效的排水设施，及时排除根部积水。

(2) 整理树冠及树体加固

古榕树树冠大且浓密，雨季来临前，对存在安全隐患的古榕树需开展树冠整理、树体支撑、加固及树洞封堵工程。树冠整理主要是清理病虫枝，加强树冠通风。针对存在腐朽（内部、外部）、严重倾斜等情况的树木，需要进行树体加固，可选择气根牵引、建支撑、拉索等加固措施。支撑选择斜式支撑、立式支撑等。

(3) 病虫害防治

根据病虫害发生特点，加强夏季高温、干旱、高湿环境下古榕树病虫害的日常检查与防治。4月中下旬至5月上旬，第二次病虫害集中防治，重点防治叶部害虫。5月中下旬，对生长势衰弱的古树可采取树干释放天敌生物如肿腿蜂、蒲螨等防治蛀干害虫。

①榕卵痣木虱（*Macrohomotoma gladiata*）　属半翅目木虱科。若虫危害榕树的新梢和叶片，分泌一种白色的蜡丝，若虫潜居在白色蜡絮中吸食树木的汁液，在嫩枝顶端形成一个个白色的小团，幼虫在白色蜡絮内，严重时榕树枝条枯死，叶片皱缩甚至脱落，阻碍树木生长，还会引发煤污病。榕卵痣木虱发生危害普遍。防治方法：修剪严重感染的枝叶，喷施吡虫啉、螺虫乙酯、噻虫嗪等内吸性药剂。

②榕透翅毒蛾（*Perina nuda*）　属鳞翅目毒蛾科。幼虫取食植物叶片，形成缺刻，严重时将整株叶片吃光，影响寄主正常生长和景观效果。幼虫有毛丛，人体皮肤接触后会引起皮炎。榕透翅毒蛾危害高峰期一般出现在6~11月。防治方法包括物理防治、生物防治、化学防治。

物理防治　及时清理虫害残株和杂草；借助灯光诱杀成虫。
生物防治　释放蒲螨、寄生蜂等寄生性天敌。
化学防治　喷施甲维盐、虱螨脲、印楝素等药剂防治。

③朱红毛斑蛾(*Phauda flammans*)　属鳞翅目斑蛾科。幼虫啃食叶片表皮，留下白色膜状叶脉，随着虫龄的增长，叶片被害状呈缺刻或孔洞。严重时，整株叶片均被蚕食仅剩枝干，更有少数高龄幼虫在无叶片时取食榕树韧皮部。朱红毛斑蛾发生高峰出现在每年的秋季，8~11月容易出现局部暴发性危害。防治方法包括物理防治和化学防治。

物理防治　及时清理虫害残株和杂草；借助灯光诱杀成虫。
化学防治　采用甲维盐、虱螨脲、印楝素、2%苦参碱1000倍液等高效低毒药剂防治。

7.8.4.3　秋季养护技术措施及要求

(1) 补水

根据天气状况和土壤含水量，适时浇水，防止干旱出现黄叶或落叶。土壤干旱缺水，应及时进行根部浇水，要浇足浇透。

(2) 整理清除干枯枝叶

及时整理清除树冠内干枯的枝叶和病虫枝叶，加强树冠的通风透气性。及时清除掉落地面的枯枝落叶和病虫枝叶。

(3) 有害生物防治

加强高温、干旱环境下古榕树病虫害的日常监测和防治。秋季是刺吸式害虫发生的又一高峰期，重点防治叶部害虫，如叶螨、木虱等害虫，针对天牛等蛀干害虫也应开展防治。

7.8.4.4　冬季养护技术措施及要求

(1) 防治越冬病虫源

采取人工捉、挖、刷、刮、剪等办法，清除古榕树上及地下土壤和周围隐蔽缝隙处的幼虫、蛹、成虫、茧、卵块等越冬虫源。清除树穴内的枯枝落叶等病虫源。

(2) 防冻防寒

应做好生长势衰弱古树的防冻防寒工作，如树干涂白等。树干涂白工作必须在冷空气入侵前全面结束。广东地区一般在11~12月进行较适宜。涂白剂要按一定的比例来配制。涂白剂的成分一般是由生石灰、食盐、硫黄和水组成。涂白时一定要均匀，尤其是树皮缝隙、洞孔、树叉等处要重复涂刷，以免刷花、刷漏。

7.8.5　古榕树复壮案例

7.8.5.1　深圳罗湖区古榕树复壮

(1) 古榕树势衰弱现状及诊断

该古榕树位于黄贝岭社区黄贝岭牌坊前。树高约13m，胸围约255cm，树龄约222年，为三级古树。现场调查发现，该株古树整体长势良好，立地环境差，立地土壤板结，树池狭小且开裂(见彩图41)；主干向北倾斜约20°；主干树皮开裂，多处切口开裂霉变，原树洞修补开裂脱落,并有枝叶延伸至建筑物等情况。

(2)复壮技术

①支撑加固树体　针对古榕树的倾斜状况,技术人员选取两个支撑点,在接近墙体的主干位置使用1根长300cm的镀锌钢管进行支撑加固,减少树体对墙体的压力;在分枝处选取另一支撑点,使用1根长200cm的镀锌钢管进行支撑。具体做法:选好地面基点,开挖基础,在基础上做石灰垫层,按照确定好的角度将钢管放在做好的基础上,浇灌水泥固定,在钢管和树体接触部分加垫橡胶层,最后根据树体形状和颜色进行仿真处理。

②树冠整理　针对该株古树枝叶延伸至建筑物以及树冠内有明显枯枝的问题,进行修枝整形。对枯死枝、内膛枝、重叠枝进行修剪,使树冠通透,有利于古树生长。

③立地环境改造　古榕树一边有建筑物阻挡;另一边靠近主干道,较宽阔,有大型车辆经过,无法铺设透气砖,本方案在古榕树旁边的人行通道铺设透气铺装,改善土壤透气性。针对立地土壤板结的问题,使用有机废弃物资源化堆肥、微生物菌肥、有机肥、黄泥等原材料配制养分含量丰富并具有良好疏松透气、保水保肥性能,且符合古榕树生长所需的专用营养基质。立地环境改造措施具体如下:

拆除硬质铺装　利用电镐等机械设备小心拆除该古树外围$10.2m^2$范围内的水泥硬化地面,清理水泥铺装下原土和杂物,开挖深度为60cm,操作时使用小锄头,防止伤及根系(见彩图42)。

修砌梅花桩　首先放线定位,使用灰砖修建5排4列砖基础,用以支撑透气大理石铺装(见彩图43)。

回填基质　对根系消毒后,回填疏松透气、保水保肥的古树专配营养基质(该基质是结合古树原有土壤的检测结果,结合树种生长要求专门配制而成),平整夯实,将专用古树促根剂稀释后,充分浇施在根系和古树营养基质中,增强生长势。后期养护时也可根据古树长势情况继续淋施促根剂。

铺设透气砖　在梅花桩的基础上铺设大理石透气砖,透气砖表面应与现场地面水平保持一致。透气砖带有透气孔,有利于日常水肥养护管理(见彩图44)。

④防治白蚁　修枝整形过程中,发现古树受白蚁危害,内有分飞蚁、工蚁、兵蚁、幼蚁等,随即使用药物水剂对全巢白蚁进行灭杀,并对古树周边范围进行预防。

⑤树洞修补　该古树主干修补过的树洞已经开裂脱落,且分枝有多处切口未处理,针对此问题,技术人员进行了树洞修补工作。具体流程如下:

清理腐烂组织　用合适的工具,如榔头、刮刀、凿子、刷子、铲刀等对腐烂的木质部进行清除,要求尽可能地将树洞内所有腐烂的和已变色的木质部清除,清理至硬木即可,不伤及健康的木质部。清除树洞内的杂物,尽量打扫干净并保持干爽通风。

杀菌消毒　使用杀菌剂,对清理好的硬木部分进行杀菌消毒。

封涂黏合　封口用具有质轻、高强、防腐、保温等优点的复合树脂材料,可使封口不开裂。

封涂防水层　使用专用树洞修补材料按严格的比例对其进行封涂。

⑥修建围栏　古榕树处于主干道旁和公司出入口,人流量较大,为了更好地保护古榕树,在古榕树周围修建围栏,对古榕树进行围蔽保护。

(3) 复壮效果

复壮后跟踪观察,该古榕树萌发了新的吸收根,叶色翠绿,生长势恢复到了正常水平。

7.9 古黄连木养护与复壮

7.9.1 形态特征

黄连木(*Pistacia chinensis*),又名楷木,为漆树科(Anacardiaceae)黄连木属(*Pistacia*)落叶乔木。高逾20m。树干扭曲;树皮暗褐色,呈鳞片状剥落。幼枝灰棕色,具细小皮孔,疏被微柔毛或近无毛。偶数羽状复叶互生,有小叶5~6对,叶轴具条纹,被微柔毛,叶柄上面平,被微柔毛;小叶对生或近对生,纸质,披针形或卵状披针形或线状披针形,长5~10cm,宽1.5~2.5cm。小叶柄长1~2mm。花单性异株,先花后叶。

7.9.2 生态习性

黄连木喜光怕涝,对土壤要求并不严格,多数土壤条件下都能正常生长。但是土壤肥沃,通透性良好,pH为6~7的砂壤土更有利于黄连木的生长。

7.9.3 分布范围

在中国分布于长江以南各地区及华北、西北。国外分布于菲律宾。生于海拔140~3550m的石山林中。分布北界县市由西到东为:云南潞西、泸水—西藏察隅—四川甘孜—青海循化—甘肃天水—陕西富县—山西阳城—河北顺平县、涉县—北京,这一地理分布界限与中国境内1月平均气温-8℃等温线大体一致,广泛分布于此线以南的地区,以北、以西地区较为少见。

7.9.4 古黄连木养护

7.9.4.1 春季养护技术措施及要求

(1) 补水

根据树木长势情况而定,西南地区一般不需要进行土壤浇水措施。针对未萌芽或萌芽较晚的树,应进行浇水,促进芽苞萌发。

(2) 施肥管理

可在浇水时加入一定量的水溶肥完全溶解后浇透。

(3) 树冠整理

春季萌芽阶段不需进行枝冠整理,但是应认真观察树上的枝条情况,对未萌芽的枝条做好记录,以便后期做处理。

(4) 病虫害防治

①炭疽病 危害黄连木的主要病害是炭疽病,该病主要危害果实,同时还可以危害果梗、穗轴、嫩梢。果实受害后果粒生长减缓,果梗、穗轴干枯,严重时干死在树上。果穗受害后,果梗、穗轴和果皮上出现褐色至黑褐色病斑,圆形或近圆形,中央下

陷，病部有黑色小点产生，湿度大时，病斑小黑点处呈粉红色凸起，即病菌的分生孢子盘及分生孢子。叶片感病后，病斑不规则，有的沿叶缘四周1cm处枯黄，严重时全叶枯黄脱落。嫩枝感病后，常从顶端向下枯萎，叶片呈烧焦状脱落。

防治方法　使用苯醚甲环唑、丙环唑等进行喷施，连喷2~3次，间隔7~10d，喷施应做到全面周到，以不滴水为宜。

②虫害

黄连木种子小蜂　该虫主要以幼虫危害果实。成虫产卵于果实的内壁上；初孵幼虫取食果皮内壁和胚外海绵组织；稍大时咬破种皮，钻入胚内，取食胚乳和发育中的子叶；到幼虫老熟可将子叶全部吃光。受害黄连木果实幼小时遇到不良天气容易变黑干枯脱落。

黄连木尺蛾　又叫木尺蠖。食性很杂，幼虫对黄连木、刺槐、核桃等食害十分严重。黄连木尺蛾危害严重，有的一个枝条上有2~5头5~6龄的幼虫，叶片几乎被吃光。以幼虫蚕食叶片，是一种暴食性害虫，大发生时可在3~5d内将全树叶片吃光，严重影响树势。

缀叶丛螟　主要是取食危害叶片，幼虫在两块叶片间吐丝结网，缀小枝叶为一巢，在其中取食。随着虫体增大，食量增加，缀叶由少到多，将多个叶片缀成1个大巢，严重时将叶片全部食光，造成树枝光秃，影响黄连木的正常生长。

刺蛾类　主要有黄刺蛾、褐边绿刺蛾等，在黄连木产区零星发生。杂食性，主要以幼虫危害叶片，影响树势和产量。

③防治方法

黑光灯诱杀　黄连木尺蛾、刺蛾类、缀叶丛螟等害虫的成虫均具有趋光性，在成虫羽化期，可在夜间用黑光灯或火堆诱杀成虫，减少虫口密度，减轻危害。

生物防治　保护和利用天敌：黄连木种子小蜂幼虫及蛹的天敌是多种鸟类，成虫的天敌有蜘蛛类、蚂蚁类等；黄连木尺蛾卵期天敌有螳螂、瓢虫等，幼虫期寄生性天敌有茧蜂、姬蜂等多种寄生蜂，捕食性天敌有山雀、麻雀、灰喜鹊、画眉、黄鹂、白头翁等多种益鸟。应充分利用这些天敌，可持续抑制害虫种群数量的增殖，长期控制害虫危害。

化学防治　树冠喷雾：黄连木种子小蜂在成虫羽化的初盛期5月上中旬和6月上旬各喷一次噻虫嗪、高效氯氟氰菊酯进行防治；黄连木尺蛾、缀叶丛螟、刺蛾类在幼虫3龄前用高效氯氟氰菊酯等药剂防治幼虫；梳齿毛根蚜防治分别于5月上旬、6月中旬和9月中旬进行树体全面喷雾。

7.9.4.2 夏季养护技术措施及要求

(1) 补水与排水

夏季西南大部分地区雨水充沛，一般不需要特别的浇灌处理，但是对于个别干旱地区应做好浇水计划，每次做到浇足浇透。

在雨季来临前做好地下防涝工作，可通过安装透气管、挖排水沟、挖渗水井并用抽水机排水等措施，排除根部积水。雨季时还要安排专人进行排查，如遇到积水过多无法排除时应及时使用抽水机抽水或人工排水的方式排水，使得积水在树盘内存留时间短于24h。

(2) 整理树冠及树体加固

雨季来临前，排查古树是否存在安全隐患。针对存在腐朽(内部、外部)、严重倾斜等情况的树木，需要进行树体加固，可选择搭建钢制支撑、拉纤等加固措施。

(3) 有害生物防治

加强古黄连木病虫害的日常监测和防治。加强巡查，发现病虫害危害的症状及时进行防治。重点防治梳齿毛根蚜，该虫在每年的 5~9 月进行危害，造成被害叶片反面形成凸出的囊状或鸡冠形虫瘿，开始为浅黄绿色，成熟后变为红色，最后导致叶片枯黄、脱落。防治方法：全树喷施噻虫嗪、高效氯氟氰菊酯进行防治，喷施均匀全面，以不滴水为宜。

7.9.4.3 秋季养护技术措施及要求

(1) 补水

根据天气状况和土壤含水量，适时浇水，防止干旱出现黄叶。土壤干旱缺水时，应及时进行根部浇水，要浇足浇透，遇到紧急情况可通过树干输液快速补水。

(2) 整理清除干枯枝叶

及时整理清除树冠内干枯的枝叶和病虫枝叶，加强树冠的通风透气性。及时清除掉落地面的枯枝落叶和病虫枝叶。

(3) 有害生物防治

秋季是刺吸式害虫发生的又一高峰期，重点防治叶部害虫，针对天牛等蛀干害虫也应开展防治。

7.9.4.4 冬季养护技术措施及要求

(1) 防治越冬病虫源

采取人工捉、挖、刷、刮、剪等办法，清除古树树上及地下土壤和周围隐蔽缝隙处的幼虫、蛹、成虫、茧、卵块等越冬虫源。清除树穴内的枯枝落叶等病虫源。同时，对全树喷施辛菌胺醋酸盐、高效氯氟氰菊酯，特别是缝隙处要喷施到位，灭杀病虫。

(2) 涂白防冻防寒

西南地区一般在 11~12 月进行较适宜。涂白剂要按一定的比例来配制，选择可喷涂的商品涂白剂使用方便、操作快捷、节省人工，市售环保型商品涂白剂中可以添加吡虫啉、多菌灵、丙环唑等杀虫杀菌剂，基本不影响药效，但应注意要现配现用。为了提高涂白质量，宜使用电动喷涂机进行喷涂，保证形成致密无缝的紧身膜衣。

7.9.5 古黄连木复壮案例

(1) 现状分析

该古树位于云南省个旧市石榴坝村的居民院落，树龄 110 余年，树干有从上部到下部贯通洞，下部树干有 1/3 死亡并形成空洞，洞内有蜜蜂、蚂蚁等昆虫，上部枝条开始回缩、死亡 (见彩图 45)。

(2) 复壮措施

经现场察看，制订救护施工流程如下：

清理树干腐朽组织—吊注营养液，补充营养水分—对腐朽坏死组织杀虫杀菌及防腐处理—涂抹伤口防腐剂—死亡组织防腐防水处理—树盘土壤改良—树盘浇灌消毒杀菌促生根药液—树体支撑。

①清理树干腐朽组织　见彩图 46。

②吊注营养液，补充营养水分　见彩图47。
③杀虫、杀菌　见彩图48。
④树体防腐　见彩图49。
⑤树盘土壤改良　见彩图50。
⑥树池浇灌消毒杀菌和促生根药剂　见彩图51。
⑦树体支撑　见彩图52。

(3) 复壮效果

通过有针对性地实施复壮保护方案，精心施工，阻止了古树树干继续腐朽，排除了树体枝干折断的风险，改良了根系生长环境，控制了树体的病虫害，复壮1年后，该古树生长势恢复到正常水平。

7.10　古榧树养护与复壮

7.10.1　形态特征

榧树（*Torreya grandis*），为红豆杉科（Taxaceae）榧属（*Torreya*）乔木。高达25m，胸径55cm。树皮浅黄灰色、深灰色或灰褐色，不规则纵裂。1年生枝绿色，无毛；2~3年生枝黄绿色、淡褐黄色或暗绿黄色，稀淡褐色。初生叶三角状鳞形；叶条形，排列成二列，通常直，长1.1~2.5cm，宽2.5~3.5mm，先端凸尖，正面光绿色，无隆起的中脉，背面淡绿色，气孔带常与中脉带等宽，绿色边带与气孔带等宽或稍宽。

7.10.2　生态习性

(1) 物候期

榧树为常绿乔木，老叶呈深绿色，新叶为黄绿色，新老叶片有显著区别，展叶期为3~4月；花期4月；种子翌年10月成熟。

(2) 对土壤的要求

常散生于土层深厚的黄壤谷地，忌积水低洼，干旱瘠薄处生长不良。

(3) 对气候的要求

榧树喜光，好凉爽湿润的环境，较耐寒。

7.10.3　分布范围

榧树为中国特有树种，产于江苏南部、浙江、福建北部、江西北部、安徽南部，西至湖南西南部及贵州松桃等地，生于海拔1400m以下，温暖多雨的黄壤、红壤、黄褐土地区。

7.10.4　古榧树养护

7.10.4.1　春季养护技术措施及要求

(1) 病虫害防治

春季病虫害防治工作应该以预防为主，综合防治。3~4月随着气温逐渐上升，病虫害也开始活动，应抓住有利时机进行防治。

(2) 施肥管理

施肥应根据土壤分析结果,确定施肥种类,根据实际生长需要,确定施肥方法。对生长较健康的古树,以在根际周围施厩肥为主;对生长势较弱的古树,以树干滴注液态肥为主。也可对叶面喷施液态肥,注意不要施大肥、浓肥,要勤施淡肥。

7.10.4.2 夏季养护技术措施及要求

(1) 垂枝支撑

对一些重要的、不能修剪的下垂枝,进行科学支撑,采用"T"木条支撑,材质可用杉木,支撑的横木条与下垂榧树枝条接触部位应加柔性垫层,避免磨损活体皮层。

(2) 中耕除草

夏季杂草大量生长,不仅抢夺树木的土壤肥力和水分,同时也往往是传播病虫害的媒介。应及时除草松土,保持土壤的通透性,清除杂草草根,减少其对水分和土壤肥力的竞争。

(3) 补水

夏季气温急剧上升,古树生长迅速,对水分的需求较大,应灌溉多次,保持根部土壤的持水量。灌溉的时间应避免午间(12:00~15:30)的高温段。雨季降水增多时要注意做好低洼处的排水工作,防止过涝导致树木根部坏死。

7.10.4.3 秋季养护技术措施及要求

(1) 周边环境整理

对树冠投影下及投影外 5m 以内的杂草、石块进行全面清理,可在该范围内松土 20~30cm,促进根系分布区土壤通透性良好。

(2) 修剪枯死枝条

及时清除枯死枝、伤残枝、病虫枝、竞争枝,保证树冠匀称、通风透光,使枝条合理分布,均匀生长。对粗大的枯死枝条,截去直径小于 10cm 的部分,对保留部分进行清腐,用 3%硫酸铜溶液消毒,最后涂抹桐油进行防腐。

7.10.4.4 冬季养护技术措施及要求

(1) 防治越冬病虫源

采取人工捉、挖、刷、刮、剪等办法,清除古树上及地下土壤和周围隐蔽缝隙处的幼虫、蛹、成虫、茧、卵块等越冬虫源。清除树穴内的枯枝落叶等病虫源。

(2) 涂白防冻害

涂白剂一般由石灰、杀菌杀虫及辅助剂组成。涂白后呈现白色,白色的反光作用不仅能够减少对太阳能的吸收,缩小树体昼夜温差,防止日灼与冻害,而且能防止蛀干害虫在树干上产卵。

(3) 病虫害防治

榧树的病虫害防治应常年进行,主要病害的防治方法如下:

①天牛

人工防治　利用天牛成虫的假死性,可在早晨或雨后摇动枝干,将成虫振落地面捕杀，或在成虫产卵期用小尖刀将产卵槽内的卵杀死。在幼虫期经常检查枝干，用小刀挖开皮层将幼虫杀死，发现被害枯梢应及时剪除，集中处理。

药剂防治 在新排粪孔内放入蘸有熏蒸性农药的棉花团，或放入1/4片磷化铝，然后用泥封住虫口，进行熏杀。

树干涂白 星天牛产卵多在树干下部，可在树干上刷涂白剂（生石灰1份：硫黄粉1份：水40份），对成虫有驱避作用。

②香榧瘿螨 采用1.8%阿维菌素乳油2000~2500倍进行防治。第一次喷药后，隔7~10d再喷第二次药，需连续防治2次。

③菌核性根腐 深翻，用生石灰或10%硫酸铜溶液消毒。用80%代森锌可湿性粉剂500倍液，或64%杀毒矾可湿性粉剂400倍液浇灌。

④根腐病 整地时用生石灰消毒土壤。把病树周围的表土扒开晾晒，再用噁霉灵2000~3000倍灌根。

7.10.5 古榧树复壮案例

（1）现状分析

本株古树位于浙江省金华市浦江县虞宅乡马岭脚村，树龄约1200年。古树的枝叶稀疏，生长不良，新梢和新芽较少，生长势为重弱。

古树的树体基部受损、发生腐烂，面积约0.8m²。古树周边进行了石块铺装，虽然下部非混凝土垫层，但是铺设石块时下部采用了黄泥垫层，将石块挖开后发现，下部的黄泥含水量极高，黄泥的黏性很强，导致下部的土壤透气、透水性差，影响了古树根系的正常生长。

（2）复壮措施

①地下环境改善 把现有石块铺装全部挖出，对原有的表层土壤进行翻松改良（面积约30m²），采用配方基质调整土壤属性，促进根系的生长，增强古树的长势。在土壤表层以下20cm敷设连通的透气管，透气管直径为100mm，确保底部土壤的透气、透水性。暂时先不回铺石块，待古榧树恢复正常长势后再回铺块石面层，但在铺设石块时下部需要铺设砂石垫层，增强透气、透水性（图7-18，见彩图53）。

②树体损伤处理 对腐烂部分清理干净，清理到坚硬木质部为宜，再喷施多菌灵进行杀菌，随后用菊酯类农药进行杀虫，最后用桐油涂抹进行防腐。

③施肥

叶面施肥 采用喷雾机喷施0.3%的磷酸二氢钾或尿素，改善叶片营养状况。

树干输营养液 用树干输液器直接把0.3%的磷酸二氢钾或尿素的溶液输入树体中，快速补充营养，增强树势。

7.11 古枫杨养护与复壮

7.11.1 形态特征

枫杨（*Pterocarya stenoptera*），为胡桃科（Juglandaceae）枫杨属（*Pterocarya*）高大落叶乔

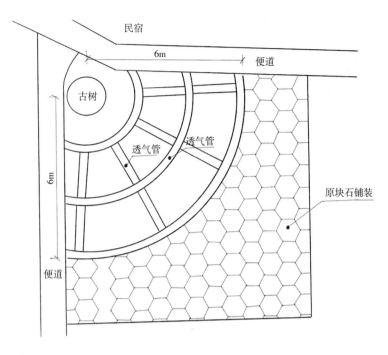

图 7-18 透气管平面图（章银柯 绘制）

木。高可达 30m。裸芽具柄，常几个叠生，密被锈褐色腺鳞。偶数稀奇数羽状复叶，叶轴具窄翅；小叶多枚，无柄，长椭圆形或长椭圆状披针形，先端短尖，基部楔形至圆形，具内弯细锯齿。雌柔荑花序顶生，长 10~15cm。花期 4~5 月，果熟期 8~9 月。

7.11.2 生态习性

喜光，喜温暖湿润气候，也较耐寒；耐水湿，但不宜长期积水。对土壤要求不严，在酸性至微碱性土壤上均可生长；深根性，且侧根发达；萌芽性较强；枫杨一般初期生长缓慢，3~4 年后生长加快。

7.11.3 分布范围

产于我国陕西、河南、山东、安徽、江苏、浙江、江西、福建、台湾、广东、广西、湖南、湖北、四川、贵州、云南，华北和东北仅见栽培。模式标本采自广东。生于海拔 1500m 以下的沿溪涧河滩、阴湿山坡地的林中，现已广泛栽植用作庭荫树或行道树。

7.11.4 古枫杨养护

7.11.4.1 春季养护技术措施

(1) 补水
当根系开始活动时进行补水，同时做好松土工作，确保水分能到达古树主根系范围。
(2) 设施维护
对古树保护设施，如护栏、支撑、挂牌等开展检查和维护，确保设施完整；对护栏内进行清杂，原则上不种植其他植物，以免这些植物与古树争水、争肥。

(3) 枝条整理

早春，对上年冬季未修剪的枯死枝、病虫枝、杂乱枝等进行修剪，修剪留下的较大伤口应涂抹伤口愈合剂。

(4) 病虫害防治

主要防治白粉病。防治方法：休眠期做好清园工作，并对剪除的病株、病芽及病枝等集中处理；展叶后，采用25%粉锈宁可湿性粉剂1000~1500倍液、70%甲基托布津可湿性粉剂800~1200倍液或25%嘧菌酯苯醚悬浮剂1000倍液喷雾，每隔10~15d一次，连续喷施3~4次。

7.11.4.2 夏季养护技术措施

(1) 补水与排水

7~8月发生极端干旱时，应及时对古枫杨进行补水。同时，应及时做好排水工作，可通过开沟排水、人工抽排等措施，并结合中耕松土、除草等养护措施防止古枫杨长时间被水浸泡。汛期对古枫杨进行及时巡查，发现断枝、倒伏、雷击损伤等，进行抢救保护。

(2) 病虫害防治

夏季枫杨主要虫害及防治方法如下：

①天牛　防治方法：人工防治，敲击产卵刻槽、掏挖幼虫、人工捕杀成虫；药剂防治，成虫羽化期可选用2%噻虫啉微胶囊悬浮剂2000倍液或8%氯氰菊酯微胶囊悬浮剂200~400倍液喷于树干上；生物防治，幼虫期集中释放寄生性天敌肿腿蜂、花绒寄甲、蒲螨等。

②介壳虫　防治方法：结合冬季修剪，剪去病虫枝；在初孵若虫期未形成蜡质层时，喷洒40%速扑杀乳油1000~1500倍液；释放红点唇瓢虫及各种寄生蜂。

7.11.4.3 秋季养护技术措施及要求

(1) 补水

根据天气状况和土壤含水量，适时浇水。由于秋季空气干燥，注意对古树树冠适时喷水，增加空气湿度，促进古树生长。

(2) 病虫害防治

秋季枫杨易发生丛枝病。防治方法：人工剪除丛枝；选用20%农用链霉素可湿性粉剂500倍液，或盐酸四环素500倍液灌根，每月1次，连续3次。

7.11.4.4 冬季养护技术措施及要求

冬季应对古树的枯死枝、病虫枝和杂乱枝等进行适度修剪。同时应开展树干涂白、松土施肥、树体修补工作，方法可参考国标(GB/T 51168—2016)。

7.11.5 古枫杨复壮案例

(1) 现状分析

该古树位于武汉市江岸区，高约20m，胸径约105cm，树龄约110年，为武汉市人民政府第一批公布的古树之一。古树生长地原为武铁江岸车辆段，紧邻长江。

江岸车辆段搬迁后，古树周边变为一片废墟，古树的生长受到一定威胁，园林部门采取多种措施加强了对它的保护。2015年古枫杨所在地被划入了武汉市江北快速路施工范围，受工程影响，古树根颈部以上1m被黏土填埋，道路工程设计的排水管道高于古树生长地点，导致排水不畅，且由于古树生长地地势低洼，极易形成汇水区。上述问题导致古树周边排水不畅、古树根系呼吸困难，进而引发根系腐烂，导致树木衰弱。

综合分析，造成衰弱的原因包括以下几点：立地环境在近10年内发生了巨大变化，人为干扰对其生长势的影响较大(如根颈部填埋)；古树树干有空洞腐烂现象，传输营养的能力弱，导致其生理活动减弱；古树生长地地势低洼，长期积水等。

(2) 复壮措施

①清除树干周围所填埋的黏土，还原至原状　在清除填土过程中不能伤及树皮、根系和主枝。

②改善排水条件　将古树树冠下原有的水泥硬质铺装破碎移除，松土并改良土壤，确保积水能快速下渗；在树冠外围修建环形的拦截雨水的水沟，沟深50cm、宽40cm，确保在雨季能截留大部分雨水(图7-19)。

③修建围栏　在清除填土，建好排水设施后，应根据现场情况对古树修建围栏，以便长期保护古树。

④复壮　冬季落叶后进行松土、施有机肥。

⑤环境消毒　用多菌灵对古树根颈部及周边环境进行消毒。

⑥修剪枝条　对枯死枝、病虫枝、杂乱枝进行修剪。

(3) 复壮效果评价

古枫杨采取抢救性保护和复壮后，立地环境得到极大改善，古树受到有效保护，树势恢复正常，复壮效果良好(图7-20)。

图7-19　环形拦水沟(丁昭全　摄)　　　图7-20　古枫杨复壮保护后(丁昭全　摄)

7.12　古皂荚养护与复壮

7.12.1　形态特征

皂荚(*Gleditsia sinensis*)，为豆科(Fabaceae)皂荚属(*Gleditsia*)落叶乔木。高达30m。刺圆柱形，常分支，长达16cm。叶为一回羽状复叶，先端急尖或渐尖，顶端圆钝，基部圆或楔形，中脉在基部稍歪斜，具细锯齿，上面网脉明显。荚果带状，肥厚，长12~37cm，两面膨起；果颈长1~3.5cm；果瓣革质，褐棕或红褐色，常被白色粉霜，有多数种子。花期3~5月；果期5~12月。

7.12.2 生态习性

皂荚喜光，稍耐阴，生于山坡林中或谷地、路旁。对土壤要求不严，在微酸性、石灰质、轻盐碱土甚至黏土或砂土中均能正常生长。深根性植物，具较强耐旱性，生长速度较慢但寿命较长，可达六七百年。

7.12.3 分布范围

产于我国河北、山东、河南、山西、陕西、甘肃、江苏、安徽、浙江、江西、湖南、湖北、福建、广东、广西、四川、贵州、云南等地；一般生于山坡林中或谷地、路旁，在温暖地区可分布在海拔1600m处。树冠广宽，叶密荫浓，可用于园林绿化，常栽培于庭园或宅旁。

7.12.4 古皂荚养护

7.12.4.1 春季养护技术措施及要求

(1) 设施检查维护

对古树的护栏、牌示、支撑、避雷设施等进行检查，对有损坏的设施进行维护；检查修补过的树洞有无渗水、腐烂现象。

(2) 水肥管理

可根据气象状况在2月下旬至3月上旬给古树灌一次水。对立地条件较好，且生长健康的古树可不施肥；对于立地条件差，长势不佳的古皂荚可少量施肥，肥料种类应选择有机肥，不可施用化肥。

(3) 松土

2月底到3月上旬，当皂荚的根系开始活动时，应在古皂荚的根系范围内进行松土，促进根系呼吸，松土不宜过深，20~30cm即可。

(4) 病虫害防治

白粉病防治方法：休眠期做好清园工作，并对剪除的病株、病芽及病枝等集中处理；展叶后，采用25%粉锈宁可湿性粉剂1000~1500倍液、70%甲基托布津可湿性粉剂800~1200倍液或25%嘧菌酯苯醚悬浮剂1000倍液喷雾，每隔10~15d喷一次，连续喷施3~4次。

7.12.4.2 夏季养护技术措施及要求

(1) 补水与排水

遇连日干旱无雨时，应在早晚做好补水工作，按照"不干不浇、浇则浇透"的原则浇水，补水的同时应注意树穴松土。

夏季若遇连续降雨天气，要在易积水的地区做好古树排水工作，以免烂根而影响古树生长。

（2）树冠整理

在不破坏古树整体树形的前提下修剪掉病虫枝、枯死枝及重叠枝等，可有效减轻风灾影响，减少病虫害发生。

（3）树体支撑

若主干倾斜明显或偏冠严重，应根据古树具体情况，结合立地环境特征及时采取支撑等保护措施，以防止树体倾倒、断枝。一般主干支撑点不低于树体高度的1/2处。

（4）树洞修补或填充

对于树干或主枝上存在的树洞，应采取修补。对于洞口朝上的"朝天洞"应进行封堵；对于洞口朝向侧方的树洞，原则上只进行洞壁修补，无须封堵。树洞修补方法参考《城市古树名木养护和复壮工程技术规范》（GB/T 51168—2016）。

（5）病虫害防治

夏季皂荚主要病虫害及防治方法如下：

皂荚幽木虱　防治方法：用10%吡虫啉乳油2000倍液均匀喷雾，视虫情隔10d左右喷1次，连续喷施2~3次。

天牛　防治方法：人工防治，可敲击产卵刻槽、掏挖幼虫、人工捕杀成虫；药剂防治，可在成虫羽化期选用2%噻虫啉微胶囊悬浮剂2000倍液或8%氯氰菊酯微胶囊悬浮剂200~400倍液喷于树干上；生物防治，可在幼虫期集中释放寄生性天敌肿腿蜂、花绒寄甲、蒲螨等。

炭疽病　防治方法：加强水肥管理，保证植株健康生长，降低感病程度；及时清除病叶或落叶，可减少侵染源；发病时可喷施50%甲基托布津可湿性粉剂500~600倍液，或50%多菌灵500~600倍液，或65%代森锌可湿性粉剂600~800倍液。

7.12.4.3　秋季养护技术措施及要求

（1）补水

根据天气状况和土壤含水量，适时浇水；适当为树冠喷水，增加空气湿度，促进古树生长。

（2）病虫害防治

防治皂荚豆象可用磷化铝、溴甲烷等药物熏蒸杀死藏在种子内的幼虫等。

7.12.4.4　冬季养护技术措施及要求

（1）立地环境治理

对古树周边的立地环境进行治理。对古树树冠范围内及周边可能影响其生长的植物和其他设施进行处理；对枯枝落叶等进行清除。

（2）树冠整理

在保持古树原有树形大致不变的前提下，应对古树的枯死枝、病虫枝、过密枝和杂乱枝等进行适度修剪。

7.12.5　古皂荚复壮案例

（1）现状分析

该古皂荚位于武汉市东湖高新区花山街春和村，高约6.5m，胸径约100cm，冠幅约

9m，树龄约310年，立地条件较好；古树树干中空，部分树皮剥落，生长势较为衰弱。

2020年12月31日，该古树因工程建设遭到损害，具体情况为：古树根颈部外围半径1.5m处被挖掘，形成长3m、宽0.5m、深1m左右的沟，根系破坏严重。施工方次日对树穴进行了简单回填处理，但回填土质量较差，且没有回填至原有土层高度，部分根系仍然裸露。

(2) 衰弱原因分析

建设工程导致大量断根（见彩图54），是导致该古皂荚衰弱的主要原因，同时发现树干基部腐烂，仅剩少量有活力的输导组织，传输营养的能力弱。另外，古树树冠以下部分为观景平台，硬质铺装面积大（见彩图55），长期踩踏导致土壤紧实，影响根系呼吸，加速了古树的衰弱。

(3) 复壮措施

①改造硬质铺装　拆除硬质铺装及垫层，设置钢筋骨架，回填复壮基质后，铺设透气、透水材料，复壮基质与铺装材料之间留有10cm空隙。

②换土并回填树穴　更换根颈部土壤，回填土为混配营养土，回填高度应与受损前的高度一致，不能形成积水坑，回填土必须紧实，不能出现大的空隙、空洞。回填后及时浇一次透水。

③促根　3月上旬，用0.5%生根粉水溶液配合浇水对树穴进行灌根，以促发新根。

④水肥管理　古树树势恢复期内注意水分管理，一是干旱时注意浇水，二是遇到大雨天气及时排水；夏季高温季节要对古皂荚树冠浇水降温，复壮1年后对古树施1次有机肥，生长季节（5~10月）可根据树势恢复情况喷施1~2次叶面肥，如0.3%磷酸二氢钾和0.2%尿素。

⑤树洞内壁防腐修补　修补方法见国标（GB/T 51168—2016）。

⑥适度修剪　古树树势恢复后应对其枯死枝、病虫枝、杂乱枝进行适度修剪。

⑦加强观察　重点观察第二年春季萌芽展叶情况、夏季抵御高温干旱的情况，并做好观察记录，观察时间不少于2年；随时根据树势恢复情况再采取进一步保护措施。

(4) 复壮效果评价

古皂荚采取抢救性保护和复壮后，立地环境得到极大改善，树势恢复正常，已成为武汉市协调城市建设和古树保护矛盾的典型案例（见彩图56）。

7.13　古木棉养护与复壮

7.13.1　形态特征

木棉（*Bombax malabaricum*），为木棉科（Bombacaceae）木棉属（*Bombax*）落叶大乔木。高可达25m。树皮灰白色，幼树树干常有圆锥状的粗刺；分枝平展；掌状复叶，小叶5~7片，长圆形至长圆状披针形，长10~16cm，宽3.5~5.5cm，顶端渐尖，基部阔或渐狭，全缘，无毛。蒴果长圆形，长10~15cm，粗4.5~5cm，密被灰白色长柔毛和星状柔毛。种子多数，倒卵形，光滑。

7.13.2　生态习性

木棉每年的芽膨大期（花芽）、开花始期、开花盛期、芽开放期（叶芽）、展叶始期、展叶盛期和叶变色期(全变)等物候期主要与地理位置、气象条件、生长状况和环境条件等因子有关。一般而言，低纬度比高纬度地域的物候早；在向阳背风小环境里开花早，而在阴坡及北风风道上的开花迟且少。木棉在干热地区，花先叶开放，但在雨林或雨林气候条件下，则有花叶同时存在的情况。在广州地区花期3~4月，果夏季成熟。

木棉对土壤的要求不严格，可在砂质土和黏土中生长，酸性土壤中会生长更好。

木棉喜阳光充足的生长环境，不耐荫蔽。喜欢在高温的环境下生长，适宜生长的温度在20~30℃，冬天温度不宜低于5℃。

7.13.3 分布范围

木棉原产于亚洲热带地区，我国主要分布于广东、海南、广西、福建、台湾等地。澳大利亚热带地区也有分布。

7.13.4 古木棉养护

7.13.4.1 春季养护技术措施及要求

(1) 补水和排水

应根据天气特点、土壤墒情等情况，适时适量浇水。浇灌时，应缓流浇灌，浇足浇透。根部应见干见湿。地势低洼、地下水位高、土壤黏重、土壤含水量高时，必须设渗水井或敷设渗水盲管等有效的排水设施，及时排除根部积水。

(2) 施肥管理

根据古木棉的生长需要和土壤肥力情况合理施肥，施肥量应根据树体大小、肥料种类及土壤肥力状况而定，做到科学施肥。施肥应在吸收根密集分布区域内进行，以早春为宜。施肥以有机肥为主，无机肥为辅，有机肥必须充分腐熟，宜选用长效肥。休眠期以穴施、沟施有机肥为主，生长季节可根据生长需要进行土壤追肥或叶面喷肥。针对土壤肥力匮乏的古木棉，施肥之前应对立地土壤养分含量水平进行分析，依据土壤肥力状况和古树生长需要，适量施肥，平衡土壤中矿质营养，可结合挖复壮沟和地面打孔、挖穴等技术进行。

(3) 树冠整理

古树修剪应由技术人员制订方案，报主管部门批准后实施。古木棉修剪时间宜选择花期结束后，木棉花期在3~4月，1年修剪1次。应选择性修剪树枝，修去病虫枝、枯弱枝、徒长枝等。树冠疏枝工作应避免影响树木的整体高度和伸展范围。剪口应平滑、整齐，不积水，不留残桩，修剪后较大的切口应涂抹伤口防腐剂。禁止截干式修剪、过度提升树冠、偏冠修剪、狮尾式修剪、剪口扯脱树皮、残留枝柄过长、平贴树干修剪等不当修剪方式。

(4) 病虫害防治

根据古木棉主要病虫危害特点和天气状况，加强早春病虫害的预防。

①台湾乳白蚁　为蜚蠊目白蚁科，白蚁蚁巢在地下。蛀食树干，树干上常出现白蚁活动的蚁道和泥线形成的蛀道，可见粪便、木屑排泄物等。防治方法包括挖巢法、毒饵法、诱杀法。

挖巢法　挖巢最好在冬季进行，这时台湾乳白蚁高度集中于巢内。

毒饵法　使用高效低毒的慢性胃毒药剂，把药物直接喷在白蚁身上或白蚁的泥被、泥线、蚁道、分群孔、主蚁道等严重区域，使活体白蚁带毒返回巢体，使"毒药"相互传染，达到整巢消灭白蚁的目的。

诱杀法　在台湾乳白蚁活动季节设诱集坑或诱集箱，放入劈开的松木、甘蔗渣、芒萁、稻草等，待7~10d诱来白蚁后，喷施啶虫脒、吡虫啉、联苯菊酯和氯虫苯甲酰胺等杀白蚁药剂，施药后按原样放好，继续引诱，直到无白蚁为止。

②天牛　属于鞘翅目天牛科。主要以幼虫蛀蚀树枝、树干，危害严重时可导致整株树木死亡。通常在受害树木上可以见到排出的粪便。3~9月为危害盛期。防治方法包括物理防治、生物防治、化学防治。

物理防治　及时清理严重受害的植株；通过挂放诱捕器诱杀成虫。

生物防治　释放花绒寄甲、蒲螨、寄生蜂等寄生性天敌。

化学防治　可用高效氯氟氰菊酯添加树皮渗透剂喷施树干，也可用噻虫嗪、吡虫啉等药剂，通过注射或根施的方式施药防治。

③桑寄生（*Taxillus sutchuenensis*）　全年均可发生，寄主植物落叶期尤其明显。桑寄生植物种子在木棉枝条或主干上萌发、侵入，与寄主的导管相连，从中吸取寄主的水分和无机盐，导致木棉生长衰退。被害树木的枝干上常生长出桑寄生小灌丛，被寄生处枝干肿胀，出现裂缝或者空心，易风折，严重受害时整枝或全株枯死。桑寄生春季开花，秋季结果。果实成熟时呈鲜艳红褐色，招引雀鸟啄食。防治方法：主要采用修剪砍除。桑寄生常有内部吸根，修剪时除了将已长成的寄生枝砍除外，还必须除去内部吸根延伸的所有枝条，否则易复萌。应在桑寄生的果实成熟前进行。

7.13.4.2　夏季养护技术措施及要求

(1) 补水与排水

夏季应根据天气状况和土壤含水量，合理补水和排水。土壤干旱缺水，应及时进行根部缓流浇水，浇足浇透，时间应选择晴天的上午或者下午，不应在炎热的中午。灌溉时，要注意保护古树根部土壤不被冲刷。

木棉不耐涝，土壤含水量大，影响根系正常生长时，可采用埋管、打孔、人工清掏、挖渗水井并用抽水机排水等措施。淤塞的排水管道应及时清疏。低洼地，增设排水管道和雨水口。雨季前对排水设施进行全面清疏，清除检查井和雨水口中的淤泥(沙)及其他阻碍排水的障碍物。雨季中加强排涝巡查，发现积水及时排涝。

(2) 树体加固

古木棉树体高大，雨季来临前，针对存在腐朽(内部、外部)、严重倾斜等情况的树木应进行树体加固，可选择支撑、牵拉等加固措施。支撑选择斜式支撑、立式支撑等。

(3) 病虫害防治

根据病虫害发生特点，加强夏季高温、干旱、高湿环境下古树病虫害的日常检查与防治。4月中下旬至5月上旬，开展病虫害集中防治，重点防治叶部害虫。5月中下旬生长势衰弱的古树可采取树干释放天敌生物，如肿腿蜂、蒲螨等防治蛀干害虫。

①叶斑病　该病病原通常为炭疽属（*Colletotrichum*）、叶点霉属（*Phyllosticta*）、盾壳霉

属（*Coniothyrium*）真菌。叶斑病在 4~5 月开始发病，分生孢子极易脱落，随气流传播。病发时病叶上有较多的近圆形小褐斑，小褐斑的边缘有明显病健界限，为色暗紫红圈，后期小褐斑内有黑色小点状物即为病症。病叶早衰，提前脱落。防治方法：保持立地环境卫生；加强栽培管理，改善水肥条件，多施有机肥，增施磷肥、钾肥，以增强树势；发病初期清除病芽，及早喷洒杀菌剂控制。

②木棉乔木虱（*Tenaphalara gossampini*） 属半翅目木虱科。以幼虫或成虫群集于叶背或幼嫩枝条上吸取树液，使叶片变黄、脱落，生势衰弱，甚至枯死。同时，分泌蜜露诱发煤污病。防治方法：修剪严重感染的枝叶，喷施吡虫啉、螺虫乙酯、噻虫嗪等内吸性药剂。

7.13.4.3　秋季养护技术措施及要求

(1) 补水

根据天气状况和土壤含水量，适时浇水，防止因干旱导致黄叶或落叶。浇水时要浇足浇透，防止形成"拦腰水"。

(2) 整理清除干枯枝叶

秋末冬初，修剪枯枝，及时清除掉落地面的枯枝落叶和病虫枝叶，集中进行无害化处理。

(3) 病虫害防治

加强高温、干旱环境下古木棉病虫害的日常监测和防治。秋季是刺吸式害虫发生的又一高峰期，重点防治叶螨、木虱等叶部害虫，针对天牛等蛀干害虫也应开展防治工作。

7.13.4.4　冬季养护技术措施及要求

(1) 防治越冬病虫源

采取人工捉、挖、刷、刮、剪等办法，清除古木棉树上及地下土壤和周围隐蔽缝隙处的幼虫、蛹、成虫、茧、卵块等越冬虫源。清除树穴内的枯枝落叶等病虫源。

(2) 防冻防寒

对生长势衰弱的古树应做好防冻防寒工作，如树干涂白等。树干涂白工作必须在冷空气入侵前全面结束。广东地区一般在 11~12 月进行较适宜。涂白剂的成分一般由生石灰、食盐、硫黄和水组成。涂白时一定要均匀，尤其是树皮缝隙、洞孔、树叉等处要重复涂刷，以免刷花、刷漏。

7.13.5　古木棉复壮案例

(1) 现状分析

①立地环境及树体病虫害　该古木棉位于广州市中山纪念堂东北角。树高约 27m，胸围约 615cm。树冠东西冠幅约 32m，南北冠幅约 35m；长势衰弱。立地环境一般。现场调查发现，该株古树树体向东倾斜；东侧枝叶延伸至建筑物上方；分枝有抱树莲附生；古树东侧根系挤压铺装，造成古树东侧建筑物后方的铺装凸起。东北向的枯枝受天牛、花金龟、拟步甲危害，树体其他位置未见天牛进一步危害迹象。天牛幼虫为钻蛀性害虫，主要蛀食植物的树干、枝条及根部，对树木造成不可逆的损害；花金龟幼虫为腐食性特性，可

以取食腐烂的木段，一般不危害植物；拟步甲的幼虫口器发达，以蜗牛、蚯蚓、蜘蛛等软体动物为食，也取食动物排泄物和腐殖质。

②树干内部受损检测　技术人员对该株古木棉树干内部受损情况进行检测，检测高度为1.5m，该株古树内部受损率为50%。

③根系检测　古木棉树池东侧、西侧和东北侧的环境状况如图7-21所示。

树池东侧区域根系分布情况：该树东侧地下根系主要分布在东北侧和东南侧，在距离树干东北向约5m处开始有大量根系，东南向约5m处开始有大量根系，深度主要集中在地下40cm以下（图7-22）。

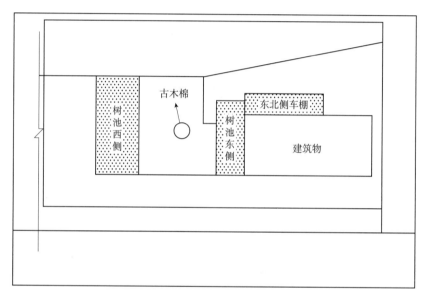

图7-21　古木棉生长环境示意图（毕可可　绘制）

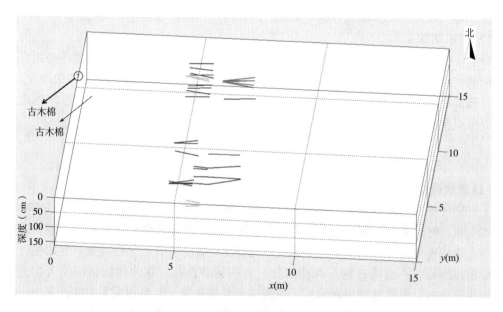

图7-22　东侧根系检测图（毕可可　绘制）

树池西侧区域根系分布情况：该树西侧地下根系主要分布在西北侧，在距离树干西北向约 6m 处开始有大量根系，深度主要集中在 20cm 以下；在距离树干西向约 6m 处开始有大量根系存在，深度主要集中在地下 40cm 以下(图 7-23)。

树池东北侧车棚区域根系分布情况：该树东北侧地下根系主要分布在深度 0~120cm 范围内，车棚地下存在大量根系且距离建筑较近，其中在 0~20cm 和 40~120cm 深度存在较多根系(图 7-24)。

④土壤检测 对古木棉树池内土壤进行检测，结果见表 7-1 所列，其中 3 项指标存在异常：有机质含量偏低，即土壤肥力较低；土壤钾含量偏低；土壤容重较高，即土壤

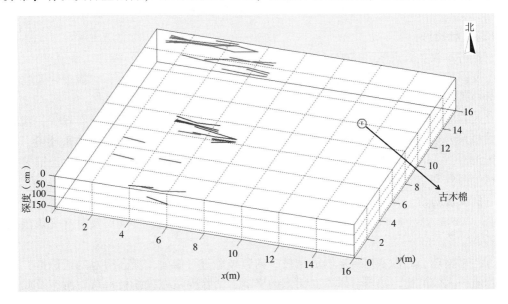

图 7-23　西侧根系检测图(毕可可　绘制)

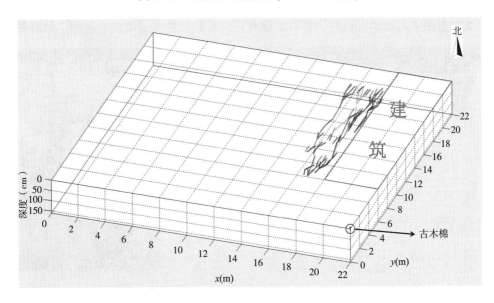

图 7-24　东北侧根系深度分布图(毕可可　绘制)

板结较严重。

表7-1 土壤检测结果

样品名称	检测结果							土壤名称
	pH	EC值（ms/cm）	有机质（g/kg）	氮（g/kg）	磷（g/kg）	钾（g/kg）	容重（g/cm³）	
古木棉	6.96	0.19	16.3	0.85	1.18	13.64	1.36	砂质壤土
参考标准	5.5~7.5	0.16~0.80	≥17.6	0.75~1.02	1.06~1.40	14.83~21.5	≤1.25	
	《园林种植土 DB 440100/T 36—2019》							

（2）复壮措施

根据古木棉生长现状，采取以下复壮措施：

①支撑加固　古木棉树体向东倾斜，树体不稳固，存在安全隐患，对靠近建筑物一侧的主分枝进行支撑保护，避免古树进一步倾斜。

②改善立地环境　从根系检测结果中可以看出，树池西北侧的根系分布较少，建筑物后方的根系分布较多，且该古树根系已对建筑物造成了损害。为改善古树根系环境，拟在古树树池西侧3m宽的区域和建筑物后方车棚区域，把现有硬质铺装改造成生态铺装，以促进树池西侧和东北侧的根系生长（图7-25~图7-28）。

③病虫害防治　为防止天牛危害加剧，拟释放天敌中华甲虫蒲螨对古木棉进行蛀干害虫预防。另外，施工完成后发现，西侧生态铺装上出现附生菌，发现后及时淋施杀菌剂进行防治。

④树冠整理　对古木棉树冠内的枯枝、内膛枝等进行修剪，提高树冠的通透性，减少营养物质的无效消耗，减弱台风季对树木的影响，消除因枯枝、断枝掉落对游客及周边建筑的安全隐患。

⑤促根施肥　土壤检测结果表明，该株古木棉立地土壤肥力不足，钾和有机质含量偏低，土壤容重偏大。技术人员对该株古木棉利用深根施肥的方式增施有机肥，共开展深根

图7-25　树池西侧拟改造铺装区域
（毕可可 摄）

图7-26　树池西侧生态铺装施工
（毕可可 摄）

图7-27 树池西侧生态铺装完成后
（毕可可 摄）

图7-28 东北侧车棚生态铺装完成后
（毕可可 摄）

施肥2次，并在树池内设透气管，提高土壤的透气性。木棉属于深根性树种，通过深根施肥让促根剂直接传达至古木棉根部，提升了树木的吸收能力，同时配合施用复合肥，提高土壤肥力，满足古木棉的生长需要。

(3) 复壮效果

复壮完成后，定期对其进行监测，未发现树体有进一步倾斜的现象；同时在西侧改造后的立地内发现了萌发的新壮根。通过定期开展安全性检测，古木棉内部腐烂未出现进一步扩大。

7.14 古黄葛树养护与复壮

7.14.1 形态特征

黄葛树（*Ficus virens* var. *sublanceolata*），为桑科（Moraceae）榕属（*Ficus*）落叶或半落叶乔木。高15~26m。具板根或支柱根，幼时附生。叶薄革质或厚纸质，卵状披针形或椭圆状卵形，长10~25cm，先端短尖，基部钝圆或浅心形，全缘。榕果单生或成对腋生，或簇生于落叶枝叶腋，球形，径0.7~1.2cm，熟时紫红色，具间生刚毛。

7.14.2 生态习性

黄葛树花序、果发育株内同步，株间异步，花序果发育过程可划分为雌前期、雌花期、间花期、雄花期和花后期5个时期。常年挂果，在每年的1~2月和6~7月有2个明显的花序芽萌发高峰期，单株每年结果1~3次。花序果从雌前期到花后期的发育时间长短因季节而异；冬季和春季（12月至翌年5月）发育较慢，最长的持续近130d；夏秋季（6~11月）发育较快，间花期明显缩短，从雌前期到花后期仅需约80d。

黄葛树略耐旱瘠，喜排水良好的酸性至中性和钙质的壤土；在土层深厚、透气透水性好、盐碱度低的土壤条件中生长良好。

黄葛树喜温暖至高温湿润气候，略耐寒。

7.14.3 分布范围

黄葛树分布于我国东南部、南部至西南部及亚洲南部至大洋洲。

7.14.4 古黄葛树养护

7.14.4.1 春季养护技术措施及要求

(1) 补水

黄葛树较耐旱，不耐涝，喜温暖湿润的气候和肥沃的土壤。根据天气特点、土壤墒情等情况，适时适量浇水。浇灌时，应缓流浇灌、浇足浇透。根部则应见干见湿，随着生长的加快、新枝的萌发应逐渐加大浇水量，随干随浇。在雨季可采用埋管、打孔、人工清掏等排水措施及时进行树池排涝。

(2) 施肥管理

根据古黄葛树的生长需要和土壤肥力情况合理施肥，施肥量应根据树体大小、肥料种类及土壤肥力状况，做到科学施肥。施肥应在吸收根密集分布区域内进行，以早春为宜。施肥应以有机肥为主，无机肥为辅，有机肥必须充分腐熟，宜选用长效肥。休眠期以穴施、沟施有机肥为主，生长季节可根据生长需要进行土壤追肥或叶面喷肥。针对土壤肥力匮乏的古树，施肥之前应对立地土壤养分含量水平进行分析，依据土壤肥力状况和古树生长需要，适量施肥，平衡土壤中矿质营养，可结合复壮沟和地面打孔、挖穴等技术进行。

(3) 树冠整理

古树修剪应由技术人员制订方案，报主管部门批准后实施。古黄葛树修剪时间宜选择生长旺季或换叶至萌芽前，2月下旬至4月上旬，根据天气对古树进行疏枝修剪。选择性修剪树枝，修去病虫枝、枯弱枝、徒长枝等，以利于通风透光。树冠疏枝工作应避免影响树木的整体高度和伸展范围。剪口应平滑、整齐，不积水，不留残桩，修剪后较大的切口应涂抹伤口防腐剂。禁止截干式修剪、过度提升树冠、偏冠修剪、狮尾式修剪、修剪切口扯脱树皮、残留枝柄过长、平贴树干修剪等不当修剪。

(4) 病虫害防治

根据古黄葛树主要病虫危害特点和天气状况，加强早春病虫害预测预报。

①根腐病　由白腐菌引起，属于土传病害，染病树木因根部组织腐朽造成生长衰弱、树叶变黄、枯萎脱落，最终导致植物死亡。

防治方法　清除病残体。将表皮腐朽部分用刀刮干净，涂上杀菌剂及保护剂，并对刮除的病残体进行无害化处理。采用杀菌剂（丙环唑、戊唑醇、嘧菌酯等），混匀后将药液均匀施于树木主干基部、树木主根及吸收根周围。

②天牛　以幼虫在树干或枝条上蛀食，树皮存在蛀孔，向外推出排泄物和木屑。危害严重时可导致整株树木死亡。通常在受害树木上可以见到排出的木屑。防治方法包括物理防治、生物防治和化学防治。

物理防治　及时清理严重受害的植株；挂放诱捕器诱杀成虫。

生物防治　释放花绒寄甲、蒲螨、寄生蜂等寄生性天敌。

化学防治　采用高效氯氰菊酯加树皮渗透剂喷施树干，也可用噻虫嗪、吡虫啉等药剂，通过注射或根施的方式施药防治。

7.14.4.2 夏季养护技术措施及要求

(1) 补水与排水

夏季应根据天气状况和土壤含水量，合理补水和排水。土壤干旱缺水，应及时进行根部缓流浇水，浇足浇透。时间应选择晴天的上午或者下午，不应在炎热的中午。灌溉时要注意保护古树根部土壤不被冲刷。

雨季前做好地下防涝排水。黄葛树较耐热和耐湿。当土壤含水量大，影响根系正常生长时，可采用埋管、打孔、人工清掏、挖渗水井并用抽水机排水等措施。地势低洼、地下水位高、土壤黏重、土壤含水量高时，必须设渗水井或敷设渗水盲管等有效的排水设施，及时排除根部积水。

(2) 树冠整理及树体加固

古黄葛树树冠大且浓密，雨季来临前，对存在安全隐患的古黄葛树开展树冠整理、树体加固及树洞封堵工程。树冠整理主要是清理病虫枝，加强树冠通风。针对存在腐朽（内部、外部）、严重倾斜等情况的树木，需要进行树体加固，可选择气根牵引、建支撑、拉索等加固措施。支撑选择斜式支撑、立式支撑等。

(3) 病虫害防治

根据病虫害发生特点，加强夏季高温、干旱、高湿环境下病虫害的日常检查与防治。4月中下旬至5月上旬，开展病虫害集中防治，重点防治叶部害虫。5月中下旬生长势衰弱的黄葛树可采取树干释放天敌生物如肿腿蜂、蒲螨等防治蛀干害虫。

7.14.4.3 秋季养护技术措施及要求

(1) 补水

根据天气状况和土壤含水量，适时浇水，防止干旱出现黄叶或落叶。土壤干旱缺水，应及时进行根部浇水，要浇足浇透。

(2) 整理清除干枯枝叶

及时整理清除树冠内干枯的枝叶和病虫枝叶，加强树冠的通风透气性。及时清除掉落地面的枯枝落叶和病虫枝叶。

(3) 病虫害防治

加强高温、干旱环境下古黄葛树病虫害的日常监测和防治。秋季是刺吸式害虫发生的又一高峰期，重点防治叶螨、蓟马、叶蝉等叶部害虫，以及天牛等蛀干害虫。

7.14.4.4 冬季养护技术措施及要求

(1) 防治越冬病虫源

采取人工捉、挖、刷、刮、剪等办法，清除古黄葛树树上及地下土壤和周围隐蔽缝隙处的幼虫、蛹、成虫、茧、卵块等越冬虫源。

(2) 防寒防冻

生长势衰弱的古树应做好防寒防冻工作，如树干涂白等。树干涂白工作必须在冷空气入侵前全面结束。广东地区一般在11~12月进行较适宜。涂白剂要按一定的比例来配制。涂白剂的成分一般是生石灰、食盐、硫黄(石硫合剂)和水。涂白剂可与杀虫剂或杀菌剂一起使用。涂白时一定要均匀，尤其是树皮缝隙、洞孔、树叉等处要重复涂刷，以免刷花、刷漏。

7.14.5 古黄葛树复壮案例

(1) 现状分析

该古黄葛树生长于海南省琼中县上安乡抄方下村1号对面的果园溪边。周边生长有毛竹(*Phyllostachys edulis*)、益智(*Alpinia oxyphylla*)、槟榔(*Areca catechu*)苗等多种植物，树木向东倾斜偏冠，树冠存在桑寄生，主干存在巢蕨(*Asplenium nidus*)等多种附生植物，主干及分枝存在明显木质部腐烂受损情况，白蚁危害严重，北侧树根攀附在大石块上，土壤检测结果显示，该株古树的土壤呈弱酸性，土壤中 EC 值、全磷含量偏低。

(2) 复壮措施

针对古黄葛树存在的问题，技术人员采取修枝整形、换土、树洞修补、白蚁灭杀和驱避4项措施对该株古树进行保护复壮。

①修枝整形　该株古树树冠及主干存在桑寄生和附生植物，为使古树健康生长，技术人员对桑寄生及附生植物进行了修剪，避免寄、附生植物从古黄葛树上吸取水分和养分(见彩图57、彩图58)。

②立地环境改造　古黄葛树周边长有多种植物，争夺生长空间，影响其光合作用，同时土壤检测结果显示该古树立地土壤理化性质较差，无法为古黄葛树提供充足的营养物质。针对此立地环境现状，技术人员实施了立地环境改造，包括清杂和土壤改良等复壮技术措施，具体如下：

清杂　利用枝剪、柴刀、油锯等工具彻底清理古树主干外半径3m范围内的植株及杂草。在不伤及古树树体及根部的前提下尽量将周边植株清除干净(见彩图59、彩图60)。

换土　由于该株古树邻近溪边处根部攀附在大石块上，技术人员仅对另外一侧立地土壤进行换土处理。结合土壤检测结果，补充缺失营养物质，调整土壤pH及各种理化性质，使用有机废弃物资源化堆肥、微生物菌肥、有机肥、黄泥等原材料配制出适合古树生长所需的专用营养基质土，养分含量丰富并具有良好的疏松透气、保水保肥性能。换土过程主要包括移除原土—杀菌消毒—促根施肥—回填基质土—灌水淋透。

③树洞修补　该株古树多处分枝断裂腐烂，主干存在多个腐烂树洞，技术人员参照树洞修补技术流程对树洞进行了修补(参见国标 GB/T 51168—2016)。

④驱避和灭杀白蚁　古黄葛树主干白蚁危害严重，技术人员使用具有触杀和驱避作用的药剂浇灌白蚁蚁巢和蚁路进行灭杀，并喷洒主干基部一周，利用喷灌法做好预防，保护古树免受白蚁侵袭。

(3) 复壮效果

通过对古黄葛树开展的修枝整形、清理杂木、土壤改良、树洞修补和白蚁灭杀等一系列复壮措施，该株古黄葛树恢复了良好的生长环境，土壤固水性增强，古黄葛树逐渐萌发出新的吸收根，树冠萌发了新叶，叶量不断增多，叶色翠绿，长势恢复良好且较稳定。树洞修补区域未见进一步受损腐朽，未见白蚁危害痕迹，目前该株古黄葛树生长势较旺盛。

7.15 古苦槠养护与复壮

7.15.1 形态特征

苦槠（*Castanopsis sclerophylla*），为壳斗科（Fagaceae）锥属（*Castanopsis*）常绿乔木。高 5~10m，稀达 15m；胸径 30~50cm。树皮浅纵裂，片状剥落。小枝灰色，散生皮孔，当年生枝红褐色，略具棱，枝、叶均无毛。叶二列，叶片革质，长椭圆形、卵状椭圆形或兼有倒卵状椭圆形，长 7~15cm，宽 3~6cm，顶部渐尖或骤狭急尖，短尾状，基部近于圆或宽楔形，通常一侧略短且偏斜，叶缘在中部以上有锯齿状锐齿，很少兼有全缘叶。花期 4~5 月，果当年 10~11 月成熟。

7.15.2 生态习性

喜深厚、湿润土壤，也耐干旱、瘠薄。喜温暖、湿润气候，喜光，也能耐阴。

7.15.3 分布范围

产于我国长江以南五岭以北各地，西南地区仅见于四川东部及贵州东北部。见于海拔 200~1000m 丘陵或山坡疏或密林中，常与杉、樟混生，村边、路旁时有栽培。

7.15.4 古苦槠养护

7.15.4.1 春季养护技术措施及要求

(1) 施肥管理

施肥应根据土壤分析结果，确定施肥种类，根据实际生长需要，确定施肥方法。对生长较健康的古苦槠，以在根际周围施厩肥为主；对生长势较弱的古苦槠，以树干滴注液态肥为主。也可对叶面喷施液态肥，注意不要施大肥、浓肥，要勤施淡肥。

(2) 树洞填补、防腐

首先彻底清除洞内杂物、腐烂组织，后用 5% 硫酸铜水溶液消毒，并涂上防腐剂（桐油、季铵铜或松香清油合剂等）。

(3) 病虫害防治

缺带花布灯蛾在 3 月下旬危害严重。灯蛾科大多以幼虫或蛹越冬，春季用长柄铁铲刮除寄主树干上或枝条上的丝状虫茧，利用幼虫群集丝状网幕集中危害习性，剪除带网幕虫苞枝叶，集中烧毁或浸入药液中毒杀；也可在春季幼虫取食期，选择温度 18~28℃，空气湿度 85%~95% 时施放白僵菌粉孢，可以起到一定防治效果。

灯蛾成虫具有趋光性，可利用黑光灯诱杀成虫，大量捕杀成虫可降低下一代虫口基数。

7.15.4.2 夏季养护技术措施及要求

(1) 夏季抗旱

夏天高温干旱注意浇灌。一次灌透，时间以傍晚夜间土温下降后为好。

(2) 支撑加固

对于有可能倾倒和折断的古苦槠应及时进行支撑。可采用仿古苦槠外形的水泥柱、铁管进行支撑，支撑点垫有橡胶垫，防止树干受到损伤。

有的古苦槠下垂枝较多，受到风等外力影响时，主要枝干很容易折断，为预防主要枝干断裂，可采用吊索型的支撑装置，从上部提拉主要枝干，减少外力的影响。对于倾斜但无空间设置支撑杆的古苦槠，可采用钢丝绳施以反向力来阻止倾斜加剧。

7.15.4.3 秋季养护技术措施及要求

(1) 树干的保护与修补

树木的树干和骨干枝上，因病虫害、冻害及机械损伤等易造成伤口，这些伤口如果不及时保护、治疗、修补，经长期雨水的侵蚀和病菌寄生，易腐烂形成树洞。对树体上已经造成的伤口，应该早治，防止扩大。

(2) 清理干枯枝叶

及时整理清除树冠内干枯的枝叶和病虫枝叶，加强树冠的通风透气性。及时清除掉落地面的枯枝落叶和病虫枝叶。

7.15.4.4 冬季养护技术措施及要求

(1) 树干涂白

涂刷涂白剂。通过涂白，不仅可以保护古苦槠树树干，防止其遭受冻害，还可以消灭树干上的虫害、病害等。

(2) 防治越冬病虫源

采取人工捉、挖、刷、刮、剪等办法，清除古苦槠上及地下土壤和周围隐蔽缝隙处的幼虫、蛹、成虫、茧、卵块等越冬虫源，同时应清除树穴内的枯枝落叶等病虫源。

7.15.5 古苦槠复壮案例

(1) 现状分析

该古苦槠位于浙江省金华市浦江县浦阳街道城东村塔山公园塔前，树龄为900年，保护等级为一级，古树生长势为轻弱。

树体基部除花坛外均为水泥嵌缝卵石路面，土壤透气性差，影响古树根系的生长，导致古树的生长势逐渐衰弱。

(2) 复壮措施

①地上环境改良

设置透气孔　在树穴外地面硬化区域，开设22个透气孔，深度为80cm，内部设置侧壁带有圆孔的透气管，增强土壤的透气、透水性（图7-29）。

增施有机肥　在透气孔中施放有机棒肥，为古树提供营养，促进古树健康生长。插入有机棒肥后，在透气孔顶端安装保护盖，保护盖应与地面持平（图7-30）。

②树体修补　古苦槠树干南侧距地面1m处有一个空洞（面积约0.2m²），此空洞为侧壁洞，有积水隐患。树体北侧有一枝条有一处空洞（面积约0.3m²），此空洞为朝天洞，需要进行修补，防止雨水进入。先将树洞腐烂部分清理干净，经过杀菌、消毒、防腐、风干

图 7-29　透气孔位置示意图(章银柯　摄)　　图 7-30　施用有机肥棒肥(章银柯　摄)

后，用聚氨酯、树脂等材料封堵洞口，对修复的伤口采用硅胶树皮进行仿真处理，具体方法参见国标 GB/T 51168—2016。

③枝条整理　古树树冠东侧中上部有一处枯死枝，北侧中部有两处断枝，东侧靠主干处有部分徒长枝和内膛枝，应对这些枝条进行整理，增加树冠透光，防止病虫滋生，修剪的伤口需要涂抹伤口涂补剂。

7.16　古秋枫养护与复壮

7.16.1　形态特征

秋枫(*Bischofia javanica*)，为大戟科(Euphorbiaceae)秋枫属(*Bischofia*)常绿或半常绿大乔木。高可达 40m，胸径可达 2.3m。树干圆满通直，但分枝低，主干较短；树皮灰褐色至棕褐色，厚约 1cm，近平滑，老树皮粗糙，内皮纤维质，稍脆。三出复叶，稀 5 小叶，总叶柄长 8~20cm；小叶片纸质，卵形、椭圆形、倒卵形或椭圆状卵形，长 7~15cm，宽 4~8cm，顶端急尖或短尾状渐尖，基部宽楔形至钝，边缘有浅锯齿，每 1cm 长有 2~3 个浅锯齿，幼时仅叶脉上被疏短柔毛，老渐无毛。果实浆果状，圆气球形或近圆球形，直径 6~13mm，淡褐色；种子长圆形，长约 5mm。

7.16.2　生态习性

秋枫花期 4~5 月，果期 10~11 月。秋枫喜土层深厚、肥沃湿润的酸性、微酸性土，或石灰岩的微酸性土。在土层深厚、湿润肥沃的砂质壤土生长尤佳。秋枫喜光，稍耐阴，喜温暖而略耐寒，耐水湿，为热带和亚热带常绿季雨林中的主要树种。

7.16.3 分布范围

秋枫产于我国陕西、江苏、安徽、浙江、江西、福建、台湾、河南、湖北、湖南、广东、海南、广西、四川、贵州、云南等地，常生于海拔800m以下山地潮湿沟谷林中或平原栽培，尤以河边堤岸或行道树为多。国外分布于印度、缅甸、泰国、老挝、柬埔寨、越南、马来西亚、印度尼西亚、菲律宾、日本、澳大利亚和波利尼西亚等。

7.16.4 古秋枫养护

7.16.4.1 春季养护技术措施及要求

(1) 补水

应根据天气特点、土壤墒情等情况，适时适量浇水。浇灌时，应缓流浇灌，浇足浇透。根部则应见干见湿，随着生长的加快、新枝的萌发，应逐渐加大浇水量。

在雨季可采用埋管、打孔、人工清掏等排水措施及时对树池排涝，树池内积水不应超过24h。

(2) 施肥管理

根据古秋枫的生长需要和土壤肥力情况合理施肥。施肥量应根据树体大小、肥料种类及土壤肥力状况而定，做到科学施肥。施肥应在吸收根密集分布区域内进行，以早春为宜。施肥应以有机肥为主，无机肥为辅，有机肥必须充分腐熟，宜选用长效肥。休眠期以穴施、沟施有机肥为主，生长季节可根据生长需要进行土壤追肥或叶面喷肥。针对土壤肥力匮乏的古秋枫，施肥之前应对立地土壤养分含量水平进行分析，依据土壤肥力状况和古树生长需要，适量施肥，平衡土壤中矿质营养，可结合复壮沟和地面打孔、挖穴等技术进行。

(3) 树冠整理

古秋枫修剪时间宜选择生长旺季或换叶至萌芽前，2月下旬至4月上旬，根据天气对古秋枫进行疏枝修剪。选择性修剪树枝，修去病虫枝、枯弱枝、徒长枝等，以利通风透光。树冠疏枝工作应避免影响树木的整体高度和伸展范围。剪口应平滑、整齐，不积水，不留残桩，修剪后对较大的切口应涂抹伤口防腐剂。

(4) 病虫害防治

根据古秋枫主要病虫危害特点和天气状况，加强早春病虫害预防。若在树干上常出现白蚁活动的蚁道和泥线形成的蛀道，可见粪便、木屑排泄物等，应积极进行防治。防治方法包括挖巢法、毒饵法、诱杀法。

7.16.4.2 夏季养护技术措施及要求

(1) 补水与排水

夏季应根据天气状况和土壤含水量，合理补水和排水。土壤干旱缺水，应及时进行根部缓流浇水，浇足浇透，时间应选择晴天的上午或者下午，不应在炎热的中午，灌溉时要注意保护古树根部土壤不被冲刷。

雨季前做好地下防涝排水。秋枫较耐热和耐湿，但是积水时间不应超过24h。当土壤含水量大，影响根系正常生长时，可采用埋管、打孔、人工清掏、挖渗水井并用抽水机排水等措施。地势低洼、地下水位高、土壤黏重、土壤含水量高时,必须设渗水井或敷设渗水盲管等有效的排水设施,及时排除根部积水。土壤干旱缺水,应及时进行根部缓流浇水,浇足浇透,当土壤含水量大,影响根系正常生长时,应采取排涝措施。

(2) 树冠整理及树体加固

古秋枫树冠较大且较浓密,雨季来临前,对存在安全隐患的古树需开展树冠整理、树体支撑、加固及树洞封堵工程。树冠整理主要是清理病虫枝,加强树冠通风。针对存在腐朽(内部、外部)、严重倾斜等情况的树木,需要进行树体加固,可选择气根牵引、建支撑、拉索等加固措施。

(3) 病虫害防治

根据病虫害发生特点,加强夏季高温、干旱、高湿环境下病虫害的日常检查与防治。4月中下旬至5月上旬,开展病虫害集中防治,重点防治叶部害虫灰同缘小叶蝉(*Coloana cinerea*)。灰同缘小叶蝉危害古秋枫嫩叶,叶尖先干枯,然后整块叶片干枯、脱落;老叶被害后,叶色变浅,并无明显脱落现象。叶蝉危害虽然不会导致树木致死,但会吸取叶片汁液,致使枯黄、枯落,然后蔓延开来,影响生态和景观。防治方法:使用溴氰菊酯、吡虫啉、噻虫嗪等药剂喷药防治,喷药时间选在早晚。

7.16.4.3 秋季养护技术措施及要求

(1) 补水

根据天气状况和土壤含水量,适时浇水,防止干旱导致黄叶或落叶。土壤干旱缺水,应及时进行根部浇水,要浇足浇透。

(2) 整理清除干枯枝叶

及时整理清除树冠内干枯的枝叶和病虫枝叶,加强树冠的通风透气性。及时清除掉落地面的枯枝落叶和病虫枝叶。

(3) 病虫害防治

加强高温、干旱环境下古树病虫害的日常监测和防治。秋季是刺吸式害虫发生的又一高峰期,重点防治叶蝉、叶螨、瘿螨等叶部害虫,针对天牛等蛀干害虫也应开展防治。

7.16.4.4 冬季养护技术措施及要求

(1) 防治越冬病虫源

采取人工捉、挖、刷、刮、剪等办法,清除古树上及地下土壤和周围隐蔽缝隙处的幼虫、蛹、成虫、茧、卵块等越冬虫源。清除树穴内的枯枝落叶等病虫源。

(2) 防冻防寒

生长势衰弱的古树应做好防冻防寒工作,如树干涂白等。树干涂白工作必须在冷空气入侵前全面结束。广东地区一般在11~12月进行较适宜。涂白剂要按一定的比例来配制。涂白剂一般是生石灰、食盐、硫黄(石硫合剂)和水。涂白时一定要均匀,尤其是树皮缝隙、洞孔、树叉等处要重复涂刷,以免刷花、刷漏。

7.16.5 古秋枫复壮案例

(1) 古秋枫树势衰弱现状及诊断

古秋枫古树生长于海南省琼中县村道旁,树冠外围存在明显枯枝,树体桑寄生、灰莉寄生和鹅掌柴寄生较为严重，主干及分枝有较多植物附生，主干存在明显腐烂受损及白蚁危害，树池狭小，土壤紧实，土壤检测结果显示，该株古树的土壤呈弱酸性，土壤中 EC 值、全钾、全磷含量均偏低。针对上述情况拟采取修枝整形、换土、树洞修补、病虫害防治等措施对该株古树进行保护复壮。

(2) 复壮措施

①树冠整理　该株古树树冠内存在少量枯枝及内膛枝，主干存在附生植物，为使古树健康生长，对古树的枯枝、内膛枝及附生植物进行了修剪，减少对古树水分及营养的消耗。

②立地环境改造　该株古树树池狭小，土壤紧实，同时土壤检测结果显示土壤理化性质较差，无法为古树提供充足的营养物质。针对此立地环境现状并结合土壤检测结果，对古树立地土壤进行更换，补充缺失营养物质，调整土壤 pH，使用有机废弃物资源化堆肥、微生物菌肥、有机肥、黄泥等原材料配制养分含量丰富并具有良好的疏松透气、保水保肥性能，符合古树生长所需的专用营养基质。换土过程主要包括移除原土、杀菌消毒、促根施肥、回填基质、灌水淋透等过程(见彩图61、彩图62)。

③树洞修补　古秋枫主干存在多个腐烂树洞，且树洞内堵塞杂物，针对此情况，按照树洞修补的技术流程对树洞进行一系列修补工作，具体流程参见国标 GB/T 51168—2016 (见彩图63、彩图64)。

④驱避和灭杀白蚁　古秋枫主干基部存在白蚁危害痕迹，但未发现活蚁。使用具有触杀和驱避作用的药剂喷洒主干基部一周，利用喷灌法做好预防，在一定时间内保护古树免受白蚁侵袭。

(3) 复壮效果

复壮后，观察到古秋枫萌发了新的吸收根，随着根系吸收作用加强，枝干运输养分和水分能力增强，树冠萌发了新叶，长势恢复良好且较稳定。树洞修补部位封涂完整，受损部位未见进一步增大，该株古树目前生长较稳定。

7.17　古紫薇养护与复壮

7.17.1　形态特征

紫薇(*Lagerstroemia indica*)，为千屈菜科(Lythraceae)紫薇属(*Lagerstroemia*)落叶灌木或小乔木。高可达 7m。树皮平滑，灰色或灰褐色。枝干多扭曲，小枝纤细，具四棱，略呈翅状。叶互生或有时对生，纸质，椭圆形、阔矩圆形或倒卵形，长 2.5~7cm，宽 1.5~4cm，顶端短尖或钝形，有时微凹，基部阔楔形或近圆形，无毛或下面沿中脉有微柔毛，侧脉 3~7 对，小脉不明显；无柄或叶柄很短。花淡红色或紫色、白色，直径 3~4cm，常组成 7~20cm 的顶生圆锥花序。花期 6~9 月，果期 9~12 月。

7.17.2　生态习性

紫薇喜肥沃湿润的土壤，也能耐旱，不论钙质土或酸性土都生长良好；萌发力强，耐修剪，病虫害相对较少，移植成活率高，栽培管理较为粗放；喜温暖气候，我国北纬 40° 是紫薇栽培的最北线，在北京地区，当遇-15℃以下的低温时，会发生冻害，导致整株死亡。

7.17.3 分布范围

原产于亚洲，广植于亚热带地区。我国广东、广西、湖南、福建、江西、浙江、江苏、湖北、河南、河北、山东、安徽、陕西、四川、云南、贵州及吉林均有生长或栽培。

7.17.4 古紫薇养护

7.17.4.1 春季养护技术措施及要求

(1) 补水

紫薇耐旱怕涝，每年可于春季芽萌动前和秋季落叶后浇一次返青水和冻水，平时如不过于干旱则不用浇水。

(2) 施肥管理

根据古紫薇的生长需要和土壤肥力情况合理施肥。施肥应在吸收根密集分布区域内进行，以早春为宜。施肥应以有机肥为主，无机肥为辅，有机肥必须充分腐熟，宜选用长效肥。休眠期以穴施、沟施有机肥为主，生长季节可根据生长需要进行土壤追肥或叶面喷肥。在春旱地区，浇水时可以添加腐殖酸水溶肥，补充土壤营养。

针对土壤肥力匮乏的古树，施肥之前应对立地土壤养分水平进行分析，依据土壤肥力状况和古树生长需要，适量施肥，平衡土壤中矿质营养，可结合复壮沟和地面打孔、挖穴等技术进行。

(3) 树冠整理

紫薇萌芽能力强，应适当对树冠进行整理，方案报相关部门审核通过后方可进行，修剪后较大的切口应涂抹伤口防腐剂。禁止截干式修剪、偏冠修剪、残留枝柄过长和平贴树干修剪等不当修剪。

(4) 病虫害防治

①白粉病 是紫薇主要病害之一。该病喜阴湿低温环境，一年有春秋两季高发期，向阴、过密、枝条下垂或遮阳条件下的苗木受害较重。该病侵染叶梢和花蕾，发病初期叶片和花蕾正反两面有白色粉末状物质，后期花叶增厚、变形和脱落。该病一般4月底就可出现，高温季节病情有所减轻。

防治方法 合理修剪、加强通风采光就能显著减少病害的发生。对于未发病的苗木，可结合防治害虫一同进行预防，一般以4~5月各防一次为宜；对于已发病的苗木，应立即施药，一般连施2次，间隔7~10d。可用三唑酮、百菌清、甲基硫菌灵等药剂防治。

②木蠹蛾 是一种危害严重的蛀干害虫，轻则造成古树衰弱，重者死亡。该虫幼虫期一般2~3年，以幼虫在树干蛀道内越冬，除1~2月休眠之外，其他时间均可危害。

防治方法 在危害部位喷施丙溴·辛硫磷或高效氯氟氰菊酯进行防治。

③叶蜂

危害特点 以幼虫群集危害，取食叶片，啃食叶肉，将植株的嫩叶吃光，仅剩下几条主叶脉，影响植株的光合作用，影响紫薇花期，降低其观赏价值，甚至导致死亡。

防治方法 冬春季结合土壤翻耕消灭越冬茧；寻找产卵枝梢、叶片，人工摘除卵梢、卵叶或孵化后尚群集的幼虫；幼虫危害期使用溴氰菊酯液或高效氯氟氰菊酯或丙溴·辛硫磷进行喷施。

④黄刺蛾

危害特点 黄刺蛾主要是以幼虫啃食叶片造成危害。

防治方法 物理防治主要是冬季结合修剪，清除树枝上的越冬茧，从而消灭或减少虫源；药剂防治最好能在幼虫扩散前用药，可喷施高效氯氰菊酯进行防治。

7.17.4.2 夏季养护技术措施及要求

(1) 补水与排水

夏季应根据天气状况和土壤含水量，合理补水和排水。土壤干旱时应及时补水，浇足浇透，时间应选择晴天的上午或者下午，不应在炎热的中午。浇水时，要注意保护古树根部土壤不被冲刷。

在夏季多雨季节，也要注意树穴附近排水防涝，若发生积水，应及时排除。可采用在树冠投影范围附近埋透水透气管，挖明沟或暗沟进行排水，低洼处也可采取挖渗水井并用抽水机排水等措施，及时排除根部积水。

(2) 整理树冠及树体加固

紫薇花期为6~9月，为了延长花期，应适时剪去已开过花的枝条，重新萌芽，长出下一轮花枝。如果为了使树干粗壮，前期也可大量剪除花枝，集中营养培养树干。

(3) 病虫害防治

①紫薇褐斑病　是紫薇夏秋季节主要病害，一般6月初开始出现，8~9月危害严重。该病危害叶片，一般下部老叶受害重于新叶，老龄、密植环境受害严重。该病喜高温高湿，夏季持续阴雨将大量发生，导致大面积叶片枯黄脱落。可用甲基硫菌灵、百菌清、代森锰锌等药剂防治。

②煤污病　由蚜虫、蜡蚧蜜露产生，初期为黑色，后期产生黑色小霉点并连成片，严重时整棵树漆黑色，阻碍叶片光合作用，导致树势衰弱又影响美观。随着时间的推移，易造成叶片变黄、提早落叶、花芽形成困难等现象。

防治方法　由于该病并非直接寄生在苗木上，重点在于防治长斑蚜、绒蚧等害虫。另外，防治白粉病、褐斑病也能很好兼治此类病害。同时，加强栽培管理，合理安排种植密度，及时修剪病枝和多余枝条，以利于通风、透光从而增强树势，可以有效减少发病。生长期遭受煤污病侵害的植株，可喷洒甲基托布津或多菌灵或等广谱性杀菌剂进行防治。

③紫薇绒蚧　是危害紫薇的主要虫害之一。以雌成虫和若虫在芽腋、叶片和枝条上吮吸汁液危害，常造成树势衰弱，生长不良；而且其分泌的大量蜜露会诱发严重的煤污病，导致叶片、小枝呈黑色，失去观赏价值。

防治方法　一是由于该虫具有蜡质层保护，抗药性较强，用药时机很重要，以5月、9月繁育时期喷药效果最佳。二是加强检疫，防止病原流入，合理施肥，增强植株抗虫能力，保持通风、透光，避免植株密度过大，结合冬季、早春修剪将虫枝集中烧毁。虫口数量不大时，可进行人工刮除。三是药剂防治，喷施啶虫·毒死蜱或吡虫啉进行防治。

④紫薇长斑蚜　以卵在芽腋、芽缝及枝杈等处越冬。翌春当紫薇萌发的新梢抽长时，开始出现无翅胎生蚜，至6月以后虫口不断上升，并随着气温的升高而不断产生有翅蚜，有翅蚜会迁飞扩散危害，且从6月之后，紫薇长斑蚜繁殖能力不断加强，7~8月繁殖能力

最快、危害能力最强，并会引发严重的煤污病，导致提早落叶。

防治方法 由于该虫较怕光照，通过合理修剪，增强树体采光能显著减少虫口数量。冬季结合修剪，清除病虫枝、瘦弱枝以及过密枝，可以起到消灭部分越冬卵的作用。另外，可以喷洒吡虫啉等药剂进行防治，同时起到兼治紫薇绒蚧等害虫的功效。

⑤紫薇圆叶甲 属于鞘翅目叶甲科，一般以小竹林为栖身繁殖场所，生长在竹林附近的紫薇、'红叶'石楠（*Photinia* × *fraseri* 'Red Robin'）、枸骨（*Ilex cornuta*）等也易受其危害。紫薇受害严重时，几天时间就能被取食得一叶不剩，是小竹林附近危害紫薇最严重的害虫之一。5~7月是该虫主要活动期。该虫为群食性害虫，常常几百只甚至几千只在一棵树上危害，彻底危害完一棵之后再转移到下一棵。该虫除了危害植物之外，有时也会叮咬人和动物，因此也会给工作人员带来麻烦。

防治方法 由于该虫危害速度很快，防治时机应掌握在发生初期，可用啶虫脒、阿维吡虫啉、氰戊菊酯等药防治。

7.17.4.3 秋季养护技术措施及要求

(1) 补水

紫薇耐旱怕涝，平时不过于干旱时不用浇水，若秋季发生干旱时，可适当补水。

(2) 整理清除干枯枝叶

秋季修剪一般在秋季落叶后进行。将徒长枝、干枯枝、下垂枝、病虫枝和内生枝剪掉，形成良好的树冠。

(3) 病虫害防治

加强高温、干旱环境下古紫薇病虫害的日常监测和防治。秋季是刺吸式害虫发生的又一高峰期，重点防治叶螨、木虱等叶部害虫，针对天牛等蛀干害虫也应开展防治。

7.17.4.4 冬季养护技术措施及要求

(1) 防治越冬病虫源

采取人工捉、挖、刷、刮、剪等办法，清除古树树上及地下土壤和周围隐蔽缝隙处的幼虫、蛹、成虫、茧、卵块等越冬虫源。同时，全树喷施辛菌胺醋酸盐、高效氯氟氰菊酯，特别是缝隙处喷施到位，灭杀病虫。

(2) 防冻防寒

西南地区一般在11~12月进行涂白。可选择可喷涂的涂白剂，使用方便、操作快捷、节省人工，一定要喷涂均匀，特别是缝隙处要喷涂到位，以免漏涂。

7.17.5 古紫薇复壮案例

(1) 现状分析

该树位于四川省广元市剑阁县剑门关景区梁山寺内，生长在树池内，根部生长空间局限，树干上在中间部位形成空洞，洞内有病虫寄生，上部枝条开始回缩、干枯。

(2) 复壮技术

经现场察看，制订的复壮措施是：一是对树干腐朽部分进行处理；二是对根部土壤进行处理，创造通气良好、营养丰富的土壤环境。

①清理树干腐朽组织　用刮刀或铲刀对树干上的腐朽部位进行清理，清理时务必除尽。同时，应刻意清理出水路，使雨水能顺畅流向地面。

②树体杀虫杀菌及防腐处理　全树喷施辛菌胺醋酸盐、高效氯氟氰菊酯，特别对腐朽部分进行重点喷施。

③死亡组织防腐防水处理　对死亡组织喷施季铵铜溶液进行杀菌，晾干后，用熟桐油涂抹，防止雨水侵入（见彩图65）。

④树盘土壤改良　因现场空间狭小，无法进行大范围的土壤改良，采用打通气孔和挖复壮穴的方式（见彩图66）。通气孔深80cm，直径8cm，内置通气管，增强透气性。在顶角处呈对称状挖设两个复壮穴，内填混配基质，并浇灌消毒杀菌促生根药液。

(3) 复壮效果

复壮1年后，原树干腐烂部位未继续发展，部分部位开始愈合，枝叶萌发情况较复壮前有明显改善，树势逐渐恢复。

7.18　古菩提榕养护与复壮

7.18.1　形态特征

菩提榕（*Ficus religiosa*），为桑科（Moraceae）榕属（*Ficus*）常绿或半常绿乔木。高可达30m。树皮灰色。叶革质互生，三角状卵形，长9~17cm，上面深绿色，下面绿色，先端尾尖长2~5cm，基部平截形或浅心形，全缘或波状，基生叶脉三出，侧脉5~7对；叶柄纤细，有关节，与叶片等长或长于叶片；托叶卵形，先端骤尖。榕果球形或扁球形，径1~1.5cm，熟时红色。花期3~4月，果期5~6月。

7.18.2　生态习性

菩提榕对土壤要求不严，以肥沃、疏松的微酸性砂壤土为好。菩提榕是热带树种，喜光、喜高温、高湿。

7.18.3　分布范围

菩提榕原产于印度，在我国广东、广西、云南等地，以及日本、马来西亚、泰国、越南、不丹、尼泊尔、巴基斯坦、斯里兰卡、印度均有分布。

7.18.4　古菩提榕养护

7.18.4.1　春季养护技术措施及要求

(1) 补水

菩提榕性喜温暖多湿、阳光充足和通风良好的环境，气温25℃以上时生长迅速，最低生长温度为10℃左右，不耐霜冻，对土壤要求不严，在肥沃、疏松的微酸性砂壤土中生长良好。应根据天气特点、土壤墒情等情况，适时适量浇水。浇灌时，应缓流浇灌，浇足浇透。根部则应见干见湿。随着生长的加快、新枝的萌发，应逐渐加大浇水量，随干随浇。在雨季可采用埋管、打孔、人工清掏等排水措施及时对树池排涝，树池内积水不应超过24h。

(2) 施肥管理

根据古菩提榕的生长需要和土壤肥力情况合理施肥，施肥量应根据树体大小、肥料种类及土壤肥力状况，做到科学施肥。施肥应在吸收根密集分布区域内进行，以早春为宜。施肥应以有机肥为主，无机肥为辅，有机肥必须充分腐熟，宜选用长效肥。休眠期以穴施、沟施有机肥为主，生长季节可根据生长需要进行土壤追肥或叶面喷肥。针对土壤肥力匮乏的古菩提榕，施肥之前应对立地土壤养分含量水平进行分析，依据土壤肥力状况和古树生长需要，适量施肥，平衡土壤中的矿质营养，可结合复壮沟和地面打孔、挖穴等措施进行。

(3) 树冠整理

古菩提树修剪时间宜选择生长旺季或换叶至萌芽前，根据天气对古菩提榕进行疏枝修剪。选择性修剪树枝，修去病虫枝、枯弱枝、徒长枝等，以利通风透光。树冠疏枝工作应避免影响树木的整体高度和伸展范围。剪口应平滑、整齐，不积水，不留残桩，修剪后较大的切口应涂抹伤口防腐剂。禁止截干式修剪、过度提升树冠、偏冠修剪、狮尾式修剪、修剪切口扯脱树皮、残留枝柄过长、平贴树干修剪等不当修剪。

(4) 病虫害防治

根据古菩提榕主要病虫危害特点和天气状况，加强早春病虫害预测预报。菩提榕容易发生叶斑病，叶片上形成黄褐色斑点。防治方法：使用丙环唑、甲环唑、嘧菌酯等药剂防治。

7.18.4.2 夏季养护技术措施及要求

(1) 补水与排水

夏季应根据天气状况和土壤含水量，合理补水和排水。土壤干旱缺水，应及时进行根部缓流浇水，浇足浇透，时间应选择晴天的上午或者下午，不应在炎热的中午。灌溉时要注意保护古树根部土壤不被冲刷。菩提榕喜湿润的土壤，持续干燥的天气需要大量的浇水，同时进行叶面补水。雨季前做好地下防涝排水。当土壤含水量大，影响根系正常生长时，可采用埋管、打孔、人工清掏、挖渗水井并用抽水机排水等措施。地势低洼、地下水位高、土壤黏重、土壤含水量高时，必须设渗水井或敷设渗水盲管等有效的排水设施，及时排除根部积水。

(2) 整理树冠及树体加固

雨季来临前，对存在安全隐患的古菩提榕需开展树冠整理、树体支撑、加固及树洞封堵工程。树冠整理主要是清理病虫枝，加强树冠通风。针对存在腐朽(内部、外部)、严重倾斜等情况的树木，需要进行树体加固，可选择支撑、拉索等加固措施。

(3) 病虫害防治

根据病虫害发生特点，加强夏季高温、干旱、高湿环境下古树病虫害的日常检查与防治，特别加强叶部病害的防治。

7.18.4.3 秋季养护技术措施及要求

(1) 补水

根据天气状况和土壤含水量，适时浇水，防止干旱导致黄叶或落叶。土壤干旱缺水时应及时进行根部浇水，要浇足浇透。

(2) 整理清除干枯枝叶

及时整理清除树冠内干枯的枝叶和病虫枝叶，加强树冠通风透气。及时清除掉落地面的枯枝落叶和病虫枝叶。

(3)有害生物防治

加强高温、干旱环境下古菩提榕病虫害的日常监测和防治。秋季是刺吸式害虫发生的又一高峰期，重点防治叶螨等叶部害虫。

7.18.4.4　冬季养护技术措施及要求

(1)防治越冬病虫源

采取人工捉、挖、刷、刮、剪等办法，清除古菩提榕上及地下土壤和周围隐蔽缝隙处的幼虫、蛹、成虫、茧、卵块等越冬虫源。清除树穴内的枯枝落叶等病虫源。

(2)防冻防寒

生长势衰弱的古树应做好防冻防寒工作，如树干涂白等。树干涂白工作必须在冷空气入侵前全面结束。

7.18.5　古菩提榕复壮案例

(1)现状分析

该古菩提榕生长于广州市光孝寺内，整体长势衰弱，枝叶稀疏，叶片黄化，无新叶萌发，寄生植物较多；立地环境一般，建有树池；外面为密封的花岗岩铺装，伴生植物为'花叶'假连翘(*Duranta erecta* 'Variegata')(见彩图67)。

(2)复壮措施

①扩大树池面积，在不破坏原有景观效果的基础上，拆除原有内部花池基础，同时增加外部花池基础高度至60cm，扩大树池面积至23m²。

②改造花池外围地面硬质铺装，增加根系生长空间。用切割机界定改造范围，用风炮和专业挖掘机挖除地面硬质铺装，清理原有不良土壤，对根系进行杀菌消毒；修建"梅花桩"支撑，回填古树营养基质、分层夯实，铺设带有透气孔的花岗岩石材，并进行促根壮根(见彩图68)。

③清理寄生植物，修剪清理树冠内寄生植物，减少竞争，并改善通风、透光性。

(3)复壮效果

通过对古菩提榕开展扩大树穴、铺设透气铺装和清理寄生植物等复壮措施，该株古菩提榕根系生长空间变大，增强了根系生长区域水、气、肥、吸收能力，促进了根系萌发，复壮1年后，新叶萌发量增多，叶色翠绿，生长势明显恢复(见彩图69)。

7.19　古槲栎养护与复壮

7.19.1　形态特征

槲栎(*Quercus aliena*)，为壳斗科(Fagaceae)栎属(*Quercus*)落叶乔木。高可达30m，胸径可达1m。小枝粗，无毛。叶长椭圆状倒卵形或倒卵形，长10~20(30)cm，先端短钝尖，基部宽楔形或近圆，具波状钝齿，老叶下面被灰褐色细茸毛或近无毛，侧脉10~15对。花期3~5月，果期9~10月。

7.19.2 生态习性

喜光,稍耐阴,耐寒,耐干旱瘠薄。喜酸性至中性的湿润深厚且排水良好的土壤。深根性,萌芽力强,耐烟尘,对有害气体抗性强,抗风性强。

7.19.3 分布范围

分布在我国陕西、山东、河北、江苏、安徽、浙江、江西、河南、湖北、湖南、广东、广西、四川、贵州、云南等地,生长在海拔2000m以下的山坡上。在湖北主要分布在咸宁、建始、鹤峰、五峰、长阳、巴东、兴山、襄阳、武汉(江夏)、红安、崇阳、赤壁等县(市);生于海拔100~2000m的向阳山坡,常与其他树种组成混交林或成小片纯林。

7.19.4 古榔榆养护

7.19.4.1 春季养护措施

(1) 检查设施

对古树现有的保护设施,如护栏、支撑、保护牌等进行全面检查,发现损坏,立即维修。

(2) 树冠整理

适当修剪树冠内的过密枝、交叉枝、劈裂枝、病虫枝等,较大的锯口均匀涂抹伤口愈合剂;榔榆萌蘖性较强,应及时修剪多余萌蘖枝。

(3) 防治锈病

加强树木日常管理,增加树木间的通风透光;采用25%粉锈宁可湿性粉剂1000~1500倍液或25%嘧菌酯苯醚悬浮剂1000倍液喷雾,每隔10~15d喷一次,连续喷施3~4次。

7.19.4.2 夏季养护措施

(1) 防治天牛

①人工防治 敲击产卵刻槽、掏挖幼虫、人工捕杀成虫;
②药剂防治 成虫羽化期可选用2%噻虫啉微胶囊悬浮剂2000倍液或8%氯氰菊酯微胶囊悬浮剂200~400倍液喷于树干上;
③生物防治 幼虫期集中释放寄生天敌肿腿蜂、花绒寄甲、蒲螨等天敌。

(2) 加强巡查

夏季为自然灾害多发季节,应做好古树保护的应急预案,加大巡查频次,记录发现的问题,并及时采取处置措施。

7.19.4.3 秋季养护措施

(1) 适时补水

视天气状况和土壤含水量,适时浇水;除土壤补水之外,还应对树冠进行喷水,增加空气湿度。

(2) 中耕松土

对古树树冠范围内的土壤进行中耕松土,松土深度20~30cm。

(3) 整理树冠

清理树冠上的枯死枝、病虫枝、风折枝、劈裂枝等，加强树冠的通风透光。

(4) 根系复壮

10月下旬是古树根系的又一生长高峰，可对长势衰弱的古树开展复壮施工。地下部分复壮可在树冠边沿开挖4~6条放射状复壮沟，沟长1m、宽0.3m、深0.5m，沟内回填配方营养土。地上部分的复壮工作主要包括树体防腐、树洞修复、修剪以及做支撑等。

7.19.4.4 冬季养护措施

冬季落叶后，清除古树周边的枯枝落叶、杂草灌木及其他垃圾，减少越冬病虫源和火灾隐患。对古树的枯死枝、病虫枝和杂乱枝等进行适度修剪。

7.19.5 古榔榆复壮案例

(1) 现状分析

该古榔榆高约9m，胸径约100cm，冠幅约8m，树龄约410年，散生于武汉市东湖高新区乡村内，立地条件较好。该古树曾遭受雷击，现存主干约3m，树冠枝条皆从主干的断裂处萌发而来，主干已完全经腐烂、中空，树皮破裂、开张；白蚁危害严重。生长势极度衰弱，急需采取抢救性保护及复壮措施(图7-31)。

该古树树龄较大，410年的树龄已接近榔榆的树龄极限(为武汉市树龄最长的榔榆)，自身的生理活动较弱；古树树干完全腐烂，树皮大部开裂，仅剩极少量有活力的输导组织，传输营养的能力弱；病虫害危害严重。

(2) 复壮措施

①周边环境整治　主要是对古树周边5m范围内的杂物进行清理，保持古树周边环境整洁，减少病虫害。

②修剪　修剪枯死枝；也可在休眠期对过密的活枝进行适量修剪，修剪量不宜过多。

③对劈裂树干进行加固　采用2道可调节松紧的钢箍对树体进行加固，钢箍间隔1~2m；钢箍接触树皮的地方垫缓冲层(如废轮胎等)(图7-32)。

图7-31　树体病虫害严重(丁昭全　摄)

图7-32　树体加固(丁昭全　摄)

④洞壁防腐及碳化处理　将树洞内的杂物全部清理，用多菌灵对树干内壁进行喷洒灭菌。待风干后，用喷火设备适度灼烧树干内壁使其碳化(见彩图70)。

⑤防治白蚁　通过地表松土等园林养护措施破坏其蚁路，减少其危害；有翅蚁出巢分群时，用灯光诱杀；使用白蚁趋避药剂或诱杀药剂进行防治(如选用40%毒死蜱乳油结合高渗助剂)。

⑥加强巡查　对古树进行巡查，记录巡查内容。

(3) 复壮效果评价

复壮1年后，古槲栎周边立地环境得到显著改善；树体得到加固、树势恢复，复壮效果较好。

参考文献

包学英,李兴,魏拦柱,等,2020. 隆化县古树名木现状及主要病虫害防治对策[J]. 特种经济动植物,23(1):44-47.

保罗·D. 曼伦,1985. 林木真菌性叶部病害及其防治[J]. 广东林业科技(1):42-59.

蔡建武,2013. 樟树溃疡病流行规律与综防技术研究[J]. 中国农业信息(7):125-126.

陈春青,叶丽琴,陈盛专,2013. 浙江平阳县古树名木现状及保护对策[J]. 中国园艺文摘,29(7):86-87.

陈桂芳,2012. 紫薇常见病虫害的防治技术[J]. 重庆林业科技(3):2.

陈年生,冯海强,2021. 黄葛树主要病虫害及防治[J]. 现代园艺,44(22):3.

陈士连,2014. 宝应地区杨树主要虫害的危害特点及无公害防治措施[J]. 现代农业科技,2(16):118-119.

陈树萍,2014. 避暑山庄油松蛀干类害虫调查[J]. 河北林业科技(4):42-44.

程志枫,2006. 白皮松主要病虫害种类与防治技术[J]. 山西林业(5):34-35.

迟德富,严善春,2001. 城市绿地植物虫害及其防治[M]. 北京:中国林业出版社.

党英侨,王小艺,杨忠岐,2018. 天敌昆虫在我国林业害虫生物防治上的研究进展[J]. 环境昆虫学报,40(2):242-255.

符瑜,潘学标,高浩,2009. 中国黄连木的地理分布与生境气候特征分析[J]. 中国农业气象,30(3):318-322.

高红月,2018. 柽柳栽培技术及病虫害防治措施[J]. 现代园艺,9(17):78.

郜旭芳,张新权,2018. 古树名木病虫害综合防控技术[J]. 南方农业学报,14(17):36-38.

顾晓峰,赵凯,王晓锋,等,2020. 杨树食叶害虫危害与防治方法[J]. 现代园艺,43(15):62-63.

顾雪梁,2005. 中外花语花趣辞典[M]. 杭州:浙江人民出版社.

郭美云,1984. 林木病害基础知识(三)[J]. 山西林业科技(4):35-40.

国政,聂华,臧润国,等,2011. 西南地区天然林保护工程生态效益评价[J]. 内蒙古农业大学学报(自然科学版),32(2):65-72.

何晨阳,陈功友,2010. 我国植物病原细菌学的研究现状和发展策略[J]. 植物保护,36(3):6-8.

何达松,萧友星,李佑国,1986. 森林病虫害防治[M]. 长沙:湖南科学技术出版社.

胡佐胜,杨曦坤,刘正先,等,2013. 长沙市古树名木养护复壮技术[J]. 科技创新导报,106(14):25-27.

黄金森,2011. 古树名木衰败死亡原因调查及保护措施初探[J]. 现代园艺(3):49-50.

黄燕辉,王艾莲,2004. 昆明市古树名木主要病虫害及防治技术[A]//全国园林植保第十三次学术讨论会论文摘要集[C]:89.

姜秀芹,2014. 樟树常见病虫害的危害特征及防治方法[J]. 农业灾害研究,4(1):8-10.

矫丽曼,2016. 辽宁杨树叶部病虫害及防治措施[J]. 内蒙古林业调查设计,39(6):95-114.

金晨莺,2013. 西湖风景区樟树养护关键措施的探究[D]. 杭州:浙江大学.

金晓明,2015. 果树根部主要病害的发生及防治[J]. 北方果树(3):55.

康振生,2010. 我国植物真菌病害的研究现状及发展策略[J]. 植物保护,36(3):9-12.

李超飞,刘磊,刘怀宇,2012. 枫香的病虫害调查及综合防治技术[J]. 现代园艺,9(10):1.

李建光,王丽丽,2021. 樟树育苗技术及其病虫害防治[J]. 现代园艺,44(4):16-17.

李先伟，陈玉平，李喜荣，等，2019. 槐树主要病虫害的发生规律与防治要点[J]. 农业与技术，39（16）：3.
李晓娜，2006. 五种栽培植物上细菌病害的病原菌鉴定及室内药剂筛选[D]. 长春：吉林农业大学.
李友恭，1995. 中国樟树害虫［M］. 北京：中国林业出版社.
刘红岩，2005. 天水古树的病虫害防治研究[J]. 甘肃农业，229(8)：146-147.
陆银根，俞文仙，李如林，等，2018. 富阳区古树名木病虫害调查及保护建议[J]. 浙江农业科学，59（7）：1211-1214.
罗会生，2015. 紫薇常见病虫害及防治［J］. 园林(9)：62-64.
孟冬梅，何利红，2015. 紫薇栽培管理与开发利用价值探讨[J]. 甘肃科技，31(6)：146-148.
倪良财，1992. 桂花害虫的防治[J]. 中国花卉盆景(8)：8.
齐国辉，于梅肖，李保国，等，2009. 河北省黄连木病虫害发生现状及防治技术［J］. 河北林果研究，24（3）：320-323.
全国绿化委员会办公室，2007. 中华古树名木[M]. 北京：中国大地出版社.
沙环环，2020. 银川市常见园林蛀干类害虫的发生特点与防治措施[J]. 吉林林业科技，49(4)：36-41.
陕西省林业厅，1999. 陕西古树名木[M]. 北京：中国林业出版社.
施海，1995. 北京郊区古树名木志[M]. 北京：中国林业出版社.
施州云，刘雄兰，2009. 云和县古樟树资源及保护措施［J］. 现代农业科学(7)：2.
帅志军，2017. 黄连木栽培技术与养护管理初探[J]. 绿色科技(13)：199-200.
宋其岩，毛传亮，陈友吾，等，2021. 重阳木主要病虫害发生情况调查[J]. 浙江林业科技，41(2)：79-84.
宋尚文，杨成利，张建国，等，2020. 济宁市古树资源分析与保护方式探讨[J]. 农业开发与装备(9)：71-72.
宋涛，2008. 北京市古树名木衰败原因与复壮养护措施[J]. 国家林业局管理干部学院学报(2)：57-60.
泰山风景名胜区管理委员会，1989. 泰山古树名木[M]. 济南：山东科学技术出版社.
万涛，矫振彪，温俊宝，等，2009. 杨树截干上白杨透翅蛾的危害及防治[J]. 应用昆虫学报，46(2)：327-330.
汪洪江，吴文龙，间连飞，等，2012. 南京紫金山植食性螨类发生特点[J]. 环境昆虫学报，34(3)：390-394.
汪全兵，2022. 浅析樟树病虫害综合防治措施［J］. 南方农业，16(6)：26-28.
王娜，于濛，王群，等，2018. 哈尔滨市古树名木资源现状及分析[J]. 浙江林业科技，38(3)：77-84.
王社锋，2017. 浅谈黄连木栽培技术和养护管理［J］. 花卉(18)：11-12.
王雅君，2008. 正定隆兴寺古树群病虫害发生原因及综合治理探讨[J]. 天津农林科技，201(1)：37-39.
王英，张超，付建新，等，2016. 桂花花芽分化和花开放研究进展[J]. 浙江农林大学学报，33(2)：340-347.
韦富，方翔，2019. 秃杉人工林常见病虫害及防治措施探究[J]. 南方农业，13(2)：70-71.
魏军，2021. 梨树常见病虫害的危害特点与防治措施［J］. 农业工程技术，41(11)：44-45.
魏开炬，詹祖仁，张玲梅，2003. 木荷的主要病虫害及防治技术[J]. 林业科技，28(5)：28-29.
武小熊，2019. 侧柏病虫害防治技术[J]. 江西农业(2)：85-86.
郗荣庭，曲宪忠，2001. 河北经济林［M］. 北京：中国林业出版社.
徐志英，关崇梅，康克功，2004. 陕西柿树主要病虫害及其综合防治技术体系研究[J]. 西北农业学报，13(3)：4.
杨长松，2018. 梨树常见病虫害及其防治措施［J］. 建筑工程技术与设计(26)：36-43.
杨有乾，1981. 林木病虫害防治[M]. 郑州：河南科学技术出版社：30-31，44，182，262-264.
杨子琦，曹华国，2002. 园林植物病虫害防治图鉴［M］. 北京：中国林业出版社.
叶要清，2010. 黄山风景区古树名木保护复壮措施[J]. 安徽林业(2)：59-60.

叶玉珠，黄志方，王淑瑗，等，2002. 古树名木主要害虫综合防治[J]. 浙江林业科技，22(2)：71-73.
游汉娟，2018. 梨树科学施肥技术［J］. 科学种养(10)：36-37.
于梅娥，徐敬杰，吕金刚，等，2002. 牡丹病虫害种类的研究[J]. 检验检疫学刊，12(6)：44-46.
于永根，钟潮亮，张春桃，等，2011. 重阳木主要病虫害发生规律及综合防治技术研究[J]. 宁夏农林科技，52(1)：26-28.
俞中福，2019. 梨树早产早丰栽培技术及应用［J］. 农民致富之友(10)：80.
玉春，杨勇，杨丰旭，等，2018. 树木流胶病与蛀干害虫防治及树洞修复技术［J］. 辽宁林业科技(2)：69-71.
袁媛，叶玉珠，李桥，等，2011. 景宁县古树名木病虫害工程治理[J]. 浙江林业科技，31(4)：66-69.
云南省林业厅，1995. 云南名木古树[M]. 德宏：德宏民族出版社.
张晖晖，2014. 怀化市鹤城区古树保护研究[J]. 南方农业学报(5)：107-108
张会巧，张俊红，郑世荣，等，2018. 紫薇的种植与养护管理［J］. 现代园艺(13)：58-59.
张静娟，周娟，相望年，1988. 中国毛白杨根癌土壤杆菌的类型和对土壤杆菌素敏感性的研究[J]. 微生物学报(1)：16-22.
张旻桓，张汉卿，刘二冬，2011. 樟树北移耐寒性与形态特征的相关性研究［J］. 北方园艺(13)：94-97.
张琪，李跃清，2014. 近48年西南地区降水量和雨日的气候变化特征[J]. 高原气象，33(2)：372-383.
张远东，张笑鹤，刘世荣，2011. 西南地区不同植被类型归一化植被指数与气候因子的相关分析［J］. 应用生态学报，22(2)：323-330.
张志斌，杨莹，张小平，等，2014. 我国西南地区风速变化及其影响因素[J]. 生态学报，34(2)：471-481.
张志林，史红安，王立华，等，2015. 枫杨主要虫害及其防治技术[J]. 广西植保，28(3)：3.
章绍尧，丁炳扬，浙江植物志编辑委员会，1993. 浙江植物志总论［M］. 杭州：浙江科学技术出版社.
赵登科，2011. 鄂西红豆树人工栽培技术[J]. 科技信息(23)：436-447.
郑俊仙，梁光红，郑郁善，2012. 雷公藤叶部病虫害的发生现状成因及对策[J]. 亚热带农业研究，8(1)：31-36.
郑胜彬，2013. 紫薇扦插繁殖及大苗培育技术［J］. 安徽林业科技，39(4)：63-64.
钟平生，汤玉娟，张颂声，2011. 惠州西湖景区古树名木病虫害调查及保护建议[J]. 南方农业学报，42(4)：412-414.
邹学忠，李作文，2011. 辽宁古树名木[M]. 北京：中国林业出版社.
邹自光，2016. 樟树良种繁育及栽培技术［J］. 安徽农学通报，22(7)：100-101.

附　录

附录1　古树健康诊断调查表(北京市园林绿化科学研究院)

(一)古树(名木)基本信息

编　号						
管护单位				是否签订管护责任书	①是；②否	
管护人				电话		
树　种	中文名：		拉丁学名：			
	科：		属：			
位　置	乡镇(街道)：　　　村(居委会)：　　　小地名：					
	生长场所：①乡村；②城区；③山区					
分布特点	①散生；②群状			权属	①国有；②集体；③个人；④其他_____	
等　级	①一级；②二级；③名木		树高：___m		胸围：___cm	
冠　幅	平均：___m		东西：___m		南北：___m	
树体典型照片	反映树体整体形态、局部特点的清晰照片3~6张					
	图片1		图片2		图片3	
	图片4		图片5		图片6	

(二)古树(名木)基本信息确认

*编 号					
*树 牌	①有；②无		*分布特点	①散生；②群状	
*位 置	乡镇(街道)：　　　　村(居委会)：　　　　小地名：				
	生长场所：①中心城区；②城市副中心；③远郊野外；④乡村街道；⑤区县城区；⑥自然保护区；⑦风景名胜区；⑧森林公园；⑨历史文化街区；⑩风貌保护区；⑪历史名园；⑫名人故居				

树牌信息确认

*树 种	中文名：　　　　拉丁学名：			
	科：　　　　属：			
*等 级	①一级；②二级；③名木	树高：___m		胸围：___cm
树龄估测	(须注明估测依据)			
*冠 幅	平均：___m	东西：___m		南北：___m
*经纬度	东经：　　　　　　　　北纬：			
历史、文化信息	(收集相关历史、文化、传说等信息；并提供周边历史文化遗迹照片)			
	图片1	图片2		图片3
	图片4	图片5		图片6
*其他后台信息	准确 不准确(写明需要改正内容)：			
*现有树牌	信息准确；信息不够准确需要后台完善数据；信息错误需更换			
*树牌照片	(反映树牌是否悬挂照片，及树牌正面清晰照片)			
	图片1	图片2		图片3
	图片4	图片5		图片6
说 明	现有树牌信息(包括后台信息)，有不准确的需要在此表对应项目上圈定 注：一树多牌需要重点标注，并写清所有编号			

(三)生长环境评价分析

项目	指标			
*生长环境	海拔：____ m　　山区：坡向____；坡度____；坡位____ 平原：①绿地中；②铺装地；③路边；④撂荒地；⑤田地；⑥其他____ 山地：①阳坡；②阴坡			
土壤污染	①无；②有(种类及程度)____			
土壤是否含有杂物	①无；②有极少量异物；③有少量异物；④异物较多			
土壤质地	①黏土；②壤土；③砂土	土壤容重		单位：g/cm³
有机质含量	①<1%土壤颜色较浅；②1%~2%呈灰色；③2%~3%呈灰黑色；④>4%以上颜色呈黑色或深黑色；采样测定结果：____			
土壤营养元素含量	水解 N：____	有效 P：____	速效 K：____	单位：mg/kg
	≥60	≥10	≥100	参考值
	含盐量：____；EC 值：____cm/mS		pH：____	
是否埋干	①否；②是(埋干深度)____	根系土壤含水量：____%		
*保护范围四至	①东向____m；②西向____m； ③南向____m；④北向____m	按照《古树名木评价标准》(DB11/T 478)的规定测定，满足规定要求的填 5m，不满足的按实际填写，并反映在示意图中		
*现状保护范围示意图		注明树干位置(实心圆点●)、树冠垂直投影外沿(实线—)及实际保护范围(点虚线…)，上方为北向(↑)。需标示关键节点距离(单位：m)		
*保护范围内其他植物	①无；②少量且对树体基本无影响；③较多并影响光照和养分；④有攀附古树树体植物			
*生长环境总体评价	①良好；②差(主要问题)____			
*保护范围内构筑物情况	①无；②有[注明类型、对树体影响(包括潜在影响)]：			
土壤营养状况分析	(根据检测结果对土壤营养状况和理化性质进行分析并给出管理措施建议)			
*特征照片	(提供古树保护范围实景照片，土壤特征照片，保护范围内设施、构筑物及其他植物照片 3~6 张)			
	图片 1	图片 2		图片 3
	图片 4	图片 5		图片 6
详细体检说明	土壤质地、容重、有机质和营养元素含量等土壤理化指标，应采集土壤样品并委托有资质检测单位测定。详细诊断时土壤样品应分方位(东西南北、坡上坡下等)、分层(20~40cm、40~60cm、60~80cm)取样，也可根据土壤均匀程度混合取样			
说　明	本表涉及项目 16 项，其中基本项目 7 项(标*号)			

（四）生长势分析

项　目		指　　标	
新梢生长量	落叶树	①优≥5；②良 3~5；③中 1~3；④差<1	在树冠东南西北 4 个方向共随机选取 20 条标准枝，测量各个枝条的新梢年生长量，取其平均值。单位：cm。《古树名木健康快速诊断技术规程》(DB11/T 1113—2014)
	常绿树	①优≥2.5；②良 1.5~2.5；③中 0.5~1.5；④差<0.5	
*正常叶片率		①90%及以上；②75%~90%；③60%~75%；④<60%	叶色正常、无病虫害、无干枯卷曲现象的叶片占全部叶片数量的比例
*叶片宿存（常绿树）		①宿存 3 年以上；②宿存 3 年；③宿存 2 年；④无宿存	
*生长势总体评价	①正常	整体长势良好；无病虫害；枝繁叶茂	
	②衰弱	枝叶偶有枯落；或少量病虫害；整体有衰退趋势	
	③濒危	整体长势差；枯损现象多；病虫害严重	
叶片叶绿素含量		在树冠东南西北 4 个方向，每个方向随机选取 5 个正常枝条，采集枝条中部完全展开新生叶片，带回实验室测定；也可利用叶绿素仪测定。取平均值	
叶绿素荧光（光合潜能）		在树冠东南西北 4 个方向，每个方向随机选取 5 个正常枝条，选择枝条中部完全展开新生叶片进行测定，计算最大光合潜能。取平均值，使用叶绿素荧光仪测定	
特征照片		（新梢典型照片，叶片宿存情况照片，非正常叶片照片）	
		图片 1　　图片 2　　图片 3	
		图片 4　　图片 5　　图片 6	
说　明		本表涉及项目 7 项，其中基本项目 3 项(标*号)	

（五）已采取复壮保护措施情况与分析

项　目	主　要　措　施
*地上保护措施	①避雷针；②护栏；③支撑；④封堵树洞；⑤砌树池；⑥抱树箍；⑦透气铺装；⑧枝条整理；⑨幼树靠接；⑩叶面施肥；⑪木栈道；⑫挡土墙；⑬其他＿＿＿＿
*地下土壤改良措施	①复壮沟；②渗井；③通气管；④复壮井；⑤复壮穴；⑥土壤施肥；⑦其他＿＿＿＿

(续)

项 目	主 要 措 施	
封堵树洞	*与树体贴合情况：①紧密；②不够紧密；③间隙明显	
	*排水孔和排湿孔：①设置；②设置但不合理；③未设置	
	工艺水平：①精细；②较精细；③粗糙；④差	
	外层处理：①未处理；②整体仿真(好/一般)；③贴仿真树皮(一般/差)	
未封堵树洞	*内壁清理程度：①彻底；②较彻底；③未清理；④有异物	
	内壁防腐处理：①未处理；②刷涂防腐剂和桐油；③碳化	
支撑情况	*硬支撑_____处	*拉纤_____处
	支撑稳固；支撑较稳固	*支撑类型：简单支撑；仿真支撑
	支撑部位：①合理；②较合理；③不合理　*抱箍	保养好未嵌入树体　保养差已嵌入树体
	支撑工艺：①橡胶垫设置(合理/不合理)；②抱箍设置(合理/不合理)	
复壮沟	*类型：①放射状；②弧形；③方形；④其他____	*数量：____处
	宽度：____m；总长度：____m	*通气管：____处
	基质组成：①园土；②草炭(泥炭)；③腐叶土；④陶粒；⑤枯树枝；⑥有机肥；⑦其他____	
	位置设置：①合理；②较合理；③不合理	*渗井：____处
	毛细根生长情况：①普遍；②偶见；③未见	根据探根情况判断
现有复壮保护措施评价	(对现有复壮措施合理性给出评价和改进建议)	
特征照片	(反映现有复壮保护措施的典型照片3~9张)	
说　明	本表涉及项目8项，其中基本项目6项(标*号)	

(六) 树体损伤情况评估

部 位	项 目		
	树皮损伤比例	木质部损伤(未达心材)比例	木质部损伤(达到心材)比例
*树干基部	□无　□轻度 □中度　□重度 _____	□无　□轻度 □中度　□重度 _____	□无　□轻度 □中度　□重度 _____
*树干	□无　□轻度 □中度　□重度 _____	□无　□轻度 □中度　□重度 _____	□无　□轻度 □中度　□重度 _____
*构成骨架大枝	□无　□轻度 □中度　□重度 _____	□无　□轻度 □中度　□重度 _____	□无　□轻度 □中度　□重度 _____
损伤情况评价	(对整体损伤程度进行评价，并给出管护建议)		

(续)

部 位	项 目		
	树皮损伤比例	木质部损伤（未达心材）比例	木质部损伤（达到心材）比例
*特征照片			
检测标准说明	仅树皮有缺损、腐朽等受害，计算最大受害部位与树干周长比，≤1/3 为"轻度"，1/3~1/2 为"中度"，>1/2 为"重度"；否则记为"无"	若木质部产生开裂、缺损或其他受害，钢棒插入的长度<开裂部位处树干半径，则判断为木质部开裂未达心材，测量计算最大受害部位与树干周长比，≤1/3 判定为"轻度"，1/3~1/2 为"中度"，>1/2 为"重度"；否则记为"无"	若木质部产生开裂、缺损或其他受害，钢棒插入的长度≥开裂部位处树干半径，则判断为木质部开裂达到心材，测量计算最大受害部位与树干周长比，≤1/3 判定为"轻度"，1/3~1/2 为"中度"，>1/2 为"重度"；否则记为"无"
详细体检说明	详细体检时，应注明实际损伤比例(%)与具体位置(如离地面高度、方位)和损伤面积(cm^2)		
说 明	本表涉及项目5项，其中基本项目4项(标*号)		

（七）树体倾斜、空腐情况检测

项 目	结 果	特征照片	检测标准说明
*树基松动	□无 □重度		用力推树干，若树干根基部出现晃动现象，则判断为"重度"；否则记为"无"
*根部腐朽	□无 □轻度 □中度 □重度		用钢棒斜向下45°戳探树干根基部1周至少4个点，若可深入其表层或心材，测量钢棒插入的长度，≤5cm 判定为"轻度"，5~20cm 为"中度"，>20cm 为"重度"；否则记为"无"
*根部裸露	□无 □轻度 □中度 □重度 总长度：____	/	根部裸露或隆起时，则测量裸露根系占树堰面积的比，≤1/3 判定为"轻度"，1/3~1/2 为"中度"，>1/2 为"重度"；若超出树堰，则判定为"重度"；否则记为"无"；无树堰时，记录裸露总长度
*主干异常音	□无 □有		用木槌敲击，若有异常音，记为"有"；否则记为"无"
*主干倾斜	□无 □轻度 □中度 □重度		测量倾斜程度，≤5°为"轻度"，5°~15°为"中度"，>15°为"重度"；否则记为"无"
*分枝点部位异常	□无 □轻度 □中度 □重度		观察树干分枝点部位处，仅存在龟裂或卷皮现象为"轻度"，出现腐烂现象但未形成明显空洞为"中度"，可见明显空洞为"重度"；否则记为"无"
*偏冠	□无 □轻度 □中度 □重度		偏冠度≤1/3 判定为"轻度"，1/3~1/2 为"中度"，>1/2 为"重度"；否则记为"无"
*枯枝	□无 □轻度 □中度 □重度		枯枝率≤1/3 判定为"轻度"，1/3~1/2 为"中度"，>1/2 为"重度"；否则记为"无"

(续)

项 目	结 果	特征照片	检测标准说明
*枝条整理留茬	□无 □轻度 □中度 □重度		1个判定为"轻度",2或3个为"中度",>3个为"重度";否则记为"无"
主干空腐率	_____%		用应力波木材检测仪进行测定。百分数表示_____
倾斜、空腐情况总体评价	(对安全风险和空腐程度进行整体评价,并提出管护建议)			
详细体检说明	详细体检时,应注明本表所有项目的实际测定数值,以及损伤部位的具体的位置和方位			
说 明	本表涉及项目11项,其中基本项目9项(标*号)			

(八)病虫害发生情况分析

部 位	项 目		特征照片
	虫害(包括危害枝梢害虫)	病 害	
*树干基部	□无 □轻度 □中度 □重度 名称_____	□无 □轻度 □中度 □重度 名称_____	
*树干	□无 □轻度 □中度 □重度 名称_____	□无 □轻度 □中度 □重度 名称_____	
*构成骨架大枝	□无 □轻度 □中度 □重度 名称_____	□无 □轻度 □中度 □重度 名称_____	
*叶片	□无 □轻度 □中度 □重度 名称_____	□无 □轻度 □中度 □重度 名称_____	
*枝梢	□无 □轻度 □中度 □重度 名称_____		
总体评价	(评价树体遭受病虫害侵袭程度,给出管护建议,仅发生在腐朽组织或部位的虫害需要在本部分说明)		
检测标准说明	记录树体活组织中虫害类型、虫孔数量、虫孔直径,并计算最大受害部位宽度与树干周长比,≤1/3判定为"轻度",1/3~1/2为"中度",>1/2为"重度";否则记为"无";枝梢/叶片被害率≤1/5判定为"轻度",1/5<叶片被害率≤1/3为"中度",叶片被害率>1/3为"重度"	记录病害名称,并计算最大受害部位宽度与树干周长比,≤1/3判定为"轻度",1/3~1/2为"中度",>1/2为"重度";否则记为"无";叶片被害率≤1/3判定为"轻度",1/3<叶片被害率≤2/3为"中度",叶片被害率>2/3为"重度"	/
说 明	本表涉及项目6项,其中基本项目5项(标*号)		

附录2 古树养护与复壮术语

1. 古树 ancient trees
指树龄在100年及以上的树木。

2. 名木 famous and precious trees
指珍贵、稀有树木和具有重要历史价值、纪念意义的树木。

3. 养护 maintenance
通过对古树实施灌溉、施肥、松土、围栏保护、生长环境改良、有害生物管理及枝条清理等操作，来保障古树稳定生长，并改善、提升树势的保养、维护措施。

4. 复壮 rejuvenation
对生长衰弱、濒危古树通过改善其生长环境条件，以达到促进其生长，增强树势的技术措施。

5. 树冠投影 crown projection
树冠枝叶外缘向地面垂直投影后形成的区域。

6. 硬支撑(刚性支撑) rigid support
指从地面至古树斜体支撑点用硬质柱体支撑的方法。

7. 拉纤/软支撑(弹性支撑) branch-towing/elastic support
指在不稳固树体主干或大侧枝上选取一牵引点，在附着体上选择另一牵引点，两点之间用弹性材料牵引的方法。

8. 活体支撑 living trunk support
栽植同种青壮树龄树木对不稳固树体进行支撑的措施。

9. 树洞修补 repair and fill trunk hollow of trees
对腐朽的树洞采取的防腐、填充、加固等措施。

10. 古树群 ancient tree population
10株以上集中分布的或有一定群落组成关系的古树群。

11. 复壮基质 rejuvenation medium
根据古树立地条件，人工配制的特殊栽种介质，具有促进古树生长的作用。

12. 根系分布区 distribution zone of tree roots
树木根系在水平和垂直方向伸展形成的区域。

13. 土壤矿质营养元素平衡 balance of nutritional elements in soil
根系分布区域的土壤中，各种矿质元素含量的平衡关系。维持和调节矿质营养元素平衡，目的是使土壤中不发生元素缺失或元素过量。

14. 古树生存环境 habitat of ancient trees
在古树保护范围内直接或间接影响古树生长发育的各种环境因素的总和。

15. 古树生长势 growth potential of ancient trees
古树生长的健康状况。

16. 古树有害生物 pests of ancient trees
影响古树生长发育的害虫、病害及其他有害动植物。

17. 古树后续资源 ancient and famous trees subsequent resources

指树龄在 80 年以上 100 年以下的树木。

18. 有害生物 pests

危害植物并造成经济损失或失去观赏价值，包括植物病原物、植食性昆虫、植物螨类、软体动物、鼠、鸟、兽类、恶性杂草等。

19. 生物防治 biological control

利用对植物无害或有益的微生物及其产物影响或抑制有害生物的生存和活动，降低有害生物的数量，从而控制有害生物发生与发展的措施。

20. 生物肥料 bio-fertilizer

也称微生物菌肥，是指含有大量的微生物的肥料，能在土壤中通过微生物的活动，改善植物的营养条件。

21. 气体肥料 gaseous fertilizer

简称气肥，常温、常压下呈气体状态的肥料，主要是通过改善土壤结构，促进植物根系发育。目前开发的气体肥料主要是二氧化碳。

22. 找根法 method of finding the root

在树木周围施工时，为避免损伤根系，在施工过程中见根后停止向内挖掘的方法。

23. 植物专用伤口涂封剂 exclusive sealer for plant wound

一类用于防止伤流、减少水分散失、防止伤口感染和刺激愈合生长的药剂。

24. 防腐处理 preservative treatment

通过涂抹防腐剂等措施防止树木腐烂。

25. 复壮沟 rejuvenation ditch

在古树树冠投影范围内通过人工开挖壕沟回填基质的方式改良土壤环境、复壮树势的技术措施。

26. 透气井 air exchange well

在古树根系分布范围内通过人工开挖垂直洞穴方式改善根际土壤透气性的技术措施。

27. 排水沟 drainage ditch

在古树树盘四周开挖的用于排除地表和土壤滞水的明沟或暗沟。

28. 封干 cover the trunk with insecticide

每年春季，使用触杀和胃毒作用为主的杀虫剂均匀喷洒在古柏主干和树冠，毒杀蛀干害虫成虫的防治措施。

29. 诱木 trap tree

直径 4cm 以上、长 1~2m，能引诱天牛类、小蠹类等害虫的雌性成虫产卵的新鲜柏木段。

30. 脱皮 bark off

侧柏和圆柏枝干因遭受蛀干害虫危害或大枝被修剪后未愈合，导致树干、大枝树皮的韧皮部与木质部分离脱落的现象。

31. 拦腰水 middle-stopping water

由于浇水量不足或受草坪、土壤板结等不利因素的影响，浇水后水分只达到 20~30cm 深的表层土壤，40cm 以下土壤不能获得灌溉水的状况。

32. 树上树 arborescence branch

位于树木大枝上垂直于地面向上生长，形成具有自己独立主干、侧枝的树状枝。

33. 开堰透气 open tree weir for aerating

清除柏树树堰中覆盖的冷季型草坪，增强土壤透气性的一种技术措施。

34. 渗透剂 penetrating agent

提高或加速叶面肥渗透到叶片组织中的化学药剂。

以上术语和名词引自以下标准

1. GB/T 51168—2016——《城市古树名木养护和复壮工程技术规范》(国家标准)
2. LYT 2494—2015——《古树名木复壮技术规程》(林业行业标准)
3. DB11/T 632—2009——《古树名木保护复壮技术规程》(北京市地方标准)
4. DB11/T 767—2010——《古树名木日常养护管理规范》(北京市地方标准)
5. DB11/T 1430—2017——《古树名木雷电防护技术规范》(北京市地方标准)
6. DB11/T 478—2022——《古树名木评价标准》(北京市地方标准)
7. DB11/T 3028—2022——《古柏树养护与复壮技术规程》(北京市地方标准)
8. DB/T 29—92—2022——《天津市古树名木保护与复壮技术规程》(天津市地方标准)

彩图1 积水使油松针叶发生"绿蔫"
（丛日晨 摄）

彩图2 融雪剂导致树冠发生"阴阳头"
现象（丛日晨 摄）

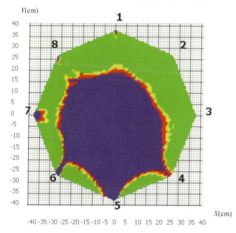
彩图3 ARBOTOM应力波测定的树干图像
（蓝色为空腐部分，红色为腐烂与活组织交接部位，绿色为活组织）（巢阳 摄）

彩图4 双条杉天牛危害特征
（仇兰芬 摄）

彩图5 柏肤小蠹危害特征
（仇兰芬 摄）

彩图6 根腐病（丛日晨 摄）

彩图7 根癌病（丛日晨 摄）

第一步（做内框）　　　　第二步（挂铁丝网）　　　　第三步（仿真）

彩图 8　鸟筑洞及树干小洞的处理（赵运江　摄）

彩图 9　"敞开式"树洞的处理方法（王伟　摄）　　　彩图 10　玻璃钢树干仿真（高杰　摄）　　　彩图 11　碗状树箍（丛日晨　摄）

彩图 12　做龙骨架（赵楠　摄）　　　彩图 13　艺术仿真（赵楠　摄）　　　彩图 14　艺术仿真支撑（刘伟利　摄）

彩图 15　铁箍加固
（丛日晨　摄）

彩图 16　树势严重衰弱
（孙立民　摄）

彩图 17　根系大面积腐烂
（孙立民　摄）

彩图 18　银杏苗倒插皮古树根系复壮施工现场
A. 削砧木　B. 倒插皮嫁接　C、D. 根接后效果图

彩图 19　根接成活（孙立民　摄）

彩图 20　树干中空
（刘伟利　摄）

彩图 21　艺术封堵后效果
（刘伟利　摄）

彩图 22　安装龙骨
（黄璞　摄）

彩图 23　铺设木栈道
（黄璞　摄）

彩图 24　积水浸泡古树
（丁昭全　摄）

彩图 25　腐烂的根系
（丁昭全　摄）

彩图 26　抽排积水
（丁昭全　摄）

彩图 27　回填复壮基质
（丁昭全　摄）

彩图 28　设置渗水井
（丁昭全　摄）

彩图 29　树势恢复（复壮 1 年后）
（丁昭全　摄）

彩图 30　复壮前桂花树冠
（高鹏　摄）

彩图 31　清理树体周边杂草、杂灌
（高鹏　摄）

彩图 32　根部覆土过深造成大根严重腐烂（高鹏　摄）

彩图 33　设置排水管
（高鹏　摄）

彩图34　使用高压打药机对全树喷施药液
（高鹏　摄）

彩图35　检测树干空腐
（熊伟　摄）

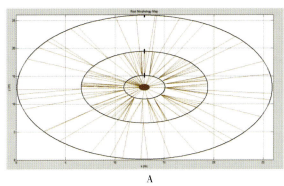

A　　　　　　　　　　　　　B

彩图36　根系3D示意图（熊伟　绘制）
A.俯视图　B.侧视图

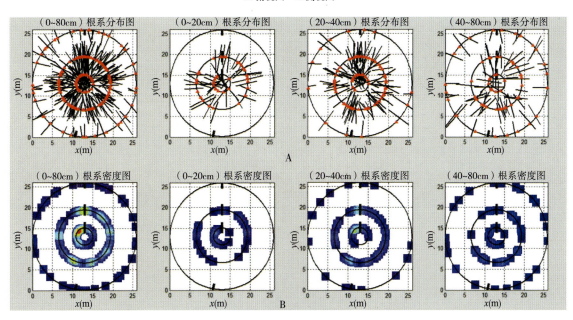

彩图37　根系示意图和密度图（熊伟　绘制）
A.根系示意图　B.根系密度图

彩图 38　挖复壮坑
（熊伟　摄）

彩图 39　打孔施肥
（熊伟　摄）

彩图 40　树体输液
（熊伟　摄）

彩图 41　树池狭小且开裂
（毕可可　摄）

彩图 42　拆除硬质铺装
（毕可可　摄）

彩图 43　修砌梅花桩
（毕可可　摄）

彩图 44　立地环境改造后
（毕可可　摄）

彩图 45　树体破损的古黄连木（陈明　摄）

彩图 46　清腐
（陈明　摄）

彩图 47　挂瓶补液
（陈明　摄）

彩图 48　树体杀虫、杀菌
（陈明　摄）

彩图 49　树体防腐
（陈明　摄）

彩图 50　土壤改良　　　彩图 51　浇灌消毒杀菌　　　彩图 52　树体支撑
（陈明　摄）　　　促生根药剂（陈明　摄）　　　（陈明　摄）

彩图 53　敷设透气管　　　彩图 54　建设施工损伤根系　　　彩图 55　铺砖面积大、土壤紧实
（章银柯　摄）　　　（丁昭全　摄）　　　（丁昭全　摄）

彩图 57　清除树干附生植物前（毕可可　摄）

彩图 56　古树复壮后（丁昭全　摄）　　　彩图 58　清除树干附生植物后（毕可可　摄）

彩图 59　清杂前
（毕可可　摄）

彩图 60　清杂后
（毕可可　摄）

彩图 61　土壤改良前
（毕可可　摄）

彩图 62　土壤改良后
（毕可可　摄）

彩图 63　树洞修补前
（毕可可　摄）

彩图 64　树洞修补后
（毕可可　摄）

彩图 65　树干做防腐、防水
处理（刘刚　摄）

彩图 66　打通气孔
（刘刚　摄）

彩图 67　古菩提榕整体长势
衰弱（毕可可　摄）

彩图 68　立地环境改造效果（浅色区域是带有
透气孔的花岗岩面材）（毕可可　摄）

彩图 69　复壮 1 年后
（毕可可　摄）

彩图 70　腐烂内壁碳化
处理（丁昭全　摄）